LUMINAIRE

光启

守望思想　逐光启航

美妆帝国
蝴蝶牌

一部近代中国民间工业史

[美]林郁沁 著　陶磊 译

上海人民出版社　光启　LUMINAIRE

目　录

中文版序

本书能翻译成中文，我深感荣幸。书中的主人公陈蝶仙有诸多身份，其中之一便是翻译家。他翻译过侦探小说，比如福尔摩斯，还有各种法律条款以及制造化妆品的配方。他采用的翻译方法是对文本进行改编以迎合中国人的口味，同时将故事或翻译过来的知识用令人信服又浅显易懂的方式传达给国内读者。这种改编文本的方法也被他拿来改造外国化妆品的生产配方和生产技术。正如我在书中描述的，正是这种改造行为展现出陈蝶仙令人惊叹的聪明才智。

本书的译者陶磊先生在翻译这部专著时展现出了与之相仿的聪明才智。这不是一项容易的任务，而他完成得很出色。翻译这本书所需的智慧还得从书名说起：标题里的关键术语"vernacular industrialism"是一个全新的概念，在本书中至关重要。然而作为新名词，它一开始就给翻译带来了挑战。要把"vernacular industrialism"翻译成中文，并无捷径可循，因为中文里根本没有相应的术语可以传达这个英文术语的多重内涵。当然，"vernacular"的字面意思就是"白话"，但把"vernacular industrialism"译成"白话工业主义"明显毫无意义。

在英语中，"vernacular"首先是一个语言学术语，指的是非普世的、带有本土特色的语言或方言，它们不具备官方语言或古典文学语言那种鲜明的文化权威和正统性。"Vernacular languages"对所有人通用，无论平头百姓还是社会精英，但其中包含的通俗性显而易见。语言学层面的含义是最初促使我选择"vernacular"的重要原因。陈蝶仙是上海商业出版市场的领军人物,他用文言创作的小说在中等文化程度的读者群中流传甚广——欣欣然沉醉于这些言情小说的读者也正是他推销各种化妆品的对象。请注意,这些作品绝对不是用"五四"知识分子提倡的高级"白话"写成的。但就接受度和读者群而言,陈蝶仙的作品更适合普通人阅读,恐怕比"五四"时期诞生的白话更加"白话"。尽管"五四"知识分子推崇白话文,但他们的读者主要是小众精英。相比之下,陈蝶仙兴许拥有多得多的大众读者。

除了语言学的含义,我之所以被"vernacular"吸引还因为这个词包含了多重隐喻。虽然"vernacular"最初是指地方性语言和方言,但业已在其他领域用来描述更广义的文化现象——这些现象是本土的、局地的、更底层的,故而每每与普世性或典范性相对。以建筑学领域为例,"vernacular architecture"指的是本土化或地域特色的构造,使用该建筑所在地区的传统原材料建成。和这种本土化或地域特色的构造方式形成对比的,是高端的现代主义、古典主义或新古典主义构造方式,后者作为普世性的建筑形式,已被奉为真文明的标志。正是通过上述方式,该术语往往作为一种手段,反复强调自给自足的特征,同时也可以用来质疑所谓经典建筑风格的优越性。

正如我在本书导论中所说,科学史家和技术史家也用"vernacular"来描述本土的、局地的、都市之外的科学活动和工业活动,它们在正规的现代科学和工业体制之外,多见于殖民地或非西方地区。学者们将该术语用于非西方以及现代早期乃至前现代,通常也是为了对现代科学相关的普世化主张进行去中心化。我的研究借鉴了这一史学传统,强调陈蝶仙以及和他类似的中国人如何以非正规的、临时的甚至盗版的方式,来获取资源、复制技术以及建设工业。这种活动之所以属于"vernacular",乃是因为它们不依循正规的工业化路径,而是一切从零开始。这便使得像陈蝶仙一样处于不利位置的人在全球商贸中站稳了脚跟。在意图保护自身市场优势的人看来，上述做法常常被斥为"剽窃"。而且正如我在其他地方所指出的，法律领域和发展中的全球商标体系中，这种行为每每被直接贴上"非法"的标签并加以禁止。

"Vernacular industrialism"意在囊括以上含义，亦即陈蝶仙所展现出的特征：他不得不随机应变，利用本地原料，让外国技术适应当地环境，施展浑身解数白手起家。可以肯定，中国遭受帝国主义入侵的过程中，陈蝶仙的工业活动在某些方面是本土化的，甚至是"本土主义"(nativist)的。因此，"vernacular industrialism"翻成中文可以是"本土工业主义"。但"本土"一词并不完全令人满意。虽然陈蝶仙自称本土主义工业家，但他很擅长从全球流通的思想和材料中汲取资源。实际上，本书的一个关键论点就是：中国的工业活动从来不只是本土化的，而是全球资本主义体系不可分割的组成部分。而且"本土"也无法传达陈氏工业主义中的临时性、"草根"性以及DIY特征。

我们最后决定把"vernacular"译为"民间"。应该说，"民间"更接近英语中的"grassroots"（草根）。而且和"本土"一样，它没有"vernacular"的语言学内涵。尽管如此，"民间"仍是一个不错的选择。"民间"一词略带本土主义色彩，但其核心含义主要是属于民众、在民众之中，或白手起家。更重要的是，这个词还能暗示"本土"无法触及的陈氏工业主义的其他层面，包括其工业活动因地制宜的特征。因此，最终确定的翻译是"民间工业主义"——这个概念本身就可以激发读者的好奇心，吸引他们阅读此书，从而了解与该短语相关的那些丰富而复杂的意涵。

翻译所带来的挑战，以及事物无法从一种语言完美地转换到另一种语言而产生的"裂隙"，正是陈蝶仙本人在20世纪早期输入外国技术、把知识和思想翻译到中国来时努力解决的问题。而调适和翻译的过程恰恰提供了修补的空间，让他能够巧妙地迎合本土需求，打破本土局限。这些"裂隙"本身就是创造性的、生产性的。因此，我希望在一个世纪后的今天，翻译"vernacular industrialism"所产生的"裂隙"也具有类似的创造性。希望中美两国学术界的沟通和交流能一直持续下去。事实上，保持这样的对话始终非常重要，特别是在如今的世界。

林郁沁

2023 年 4 月 11 日

致　谢

为了理解陈蝶仙这样一个睿智又充满复杂性的人物，我们从一开始就走上了团结协作的旅程。这些年来，朋友、同事、学生以及研讨会上的听众，共同参与到这一课题中来。有些人深入阅读了某一章（或几章）、某一份原始资料，探讨了某个问题，或只是随意评论，却给予我极大的启发。有些人慷慨分享了尚在进行中的课题，或是邀请我参加工作坊，让我的研究得以进一步推进。还有一些人，对本书的标题作了反复斟酌，或辨析其核心概念。我要感谢安大年（Dan Asen）、包卫红、边和、金·勃兰特（Kim Brandt）、蔡丹妮、米娅·卡特（Mia Carter）、陈怡君（Janet Chen）、祝平一、黛比·库恩（Debbie Coen）、罗伯·卡尔普（Rob Culp）、威尔·德林杰（Will Deringer）、戴沙迪（Alex Des Forges）、艾尔曼（Ben Elman）、马尔瓦·埃尔沙卡拉（Marwa Elshakry）、艾约博（Jacob Eyferth）、范发迪（Fa-ti Fan）、李峰、葛凯（Karl Gerth）、韩墨松（Peter Hamilton）、韩嵩（Marta Hansen）、韩嵩文（Michael Hill）、艾缇捷（T. J. Hinrichs）、姬晓茜、季家珍（Joan Judge）、古柏（Paize Keulemans）、高彦颐（Dorothy Ko）、韩莉（Liza Lawrence）、雷祥麟、梁韵婷（Elaine Leong）、西尔维娅·林特纳（Sylvia Lindtner）、卢苇菁、吕妙芬、孟悦、普罗吉特·穆赫（Projit Mukherji）、张倩雯（Rebecca Nedostup）、钱颖、雷勤风（Christopher Rea）、芮哲非（Christopher Reed）、卢卡斯·里佩尔（Lukas Rieppel）、许腾睿（Tristan

Revells)、阮思德（Bruce Rusk）、石熬睿（Ori Sela）、萧建业（Victor Seow）、卡维塔·西瓦拉马克里希南（Kavita Sivaramakrishnan）、沈德容（Grace Shen）、约翰·特雷施（John Tresch）、石静远（Jing Tsu）、约瑟夫·乌里奇尼（Joseph Ulichny）、魏简（Sebastian Veg）、傅朗（Nicolai Volland）、万志英（Richard von Glahn）、吴逸仙、格兰特·威索夫（Grant Wythoff）、曾小萍（Matti Zelin）、张颖和张仲民。

毫无疑问，这个名单里还应该包括更多人。我在一些工作坊、研讨会和演讲中报告过本课题的部分内容，讨论者和参与者们都应该囊括进来。我去做过相关交流的美国大学有：普林斯顿大学（Princeton University）、哈佛大学（Harvard University）、鲍登学院（Bowdoin College）、芝加哥大学（University of Chicago）、麻省理工学院（Massachusetts Institute of Technology）、宾夕法尼亚大学（University of Pennsylvania）、巴德学院（Bard College）、纽约大学（New York University）、斯坦福大学（Stanford University）、化学遗产基金会（Chemical Heritage Foundation）、耶鲁大学（Yale University）、俄亥俄州立大学（Ohio State University）、旧金山大学（University of San Francisco）、康纳尔大学（Cornell University）、普林斯顿高等研究院（Institute for Advanced Studies）、得克萨斯大学奥斯汀分校（University of Texas, Austin）、加州大学洛杉矶分校（University of California, Los Angeles）以及哥伦比亚大学（Columbia University）。国外的有中国台北"中研院"近代史研究所、复旦大学、台湾大学、柏林自由大学（Freie University）、特拉维夫大学（Tel Aviv University）、马克斯·普朗克研究所（Max Planck Institute）、新加坡国立大学、多伦多大学（University of Toronto）。我还在一些组织举办的研讨会上参与了分组讨论，这些组织是：美国亚洲研究协会（Association for Asian Studies）、亚洲研究学会亚洲年会（Association for Asian Studies in Asia）、亚洲科学史学会（History of

Science Society）、美国历史学会（American Historical Association）以及国际东亚科学技术医学史学会（International Society for the History of East Asian Science, Technology, and Medicine）。参加这些研讨会促使我精益求精，打开思路，同时更负责地运用史料、组织论证。

还要感谢哥伦比亚大学的很多研究生，他们在课上阅读并点评了本课题的草稿。他们的观点和意见总是礼貌又温和，但对这份成果的影响远超想象。更幸运的是，我还有不辞辛劳又卓有天赋的研究助理。这方面特别要感谢崔高子彦（音）、何映天和胡艺泽。最近加入的黄彦杰帮我妥善处理了一些细节，我也很感激他。

我还通过种种渠道得到了诸多支持，获益匪浅。我主持的研究项目曾获得以下资助：美国学术团体理事会（American Council of Learned Societies）的"查尔斯·赖斯坎普奖助金"（Charles A. Ryskamp Research Fellowship）一项，中国台湾地区外事部门的"台湾奖助金"（Taiwan Fellowship）两项，以及哥伦比亚大学的研究基金和公休假期。"蒋经国研究奖助金"（Chiang Ching-kuo Research Fellowship）、"国家人文基金会奖助金"（National Endowment for the Humanities Fellowship），还有"历史研究院进修学者"（Advanced Studies, School of Historical Studies Membership）（斯塔尔东亚研究基金会［Starr Foundation East Asian Studies］资助）的身份给予我宝贵的时间。有了这些慷慨的支持，我才得以从教学和行政事务中抽身出来完成本书的写作。

克莉丝蒂娜·邓巴（Christine Dunbar）、克里斯琴·温廷（Christian Winting）以及哥伦比亚大学出版社（Columbia University Press）的其他工作人员对我耐心有加，他们熟练地完成了整个出版流程。范发迪、舒喜乐（Sigrid Schmalzer）以及出版界的另一位评论家，提出了尖锐而切中肯綮的批评，并就如何精炼书稿、加强比较和推进概念前沿给出了很好的建议。一如既往，所有的错误和不足由我承担。

第二章里的材料最初在《奥西里斯》(*Osiris*) 杂志第30卷第1期 (2015秋) 特刊《科学里的男性气质/男性气质科学》("Masculinities in Science/Sciences of Masculinity") 第134—157页发表的《给男人的配方：化妆品制造与20世纪10年代中国的生产政治》("Recipes for Men: Manufacturing Make-up and the Politics of Production in 1910s China") 里探讨过。第一章和第五章中的一部分，摘自《蝴蝶标志：陈蝶仙及其品牌与中华民国的创业精神》("The Butterfly Mark: Chen Diexian, His Brand, and Cultural Entrepreneurism in Republican China")，收录于雷勤风、傅朗 (Nicolai Volland) 主编的《文化生意：中国和东南亚的文人创业者 (1900—1965)》(*The Business of Culture: Cultural Entrepreneurs in China and Southeast Asia, 1900—65*) (Vancouver: University of British Columbia Press, 2015)。第四章有一节里，部分初稿早先在《奥西里斯》(*Osiris*) 杂志第33卷第1期 (2018) 第271—293页 (© 2018 by the History of Science Society) 发表的《中国仿制者的生产活动：20世纪早期的全球科学和资本主义体系中的商标与配方》("The Making of a Chinese Copycat: Trademarks and Recipes in Early Twentieth-Century Global Science and Capitalism") 中探讨过。最后，第六章里有两节见于《校正科学：20世纪30年代一名工业家的编辑、实验手册》("Proofreading Science: Editing and Experimentation in Manuals by a 1930s' Industrialist")，载《中华民国的科学技术》(Science and Technology in Republican China)，本杰明·艾尔曼 (Benjamin Elman)、石静远主编 (Leiden: Brill 2014)。

我的女儿林韵之令我和丈夫的生活多姿多彩。她出生于2007年，恰逢我出版第一本书。她的到来让我的家庭臻于完美，还带来了难以言表的欢乐和满足。虽然在工作和家庭之间保持平衡并不容易，但我无怨无悔，而且所获尤多，因为我做到了——靠的是家人的支持和鼓励。我要把这本书献给我漂亮的女儿林韵之，还有我的人生伴侣古柏。

导　论

　　家庭工业社的创办人陈栩园先生，字蝶仙，……不但是琴棋书画、丝竹吹弹以及三教九流，无所不能；就是对于近代的各种科学，也是非常有研究的。所以他的文章，范围很广：能写小说，能写诗词，能写政治经济，也能写物理化学。而且不仅是"知"，还能实地去"行"。家庭工业社各种出品，大都是他个人亲手实验的成绩。……像他这样的人，我们纵然不敢称他是中国的爱迪生，然而说他是一位现社会少有的奇人，大概不能说是过分的恭维罢。

——"家庭工业社"（1935）

　　这段偶像化的描述说的是陈蝶仙（1879—1940）——一个博学多识的文人、工业家和科学工作者。引文给人这样的印象：他之所以出名，不仅是由于他的才华和学识，更因为他具有从事文学创作到科学实践和工业建设等一系列工作的能力。他受到的褒扬，既包括学识渊博，还包括能将知识付诸实践。他著述丰富，又投身科学实验，还创办了公司。这位评论者虽然认为陈蝶仙大概还算不上中国的爱迪生，但仍将其誉为现代"奇人"。

　　乍看之下，陈蝶仙的生平似乎很符合上述特征。清朝末年，陈蝶 仙还是杭州的一个年轻人，他把自己的书斋改造成了化学实验室，一边打磨文学技巧，创作关于新技术的诗歌，一边埋头于化学实验。1913年后，他成为上海的一名职业作家和编辑，靠连载言情小说积累了可观的财富和文学声望。与此同时，他还搜集、编辑资料，在报纸期刊上开设了具有影响力的"常识"栏目，主要刊登工业和制造方面的大量信息。以创业者身份崭露头角的陈蝶仙，把乌贼骨磨成粉，为粉剂化妆品制备本地原料。1918年，他创办了"家庭工业社股份联合公司"

（以下简称"家庭工业社"），后来成为中华民国最成功的大型药企之一。这家公司最著名的产品——"蝴蝶牌"牙粉，和它的发明者一样万能，还可以用来擦脸，其功效在众多牙粉中独树一帜。20世纪20年代和30年代，这款产品在中国和东南亚市场赶超了日本及西方品牌。在一个"词"与"物"不但可以批量生产也可以批量伪造的时代，陈蝶仙积极捍卫自己的本土品牌，始终推动关于商标侵权的新兴国际法，即便他同时为了支持国产商品而鼓励"仿制/仿造"（emulation）国外技术。

如果说这段偶像化的描述和陈蝶仙的真实生平确有相合之处，本书也无意于歌颂一个以某种方式超越了时代的特殊人物。本书同样不打算将陈蝶仙和那些与众不同的伟大发明家作类比——就像题记那样略带遗憾地指出陈蝶仙还不能算是中国的爱迪生。确切地说，本书乃是利用陈蝶仙在工业、商业**以及**文学方面的事迹，在更大范围内考察一批具有商业头脑的文人精英如何在20世纪早期的中国投身工业建设，从事科研与贸易。像陈蝶仙这样的人，在清王朝衰败的过渡时期筚路蓝缕，他们凭借自己接受的传统教育，试图在刚刚开始商业化的文坛和新兴的工业制造领域获得成功。[1]中国在经济上被境内的帝国主义卷入世界贸易体系，陈蝶仙孜孜不倦的努力构成了一种我称之为"民间工业主义"的形式。这种工业主义是本地的、"土生土长"的（与帝国

---

[1] 接受古典教育却从事工商业的个案还有一些，包括所谓的文人实业家，比如张謇（1853—1929）。他是个状元，创办了南通"大生纱厂"（Köll 2003），1905年建立中国第一家博物馆，1913年已成为掌管工商业的总长。像徐寿（1818—1884）这样自学成才的江南技术大师，精通古典，又加入了"洋务运动"时期的军工厂，下文将有所论及（Reardon-Anderson 1991, 17—28; Meng 1999, esp. 26—27）。另一位晚清转型时期的代表人物是作家、编辑兼创业者刘鹗（1857—1909），他放弃仕途后创作了脍炙人口的长篇小说《老残游记》（1907），并开展了一系列创业活动，包括：在江东从事盐制，在北京供应自来水，在上海经营房地产（Kwong 2001, 360—365）。再晚一些，和陈蝶仙年龄相仿的例子还有徐卓呆（1880—1958/1961 ?），著名讽刺作家，又有"酱油大王"之称（Rea 2015, 18—19）。

主义的或国外的相对），属于非官方的、中国消费文化的一部分（而不是国家发起的，或学院内的），在观念上则是工匠式的、家族经营的，即便最终落实于工厂。其中包含等量的物质性工作——生产原料及制造配件——和知识性工作，比如在杂志、报纸和其他出版物上编纂技术指南类的专栏，介绍制造知识。陈蝶仙在民间工业主义方面所做的尝试，有些并没有起到工业上的效果，甚至显得"无关紧要"（包括在杭州诗坛展现其文学智慧，在上海打造关于新式审美和生活态度的市场）。其余则刚好落入所谓工业现代性的范围，催生了中国制药工业。这种民间工业主义，更进一步说，最终超越一切个体努力，凭借民族精神汇入了当时的"国货运动"——一场"买国货，造国货"的运动。不过，民间工业主义在推广时虽然号称是本地的、国产的，但往往还是要融入法律、科学和贸易的全球流通才能维系。

　　类似陈蝶仙这样的民间工业主义者，本身就是对中国传统文人特征的有力反证——后者只对书本知识和儒家经典感兴趣，关心的都是些琐琐碎碎、异想天开的活动。当时的知识分子常常表现出对商业和逐利的蔑视，他们疲于应对——也没有准备好应对现代性和资本主义，不愿或无力亲身实践以及接受科学技术。[1]20世纪早期与"新文化运动"相关的知识分子，批评"旧文人"是不可救药的鉴赏家，就算对机械或技术感兴趣，也只是当作奇珍异宝、空中楼阁。[2]照他们的说法，这些人没有能力适应包括科学在内的新式知识，无法满足现代世界的要求。本书通过聚焦陈蝶仙，从根本上质疑这种说法，阐明他和与之类

---

[1]　关于这种特征，詹姆斯·里尔登-安德森（James Reardon-Anderson）指出："[帝国晚期的]学究气，对哲学和文学话题的全心投入，对操作知识和技术技能的诋毁，以及对既有权威的过度尊崇，每每导致接受古典教育的学者无法适应实验室、田野和工作台。"（1991，6）

[2]　对于接受过古典训练却改投商业的"文人"，"新文化"知识分子给予了尤为致命的打压和抨击，相关描述见Hill（2013，192—230）。"新文化"所批评的旧文人作品，包括一些无聊的言情小说，《妇女时报》之类的刊物，见Judge（2015，46—48）。

似的人们在现代出版文化乃至工业、科学和资本主义等中国新兴领域

4   扮演的角色。①

假如说陈蝶仙之所以值得注意是因为他自己获得的成就,但他的事业毕竟代表了他所处的中国历史转型时期的特征。他的一生跨越了中国引人注目的变局。太平天国运动(1851—1864)造成的破坏,深深撼动了清王朝。1905年,科举考试体系——长期以来将中国知识精英与官僚政治捆绑起来的制度性机制土崩瓦解。随着科举制的废除,儒家经典的官方特权及其道德化的书面知识陡然消解。1911年,帝国灭亡,新兴共和政体(1912—1949)的头十年始于对未来的无限憧憬,旋即四分五裂,陷入政治的无序状态。1911年的革命目标——包括订立合适的宪法以及建立议会政府——终成镜花水月。到20世纪10年代末,内战席卷中国,中央政府失势。混乱的政治给帝国主义者壮了胆,尤其是日本,加大了对中国的渗透,向这个蹒跚起步的弱势民族提出羞辱性的要求。瘫痪的北洋军阀中央政府以及无处不在的派系争斗和贪腐,让很多人远离国内政治。

然而,即便呈现出这样一副衰败、混乱和不稳定的景象,20世纪早期还是出现了史无前例的机遇。虽然题记提到的爱迪生更多的是夸张的修辞,是评论者塑造偶像的一个环节,但也确实指出了托马斯·爱迪生和陈蝶仙从属于怎样一种全球趋势:创业型人才可以利用社会上的新机遇,体验不断加速的工业发展。在中国,失去权力、无所归依的文人,离开了垂死的北方政治中心和传统意义上的江南学术中心,在生机勃勃的通商口岸看到了前所未有的希望(Reed 2004; Meng 2006)。他们迁居到这些新的中心,借助文化技能,在迅猛发展的营利性出版行

---

① 关于接受古典教育的学者在20世纪初迅猛发展的上海出版市场中的重要性,相关论证见Reed (2004)、Culp(2016)、Hill(2013)和Judge(2015)。

业、新兴的娱乐文化界,乃至商业化的轻型制造业中开拓新途径。借助知识生产机构、社会职业以及动荡的政治权力结构,城市行动派们施展各种创业策略以应对变化。地方精英、城市里的鉴赏家(或男或女)、特立独行的创业者和工业家、业余的科学家、中医世家、职业编辑以及审美"专家"——所有人都在利用新机会。[①]这种转变不仅限于中国。例如20世纪20年代殖民地时期的朝鲜,一些自学成才的发明家便成功地向"东京帝国专利局"(Imperial Patent Office)申请到了专利,尽管他们没有接受过任何科学技术教育或机构支持。[②]

　　20世纪到来之际,世界范围内涌现出一批引领工业现代化转型的新式创业者,陈蝶仙堪为表率。其行事泰然自若,所作所为每每不落窠臼,以本土化的方式建设工业,涉足科学活动,开发商企,既包括语言文字层面也包括物质层面。他翻译化学、法律方面的文献,探索相关知识体系,改造外来技术,并公然追逐利益——中华帝国晚期,此类活动在正派人士看来是不可想象的。通过高效地制造并出售"词"与"物",陈蝶仙得以彻底重塑和更新了文人形象。最后值得强调的是:陈蝶仙的事业既是文化的也是商业的,既是想象的也是付诸工业化的,既是文字的也是物质的。

---

① 关于"中医世家",参见Cochran(2006)和Scheid(2007)。关于新型职业编辑,参见Reed(2004)和Culp(2016)。关于特立独行的创业者,参见韩嵩文(Hill, 2013)对翻译家、"商品化的古典主义"推动者——林纾的分析,方秀洁(Fong, 2015)对女性文人、佛教徒和商人吕碧城的分析,以及雷勤风(Rea 2015b, 18—19)对作家兼酱油制造家徐卓呆的分析。关于发明家和打字机爱好者,参见Mullaney(2017)。有一份包括陈蝶仙在内的早期工业家名单,他们被称为"富有远见的人,开始倡导为中国创办本国工业",见香港工业家丁熊照(H. C. Ting)的回忆录(Ting 1974, 17)。最后,如想了解这一时期的"文人创业者"或转投各类商贸活动的男性和女性,更多资料参见Rea(2015b)。

② 李贞(Jung Lee)探讨过自学成才的朝鲜发明家,比如:凭风能水泵获得一项专利的徐光旭(Sŏ Kwang-uk);以修鞋为生、发明了一款胶水的李盛源(Yi Sŏngwon);还有被称为"东方爱迪生"的孙昌植(Son Ch'angsik)(2013, 788—791)。托马斯·史密斯(Thomas Smith, 1988)论述了日本德川早期的技术专家,比如大藏永常,他默默无闻,未曾担任公职,对古典有一些了解,但主要关心的是材料问题以及如何改良原始工业技术。

过去对陈蝶仙的考察，倾向于将他的文学活动和工业活动视为各自独立、互不相关。文学研究者探讨他在文学领域的丰硕成果（如Hanan 1999; H. Lee 2007b），以及作为一个备受关注的上海职业编辑所取得的编辑成就（如Meng 1994; H. Lee 2007a）。那些偶像化的通俗传记对陈蝶仙的商业活动和工业活动多有记述，每每不加批评地盛赞其为英雄般的工业巨头（如陈定山［1955］1967）。用这种分而治之的方式研究陈蝶仙，源自分析方法的当代分类，这种分类又依赖于我们自身理解职业和知识领域的历史途径。与之相反，本书考察陈蝶仙的活动如何打破上述认识论、职业化的划分。当然，本书无法穷尽陈蝶仙的一生。我不会深入探讨他的小说、剧本、散文和诗歌，只涉及其中一部分，也不会对其工业活动作出全方位的观照，但会精选一些文学、编辑、工业和制造方面的实践活动加以考察，以展示在一个"物"与"词"日趋丰盛的时代，陈蝶仙生命中的诸多面向如何交织在一起。本书会深入观察陈蝶仙专门描写新技术的诗歌、他在女性期刊编纂的技术知识专栏、他翻译并试验过的配方，以及他以汇编的方式为当时新发现的物质性赋予秩序。[①]在物质实践方面，我探讨了陈蝶仙年轻时开办的一家科学仪器商店、他在整个职业生涯中试验过的装置，以及作为成熟的工业家为保护自己的品牌而采取的法律手段和营销策略。

实际上，获得成功的陈蝶仙，其身份不仅是中国城市迅猛发展的文化市场里的职业作家和编辑，**也**是一名现代工业家和本土制造商。他横跨文学创作、编辑事务、工业资本主义、技术分析和业余科学研究等领域。他凭自己的能力，成功引领不同行业，在全新的环境中彻底重塑

---

① 这些原始资料可以帮助我们深入了解陈蝶仙的物质生产工作。除此之外，我还选了陈蝶仙的一些涉及化学、制造、技术或商业利润的作品（包括小说、诗歌和技术指南）。

自我,同时将资源和技能从一个行业整合到另一个行业,把文学和编辑的运作策略代入工业、制造企业。这样一来,他的事迹便呈现出文坛与商界的交织,这两个行业当时正由于批量生产和机械复制而日新月异。陈蝶仙展示了知识性工作和物质性事业怎样构成民间工业主义,也从更宏观的角度反映了当时中国工业活动的多彩风貌。

民间工业主义

本书的核心概念是"民间工业主义"(vernacular industrialism)。这个概念是分析性的,但受到了一个专用术语——"小工艺"的启发,当时的评论家常常用这个词语来形容陈蝶仙发表的关于染料、化妆品等制造类产品的文字。[①]"小工艺"很难翻译成英文,因为它的含义随着时代而变化:在现代汉语里,其中心词——"工艺"可以指"技艺"和"专业技术",比如印刷或纺织品制造;常和"手"连用,组成复合词"手工艺"。20世纪30年代,"工艺"——尤其是在和"手"连用时,会唤起人们对中国传统的怀旧之情,而且往往是指手工制作的工艺品,与之相对的是外国制造的工业产品(Fernsebner 2003, 269—271, 285—291)。但在20世纪30年代之前,"工艺"指的是工业技术,尤其是涉及化学和物理的工业制造;再加上"小"字,组成更长的术语"小工艺",指的就是"小型工业技术"或"轻型工业技术",用来描述与轻工业或制造业——特别是和化工产品相关的制造活动。

但是,把"小工艺"这个术语翻成"小型工业技术"是有风险的,好像在暗示这类活动微不足道,无关紧要。[②]——这种暗示恰恰是我的研究要避免的。本书会严肃看待陈蝶仙对"小工艺"的兴趣,即使我

_____

① 参见陈定山([1955] 1967, 182)。

② 比如看看女性期刊上关于"小工艺"的创作,要么被那些只关注诗歌和散文的文学研究者彻底无视,要么被历史学家处理得很狭隘,当作家庭主妇高效完成家务的建议(如 Orliski 2003)。

们要展现的是这种兴趣最初如何作为20世纪来临时某种游戏文化的一部分而出现，而这种游戏文化乐于接受新的文学形式和技术。[①] 陈蝶仙关于"小工艺"的创作，一开始并没有出现在专业刊物或工业刊物上，而是发表在女性休闲杂志的新式栏目里，后来则是日报的文学副刊。在这些新媒体上，陈蝶仙宣传制造化妆品及其他日用品所需进行的实验，声称这些产品最适合有教养的闺阁女子拿来休闲娱乐，其次是都市文化人用于现代家庭。实践中，陈蝶仙同样是在正规的实验室外从事"小工艺"活动。他漫不经心地试验化学灭火器之类的装置；在宁波的海岸上作诗时，又发现乌贼骨可以充当碳酸钙的来源，是制成粉剂化妆品的关键原料。

与其认为陈蝶仙在制造业和化学方面的误打误撞不值一提，倒不如去理解这些活动的随意性和临时性，如何反映了20世纪早期科学知识、技术和工业的所有权尚未确定的状态。谁来负责改造并生产与化学以及工业制造相关的新知识？类似的知识被用到哪里？又出于何种目的？这些问题都有待解答。化学和制造业尚未牢牢扎根于工厂、实验室和学院研究室，[②] 学者、专职工业家以及政府还没有像后来那样垄断科学和工业。[③] 与此同时，全球范围内的工业产权管理制度尚处于新生状态，公司和个人很难宣称对某个配方或制造

---

① 关于这种娱乐文化的重要性，更详细的讨论见第一、二章。还有的研究探讨19世纪90年代到20世纪10年代中国城市的游戏文化，见C. Yeh（2006）和Rea（2015a, 40—77）。关于陈蝶仙对这种游戏文化的投入，可以看看1913至1915年他在上海出版的一本期刊，叫《游戏杂志》（初名《自由杂志》，出版两期后改为《游戏杂志》）。关于这本杂志和陈蝶仙的参与过程，见H. Lee（2007a）。

② 正规实验室要到20世纪30年代才出现，在中国则更晚。里尔登-安德森（Reardon-Anderson）提到，直至"南京十年"（1928—1937）时期投入大量国家资源，中国才得以建成自己的大型实验室和学术项目（1991, 175—207, 230—286）。郭保章（1995）指出，曾留学美国、后获任北大化学系主任的曾昭抡，1931年回国时为了办实验室还要购置设备，他发现中国的大学连一个设备齐全的实验室都没有。

③ 专业领域的兴起和政府管控的日趋严格，促成了20世纪早期中国知识生产的规范化，更多资料见Culp, U, and Yeh（2016）。

流程拥有专属的法定所有权。因此，轻工业方面的探索似乎是在去政治化、非专业化、无关紧要的场域中开展的，比如书斋、阅览室、家庭和私人空间，以及科学仪器商店，还包括女性杂志上的技术知识栏目。仿制、改造和就地取材的现象层出不穷，本土变通和手工创新亦是如此。

　　用这种非正规的、游戏化的方式从事科学和工业活动，遮蔽了其严肃的基调。随着晚清时期正统政权的崩溃，民国早年的政治乱象几将吞没整个中国。以文字和娱乐的方式介入技术，形成了一种更广义的文化，为那些受过教育、远离传统政治的男男女女开辟了新道路。陈蝶仙喜欢文学和技术方面的东西并非心血来潮，这将成为他在工商业方面多种尝试的基础，贯穿其一生。他对"小工艺"的兴趣，为我们考察那个更广义的、分析性的范畴——"民间工业主义"提供了出发点，进而把握20世纪到来之际中国与轻工业及制造业相关的一系列五花八门的活动。此类活动可能不符合我们对工业发展的理解，因其乃是基于对美国或欧洲历史的认知，而这就代表有一种介入制造、科学和商业的异质性方式存在于现代中国（或许也存在于世界上的许多地方）。我们得以明白有这样一批超乎想象的行动派，曾以出人意料的方式建设轻工业，尤其是在面对巨大障碍又缺少资源和政府支持时。

　　站在今天的角度看，陈蝶仙明显非传统的工业主义似乎充满了矛盾：它本质上是商业的，却从古典文学的传统中汲取资源。它依赖"常识"的生产，包括共享知名品牌的配方，而且大体上希望变得更亲民，因为要劝导更多消费群体参与化学实验，并在日常生活中使用药物处方和化学配方。有时，陈蝶仙做的事情和工业建设关系不大，更主要是想确立他作为时尚引领者和生活方式弄潮儿的地位。对于读者和从事"小工艺"的同道来说，参与各种形式的民间工业活动起到了区分社会地位的作用，彰显了他们绅士（或淑女）般的好奇与机智，推动了制造长生不老药的化学探索。但与此同时，陈蝶仙的民间工业主义，在各个层面都能够——也确实直接显示出了与正规工业建设的联系。他在中国东海岸用盐卤进行的"游戏"实验至关重要，帮他找到了以工业化规模生产碳酸镁的方式。他调整原材料，检视处方，为的就是翻新和改良移植过来的技术与制造方式。当雄才大略转换成了火热的生意，他的工业活动便在工厂落地生根，故而更具私营性质。不过，恰恰是民间工业主义中的这些貌似矛盾的元素最值得玩味，它促使我们去质问构成正统工业活动的到底是什么，并给我们提供机会去思考工业现代化的替代方案。

"民间工业主义"这一概念的灵感，部分来自科学史家。他们用**"民间"**（vernacular）和**"日常"**（everyday）等术语，使普遍化的认识论主张变得本土化，而上述主张往往和工业以及科学的兴起有关。这些学者常常关注那些超出现代工业或工业背景的实践活动。有些人用**"民间科学"**（vernacular science）这个术语，来形容欧洲近代早期工作坊里那种不正规的、工匠式的、象征性的、非学术的认知方式。通过证明凭借感觉和身体、以手工的方式获取知识对于现代科学的惯习与实践是何等重要，他们质疑这样一种倾向：标榜现代科学的理论化、抽象化程度，以及用空洞、"理性"的方式介入自然界（P. Smith 2004）。还有些人用**"民间科学"**把"本国"或"本土"知识的整理，描述成殖民地人类学家和民族学家的建构，比如在19世纪末20世纪初的非洲等地。这样一来，他们就在殖民地科学的普遍化认识论中，打开了不确定和存疑的缺口（Tilley 2011）。还有人推出"日常技术"（everyday technology）的概念，用来展示进口的小机器和消费品怎样以出人意料的方式被挪用于日常生活，比如在19世纪末20世纪初的印度等地。通过这种做法，他们重塑了殖民地和后殖民语境中关于阶级、种族和政治的思考。① 这些关于"民间科学"和"日常技术"的修正论研究, 在诸多方面都极具价值。它们质疑了抽象知识相较于身体式认知的现代主义优先次序。其中一些研究发挥了公正的作用, 从凌驾于手工艺或本土知识之上的现代化叙事中挽救了非工业化生产。另一些则摒弃了关于发明创造的惯常描述, 探索意料之外、具有独创性的技术**用途** (Edgerton 2007)。它们凸显出技术本土化的过程常常导致对外来技术意想不到的改造。此类研究之所以令人信服, 在于其对此类一种宣传论调去中心化的潜力, 即: 坚持认为现代技术一成不变地从西方输送到世界其他地方。

本书正是受到了晚近关于民间和日常研究的启发, 但增加了针对中国现代文人工业主义者理应得到的关注。希望本书能部分抵消学术上对于手工劳动、手工艺、工匠、土著或农民生产活动的强调 (甚或浪漫化), 因为这样的强调可能会在不经意间延续"手工—机械""理性—具象"以及"土著—都市"的二分法, 而这种二分法正是现代化叙事所导致的, 也是本研究试图质疑的。② "民间工业主义"的观念固然用到了**"民间"** (vernacular) 这一术语, 但不会以任何方式将此类工业活动概念化为低级的或非普世的。本研究也不会先入为主地把"日常"理解成只是每天出现在家庭范围内而与正规的工业、制造业和商业迥然不同的东西。相反, "民间工业主义"把两个乍看起来似乎有点

---

① 关于"日常技术"的奠基性研究是大卫·阿诺德 (David Arnold) 的专著《日常技术: 机器与印度现代性的形成》(*Everyday Technology: Machines and the Making of India's Modernity*) (2013)。关于中国的类似研究, 见 Dikötter (2007)。亦可参见 Mukharji (2016), 该研究考察了殖民地时期印度的阿育吠陀 (Ayurvedic) 医师如何利用小型的高科技产品为他们的业务正名, 也令他们得以展现理解人体的新方式, 这种方式将西方科学和生物医学糅进了阿育吠陀的传统。

② 比如上述研究方法可能会回避这样一些问题: 手工劳动是怎样介入机械化生产的? "手"和"机器"这两个种类, 可能以怎样的方式在工业化背景下相互建构? 这些研究因而放弃了探问我们对机器和手的概念化是怎样形成的。有一项出色的研究, 通过考察20世纪初上海纺织机械制造中的手工劳动, 提出了上述类型的问题, 见 Yi (即出)。

别扭的术语组合了起来。但这种别扭的组合很有价值，它生成了一种有用的概念张力。它的作用在于警告我们不要把分析性范畴和二元论具体化，在这方面它是很有帮助的。它让我们看到："民间"不应总被理解成与"普世"或"现代"形式的工业化截然二分的东西，或以某种方式受到后者的影响；"日常"也不必与正规工业的发展互为对立。确实，中国民间工业主义涵盖了正规与非正规的工业尝试、随意性的试验和工厂里的劳动、本土化的实验和对全球潮流的主动适应，同样也涵盖了物质性的工业建设和知识性的文字工作。它揭示了正规工业化的问题，哪怕我们坚持探寻的是更加平凡无奇的东西，尤其是那些可能游离于工业建设的常规道路之外的生产制造活动。

重新思考中国等地的科学和工业

考察中国现代史上的民间工业主义，就要关注制造业、工业以及认知方式上那些不同寻常的权宜之计。这一方法为我们理解中国的工业化和现代科学，增加了一条重要的替代路线。中国现代工业和科学的历史发端于"洋务运动"（1861—1895），那是一场得到政府支持、发展技术和工业以增强国力的正规尝试。经过半个世纪的内乱和西方帝国主义的侵略，疲弱的清政府在19世纪下半叶进行了最后关头的改革，意图挽救垂死的王朝。因为感受到了政治和技术的危机，中国地方大员与西方传教士、专家以及中国工匠密切合作，开发了一系列项目，包括在广州、宁波、北京和上海兴建军工厂、造船厂、技校和翻译馆。早先关于"洋务运动"的学术研究，虽然揭示了该运动在中国工业化过程中扮演的关键角色，但倾向于将现代西方的资本主义和工业化经验当作评判成功与否的不言自明的标准。写过中国现代化学诞生历程的史学家詹姆斯·里尔登－安德森（James Reardon-Anderson）（1991）就认为，中国初涉西方技术的"洋务运动"是不全面的、延误了的。里尔登-安德森指出, 中国的这些工业建设活动源自西方, 是被移植到中国的, 往往并不完善, 而且遭到相当程度的抵制。[①]直到"南京十年"时期, 随着国民党政府的支持, 真正的——与西方工业企业高度相似的——现代化学工业方才诞生。 12

然而, 较新的修正论历史研究证明, 19世纪晚期的中国如何与技术和工业发生关系要复杂得多。有论者质疑, 引进技术和科学以扶持风雨飘摇的清帝国, 以及军工厂的军备制造和相关的矿业工程, 其本质是混杂的, 是由国内外共同开发塑造的(Meng 1999; Elman 2005; Shellen Wu 2015)。军工厂雇佣的中国译者和外国传教士密切合作, 翻译最新的科学技术知识。[②]与此同时, 发生在这些地方的变革, 还吸收了身处江南地区的数学家和技术员的知识。文人也开始熟悉科学技术, 因为他们和中国的这些技术员、工程师以及熟练的手工艺人共同参与军工事业。作为军工厂工作的核心组成部分, 文字活动为如下理念正名: 技术和科学的造诣, 在保证国家富强方面, 恰与道德素养同等重要。最后, "洋务运动"不仅仅是行将到来的、不可避免的"成熟"工业化阶段之前的过渡时期。更确切地说, 只是因为1895年甲午战争清廷战败, "洋务运动"的内容设计才忽然被认为不够充分(Elman 2005, 355, 392—395)。

即便对"自强"计划不再信赖, 建设工业和从事科学的努力并未在19世纪晚期到20世纪早期陷入停顿。尽管这一时期中央政府萎靡不

---

① 孟悦对里尔登-安德森(Reardon-Anderson 1991)的研究方法做过类似描述, 采用这种方法的学者还有杜石然和他的同事(1991)、费维恺(Albert Feuerwerker 1958), 以及郭廷以和刘广京(Ting-yi Guo and Kwang-Ching Liu 1978)。孟悦指出, 此类研究倾向于认为江南的军工厂"发源"于"洋务运动", 并将这些军工厂描绘成西方工业的衍生品(1999, 14—16, 24)。还有一种论调认为中国的现代科学和药物主要是美国舶来品, 见Buck(1980)。

② 有些中国刊物和汇编的特色就是翻译和工业发展相关的知识, 比如傅兰雅(John Fryer)和徐寿编的《格致汇编》(1876—1892)。详细清单见Elman(2005, app. 8)。

振, 一大批非官方的行动派涌现出来, 在官方范围之外建设工业。[①]盐商和农村的造纸商继续控制当地工业 (见 Zelin 2005; Eyferth 2009)。新兴的文化企业——包括充满活力、野心勃勃的现代媒体和出版行业, 在上海之类的城市涌现 (Reed 2004; Culp 2016)。这也是地方企业家建立现代商业帝国的时代, 比如大生纱厂的创办 (Köll 2003)。然而, 针对工业领域的分析或基于公司的史料来研究工业化, 自然而然会导致这样的工作只关注正规工业及其相关技术。例如, 基于公司的研究, 倾向于考察特定公司的活动; 即使考察公司以外的实践情况, 也倾向于关注最终"导向"公司成立或工业成就的因素。此外, 在某些研究中, 组成正规工业实践、基于西方标准的"现代"公司结构, 和中国家族企业的"传统"实践活动, 被作了区分 (如 Köll 2003)。

　　类似的, 针对中国现代科学的研究, 关注的也是那些最终实现"科学"的正规领域和职业。这些研究弥补了早先主要运用观念史方法的学术范式, 通过考察正规科学机构和实践活动, 目光独到地发掘出了各种各样后来走向专业化并为中国现代科学提供制度性身份的初始形式。[②]如上所述, 科学著作的翻译早在"自强"时期的军工厂内就已开始 (Elman 2005)。由于政府活动在清末民初相对缺席, 晚清学术团体和20世纪10年代的新式科学组织 (如中国科学社) 纷纷涌现, 充当起了科学探索的场域。[③]《科学》之类科学期刊的出版, 致力于将科学提升为一种脱离日常生活的超然真理 (H. Wang 2006)。于是到20世纪20年代, 随着中国大学学科的建立和专业"领域"(fields) 的纵深发展, 便出现了现代科学的进一步制度化。最近有一系列关于地

---

① 当然, 该时期有一些工业方面的政府资助, 晚近的研究揭示了不少政府层面的努力(如Joyman Lee 2013)。

② 用观念史的方法研究中国现代科学的例子, 参见Kwok (1971)和Pusey (1983)。

③ 关中国科学社的更多资料, 参见Buck (1980)和Reardon-Anderson (1991, 93—101)。

理学、法医学和中医药等学科领域正式诞生的研究, 贡献巨大。其中详细阐述了制度化过程如何在20世纪二三十年代开始发生, 并展现了长期存在的认知方式如何（时而不太适宜地）被整合进这些新兴学科。[①]然而, 为了理解正规知识的形成, 这些研究不太在意那些更异端、更混杂、更不合宜的认知层面或方式, 可以承担多么非同一般、丰富多样的历史功能。

上述对于专业化、有组织的或正规领域的现代科学的优先关注, 呼应了承袭自时代弄潮儿的叙事。1919年5月4日爆发的"五四运动"由北京的学生和市民发起, 旨在抗议《凡尔赛和约》（Versailles Treaty）中丧权辱国的条款, 冀望国家强大, 对内抵抗军阀, 对外抵抗帝国主义。作为提升现代社会科学权威这一世界潮流的组成部分, 该运动的参与者从相关的"新文化运动"中汲取资源, 认为旧道路应该抛弃, 要引入一种包括西方的科学和民主在内的"新文化"。1919年1月出版的《新青年》上有一篇文章, 作者陈独秀是北京大学文科学长、"新文化运动"的主要领导人, 他主张以"赛先生"和"德先生"来破除旧时代的迷信以及儒家思想和传统主义的沉重镣铐（陈独秀1919）。"赛先生"和"德先生"这两个重要理念, 成为"五四"抗争者的重要口号, 并被奉为中国现代性的标志和关键。[②]这些知识分子并没有把"赛先生"视为只有从业人员或专家才能付诸实践的东西, 而是当作全世界像他们一样有知识的公民都应追求的某种理念。不过与此同时, 他们的追求又需要被理解成对有序而清晰的"科学"领域宣布所有权的尝试, 用高端

14

---

① 关于现代地质学的研究, 参见G. Shen（2014）; 法医学, 参见Asen（2016）; 中医药, 参见Lei（2014）。

② 并非所有"五四"思想家都拥护"赛先生", 其中一些人很怀疑科学和工业化。最明显的就是1923年的"科玄论战", 还有对待拉宾德拉纳特·泰戈尔（Rabindranath Tagore）的态度。泰戈尔1924年访华期间, 就西方唯物主义的弊端和东方唯心主义的优势所做的演讲, 吸引了不少知识分子, 因为恰好迎合了他们在第一次世界大战后对资本主义生产以及工业化与帝国主义之关系的怀疑态度。

的（通常是学术的或哲学的）术语界定其范围的尝试，以及明确表达
其主要诉求以助力于建设中华民族的尝试。

关于中国正式的工业史和科学史的研究方兴未艾，这有利于反击
那种认为中国的工业化和科学并不完善，甚至工业化失败的论调。关
于科学和工业的正规化有着丰富的实证研究，充分展现了现代中国是
何等惊人地灵活变通而又迅速地实现了工业化，并建立起现代科学的
各个领域，哪怕处在帝国主义和政治衰败的不利环境中。然而，较少受
到注意的是超出正规工业化和正规"科学"之外的生产制造实践。本
书采用的民间工业主义研究方法，建立在上述研究所铺设的基础之上，
后者记录了政府资助的技术进展、正规的工业机构、公司主导的开发
活动以及现代科学的勃兴。而本书注意到一些貌似与之无关的实践活
15 动，为这幅图景做了增补，因此提供了一个特别有效的观察视角，去欣
赏中国多种多样的工业活动如何从一条势所必然的道路上偏离出去，
却最终走向正规的工业化和现代科学。

陈蝶仙的事迹就展示了若干另类途径。例如，陈蝶仙在制造业和
化学方面的活动，无论是正规的**还是**非正规的，其轨迹都偏离了往常那
种直截了当的叙事：一家公司从小企业发展成大工厂。从手工作坊到
半机械化厂房和铸造厂，这些小规模公司在 20 世纪早期主导了中国的
轻工业部门（Dikötter 2007）。也有大规模的工业联合体，比如英美烟
草集团（British American Tobacco）之类的大型海外跨国公司，还有大
生纱厂这样的本土企业——该公司由地方工业家创办，时逢晚清政府
一度引领工业发展（Köll 2003; Benedict 2011）。乍看之下，陈蝶仙的
公司——家庭工业社，似乎是小规模、家族式企业成功发展为垂直一体
化（vertically integrated）工厂的典型案例。但只要将陈蝶仙的工业主
义版图置于 20 世纪早期的中国工业化历史中，不抱预设地详加审视，
就会发现它自始至终都不完全符合我们先前所理解的小规模或大型工

业企业的构成。

陈蝶仙的民间工业主义中，非正统元素是多重的。当政府资助并不十分充裕，而帝国主义的经济威胁日趋深重，陈蝶仙用兴旺的出版市场来促进祖国制造业，靠自己的创作收益创办日用品公司（第二、三章）。在那个时代，建设工业所需的材料和资源——包括核心原料都十分稀缺，常常难以获得。于是陈蝶仙用乌贼骨、盐卤之类的本地原材料，代替昂贵的进口原料（第三章）。他在化学和制造方面进行了广泛实践，其中包括一些不合常规的活动——不论是在竹枝词里探讨新技术、新工业（第一章），抑或是对名牌化妆品进行逆向分析（reverse-engineering）以鉴别其中的化学成分（第四章）。这些离经叛道的工业尝试不仅仅是残余的"前现代"手工艺实践——后者依赖的是没有技术含量、半文盲劳动的家族式作坊。[①] 这些尝试既不是阻碍专业化、毫无用处的文人爱好，也不是无法转换成生产实践或科学事业、不切实际的纸上谈兵。相反，陈蝶仙对泡沫灭火器之类的设备进行了貌似无关紧要的试验，这项工作从他在杭州作为一名"鉴赏家"开始，延续至后来批量生产"无敌牌"药水龙（第三章）。他汇编自己的商业信函作为"尺牍偶存"——一种在中国历史悠久的独特教学文类，以确保他的影响不仅在于创办家庭工业社，还要鼓励和推动小型新兴企业和年轻工业家。这些努力——其中一些貌似很随性——所起的作用是激发人们对工业、制造和化学的兴趣，以及实实在在的参与。

与此同时，陈蝶仙那些不正规的、偶然的、非系统性的、驳杂的实

16

---

① 类似的，在一项关于中国烟草货物的研究里，班凯乐（Carol Benedict 2011）展示了做仿制手卷烟的小规模手工艺作坊，如何与英美烟草集团等进入中国的大型跨国公司机械化生产的香烟去竞争。在班凯乐看来，中国引入现代工业不是简单地取代"传统"形式的工业，也不是将"传统"体制与"现代"体制混合；而是用来催生和激励作坊式、手工艺式工业的替代形式。

践活动，不能**仅仅**根据它们在中国工业现代化或建设现代化学的过程中所扮演的角色来理解。这些活动发生的时候，建设工业和从事科学的方法变化无常，正处于形成期。因此，或许有人会把他的业余爱好、游戏性的技术知识写作和"仿冒"实践，简单描述成一条不可改易的发展道路所必经的阶段或"出发点"，最终通向"真正"的、正规的中国化学工业。但这种解读对于上述实践的多面性着实不公，而且忽略了一点：哪怕其中某些活动确实在陈蝶仙（和其他人）的工业建设中发挥了作用，它们也还负有其他目的和功能。假如把陈蝶仙闲暇涉足的实践活动或对业余化学知识不遗余力的推广，与其营利性的创作联系起来，我们便可以在他身上看到民间工业主义的某些方面如何促进市民读者的自我修养，或帮助界定其身份和品味；而另一些方面，则有助于养成围绕化学实验的社交新形式。

经过迅速培育，陈蝶仙的工业活动变得民间化、本土化，而且理念上是手工艺式的。在本土主义生产时期，这不啻为一种有价值的现代策略。"民间工业主义"的实际边界，随着陈蝶仙事业的发展而游移变化：它首次出现是因为创新的需要，那时候资源稀缺，条件恶劣；后来则演变成一种深思熟虑的品牌策略。陈蝶仙的工业主义有一个核心层面，尤其在他事业早期，那就是因地制宜，将手头掌握的零散、匮乏的资源转化为优势。他建设工业的最初尝试显然是不上台面的、家族式的，他随性地摆弄，并开动脑筋做起了实验。陈蝶仙早年采用的方法或许可以概括为"弱者"策略，其中包含战略上的"剽窃"，即吸收外国技术并寻找本地原料，改进现有技术而非从事大规模的发明。陈蝶仙的民间工业主义，因而包括了仿制［或称"仿造（copying）"］、实验（experimenting）和改良（improving）①小技术。

---

① 以上三组词在原书中分别标注了对应的拼音。——译注

陈蝶仙在20世纪20年代到30年代成为著名的资深工业家，他的民间工业主义道路便不再呈现当年那个博学的业余爱好者和胸怀抱负的制造家的特点。他的工业主义，随着时间的推移获得了新的意义。应运而生的最核心的实践活动——"玩创"（tinkering）、[①]仿造和改良，成为陈蝶仙为公司打造本土品牌并主导国内外市场的基本策略。在那个时代，爱国主义的制造观念和本土主义的工业精神定义了"国货运动"（陈蝶仙堪为其领袖）的内涵，陈蝶仙以及后来的国民政府都称赞仿造、试验和改良是具有道德示范意义的技巧（第四章）。家庭工业社的民间工业主义，进而被描述成可以取代全球资本主义和经济帝国主义的爱国高尚之举。该公司以自给自足和立足本土闻名（哪怕现实中一开始就已融入全球流通），使其有资格对抗国内的全球竞争者和遍布东南亚的离散华人市场。

简言之，关于民间工业主义的研究可以提醒我们：基于工厂的制造业和正规工业并非工业实践在当时的唯一构成形式。它还让我们得以更充分地表达中国工业化的历史事实。多方面的缘由和利益（政治的、文化的、社会的）促成了中国在20世纪早期的一系列工业、化学及制造实践，其中一些最终在工业领域获得巨大成功，还有一些则发挥了完全不同的历史功能。扩大工业劳动的定义，用更广阔的视野关注工业化的驳杂策略——无论是正规还是非正规，进而强有力地矫正这样一种描述：始终把该时期看成工业化停滞的时代，所进行的都是低级、次要的科学制造活动。该时期也不仅仅是这样一个"过渡"阶段：中国不过是在一条不可改变的、令人向往的现代化道路上姗姗来迟。本书的关键在于修正了关于中国的某种叙述，这种叙述里的中国是一个

18

---

① "tinkering"是"民间工业主义"的核心概念，但在本书中不宜用统一的汉语词进行对译。作者以拼音形式明确标注的对应译词，译者全部予以保留；此外，则根据不同语境，将其译作"玩创""改造""试验"等。也有论者使用北方口语词"捣鼓"。——译注

不完善、不完整的工业开发者, 以至于比较研究学者和世界史学者在现代世界的建构中一再将西方视作现代资本主义的起源。[①]

批量化技术时代的认知方式与品牌模式

在那个时代, 脑力劳动和体力劳动越发由批量生产的技术来决定, 陈蝶仙所从事的工业劳动既包括文字活动也包括制造活动。他在这两个领域的事业是互相关联的。对陈蝶仙来说, 工业建设对书面的、理性的知识生产的依赖, 不亚于对原材料和成品生产以及工厂建设的依赖。工业化带来了"物"与"词"的激增, 必须用新的策略同时捍卫客体和关于客体的知识。当海量的货物使消费者难以辨明真伪或区分国货和进口"敌货"时, 陈蝶仙致力于证明本土主义的价值, 捍卫其产品的可信度, 乃至捍卫他的贸易事业。在文本和词语可以机械化再生产的时代, 他竭尽所能地向读者确保自己售卖的出版物以及他的知识生产行为是值得信赖的。

作为一个特立独行的企业家, 陈蝶仙在文坛和工业界到处开展营利性活动, 这使得晚近历史书写中的"物质转向"(material turn) 变得复杂。这一"转向"很有必要地修正了后结构主义影响下对 20 世纪 90 年代的语言学分析, 促使历史学家从物质层面和制度层面重新审视过往。但为了发掘事物的物质性, 揭示身体性的实践活动, 上述工作有时会疏于考察文化问题、政治因素和书面活动。例如, 修正论著作设想西方人如何意外得到煤并在美洲殖民地获取资源, 以此解释 18 世纪的西方和中国在工业与经济发展上的"巨大差异", 其背后的假设是:

19

---

① 工业化比较研究和世界史研究的文献不计其数。将中国视作迟到的开发者且落后于西方的观点, 是乔尔·莫基尔 (Joel Mokyr) 著书的基本前提, 直到 2016 年他还在鼓吹西方例外论 (如 2016)。对这一比较研究路径进行批评, 进而探寻资本主义和科学之起源的研究, 参见 Rieppel, Lean, and Deringer (2018)。

如果中国（或其他行为主体）得到了煤就能实现工业化（Pomeranz 2000）。然而，这样的研究方法低估了"人的因素"、帝国主义环境以及政治——只有这些才能改变中国的世界观，使其对煤的认识从维系民生的资源转向工业化的民族国家在新的世界秩序中生存下去的必备燃料（Shellen Wu 2015）。

最近的科学史研究同样出现了物质转向。修正论科学史家越来越关注那些可以生产出被认定为科学知识的身体实践和脑力劳动。而真正具有贡献的是强调这些"认知方式"不仅由抽象知识和相关的理论形式构成，还包含具体的认知形式和物质的实践形式（参见 Pinkstone 2000）。物质文化研究近来有一种趋势，就是有意使用"工艺""手工"等术语来考察具体技艺和知识生产。[①]这种面对物质性的转向，已极其有力地规避了理论先于身体活动的分析框架——它曾长期主导科学革命的研究。不过这种修正虽然吸引人，有时却会矫枉过正，只盯着物质性和身体性而不及其余，比如没有考虑到认知在文化、观念和文本层面也会与物质世界发生关系或显现为物质。作为对后工业革命和现代世界认识机制的批判，这一趋势也可能导致在机械化生产的现代世界，过分推崇从非现代、非机械化的角度去理解认知的文化方式和物质方式。

作为一名文人企业家和现代工业家，陈蝶仙提供了一个生动的研究个案，揭示出晚近的物质主义转向可能对哪些东西不够重视。具体来说，陈蝶仙的民间工业主义，让我们更近距离地检视思想与实践、认知与物质、文化与商业在日趋机械化的现代到底构成怎样的关系。它展现了物质和脑力劳动之间相辅相成的关系。正如开头的题记所说，

---

① 例如帕梅拉·史密斯（Pamela Smith 2004）的那部开拓性著作，其中论证了手工艺式的、身体性的认知方式在建构现代科学时的核心地位。

陈蝶仙的工业活动追求"知行合一"。这则题记虽然极尽夸张,但确实
道出陈蝶仙在工业领域成果颇丰的同时,还对自己的工业活动详加记
录,并主张亟须了解(每每通过文本)新式知识。换言之,他的"知识
工作"在物质活动中扮演了关键角色。因此本书自觉地使用**"知识工
作"**(knowledge work)这个术语,来强调陈蝶仙的观念活动并非完全
抽象。[①]他的知识生产和认知方式本质上是物质性的。他的认知活动
包含了可以被历史化的认识实践,这种认识实践包含了实验、模仿和
改良。具体的物质条件和制度设置以及不同形式的劳动塑造了文本实
践,无论是汇纂、翻译还是编辑,他由此生产出知识。

　　在实践过程中,陈蝶仙把知识工作和工业活动交织到一起。青年
时代的陈蝶仙就开始在杭州的书斋里操作化学实验,从事手工劳动和
各种试验,摆弄泡沫灭火器之类的器械(第一、三章)。1913年搬到
上海以后,他继续摸索怎样生产化妆品和原材料以及另外一大批轻工
业商品(第二、三章)。此外,身体力行、不断进行的实验也从未远离
书面知识。为了获取制造和工业方面的知识,他翻译国外的知识、配
方和制造流程,广泛传播自己的译文。为了把翻译过来的配方用于本
土,他常常要做一点创新,以适应本地条件,利用好手头的原料。所
以,他的经验往往来自经年累月的原料混合与配制,而这些原料和他
熟悉的中草药有关,就像他父亲当年行医时一样(第四章)。然后他
会公开自己的发现,作为示范性的"尺牍偶存"分享给青年从业者和
21　新兴制造家。

　　陈蝶仙的文字工作,每每着眼于劝导那些在工商业有所建树并实
际从事生产技术工作的同辈文人,包括男性和女性。随着印刷品的全
球传播,知识散布到更广、更远的读者群成为越来越平常的事。在19

---

① 关于这个意义上的"知识工作",更详细的讨论见 Rieppel, Lean, and Deringer (2018, esp. 13—19)。

世纪的英国, 维多利亚时代的作家、牧师和记者发挥了普及科学的作用 (Lightman 2007)。[1]陈蝶仙的文字工作负有类似功能, 同样传播了化学和制造方面的知识, 但还不止于此。在后帝国时代, 工业和追逐利益仍会让很多知识精英感到不安。陈蝶仙注意到, 他对技术、工业和利润的探索, 有可能引起社会的焦虑与不适, 会被认为是在挑战公认的社会秩序和习俗。因此, 他的大部分文字工作都是为了缓解这种担忧。其方式不单单是直截了当地传播知识, 更确切地说是用新的方式和文类来改造和呈现知识, 使之更能吸引读者。在杭州时, 他通过创作竹枝词把新奇的技术引介到文人圈(第一章)。搬到上海后, 他继续施展才华, 用人们喜闻乐见的方式介绍制造方面的专业知识。1915 年, 一份女性杂志上的化妆品制造栏目, 采用强有力的性别预设来肯定国货生产的道德品质, 以捍卫工业活动的正当性和爱国性。这一策略还缓解了针对女性和消费的担忧以及商品化的危险(第二章)。在编辑报纸专栏"家庭常识"期间(1918—1927), 陈蝶仙把制造类、技术性知识当作"常识"加以展示, 从根本上将吸引来的读者想象成"通才"; 同时, 随着工业制造的技术知识与专业化界限被逐渐涌现的学者和专业人员划分出来, 他也为自己的知识开拓出了市场利基[2](第三章)。

　　陈蝶仙显然特别注意知识的呈现方式以及当时的媒体技术怎样吸引消费者的感官注意——或是对眼前的故事, 或是对描述的知识, 又或是对出售的产品。例如, 他会注意自己展示信息的语体风格。陈蝶仙创作和发表的作品, 绝大部分属于新式文言, 那是 20 世纪早期中国迅

---

[1]　虽然伯纳德·莱特曼(Bernard Lightman)使用了"**普及**"(popularization)这个词, 但我不太愿意用在这里。"**普及**"以及和它相关的术语"**宣传**"(dissemination)似乎意味着信息可以直截了当地散布, 而没有把知识在传播和旅行时所发生的知识生产的复杂过程表达出来。相比之下, 本书揭示了知识如何被改换意图以应对新读者群的关切和兴趣, 以及承担宣传以外的多元功能。

[2]　市场利基(market niche), 通过专业化经营而获取到的更多利润。——译注

猛发展的出版市场中一种具有商业利益的文体。这种混杂模式的古典
语言将某些口头语言纳入书面, 或许比当时提倡的新式国语白话文更
加"白话"(vernacular)。早在清末民初 (19世纪90年代至20世纪10
年代), 就有一些高瞻远瞩的编辑和政治活动家提倡白话文或基于口
语的书面普通话, 以此扩展中国的受教育人群。这种取代古典语言的
努力, 其重要性在于一个崇高的目标, 那就是让新的读者群——包括女
性、儿童以及底层市民, 都可以通过启蒙读物、教科书和白话报纸获取
知识。到20世纪10年代后期, 北京大学哲学教授胡适等知识分子配合
"新文化运动"和"五四运动", 提倡将现代白话文定为**唯一**的新国语。
伴随该倡议的是对古典语言不断加强的攻击, 古典语言愈发被认为衰
朽、陈旧, 拖累了中华民族。然而正如学者所指出的, 虽然"新文化运
动"迫切地宣布新国语将塑造新市民, 但在20世纪10年代末到20世纪
20年代, 白话文运动仍然只能得到一群相对高雅的知识精英的理解。
在这种背景下, 陈蝶仙所青睐的混杂文言成为一种商业白话 (与之相
对的是更精英化的国语白话), 主导着中国方兴未艾的出版市场, 而且
获得了更为庞大的读者群。①

　　陈蝶仙大范围地出版、推广、销售自己的产品, 用的都是商业白
话。②他用这种语体创作的营利性连载小说迅速走红, 风靡一时, 引
起了"新文化"和"五四"知识分子的愤怒。孤高自许的知识分子把
他 (以及和他类似的人) 发表的小说贬为"鸳鸯蝴蝶派小说"(以下
简称"鸳蝴派小说"), 意思是这类小说毫无节制地用浪漫的鸳鸯和蝴

---

① 　季家珍 (Joan Judge) 认为, "高文学层次的读者"感到20世纪10年代女性杂志上的新式文言语体
比"五四"知识分子提倡的新国语更容易理解 (2015, 47)。

② 　陈蝶仙有一部商业信函汇编叫《工商业尺牍偶存》(1928), 他想通过这套资料向读者传达自己
的工业活动经历。在序言里, 陈蝶仙 (用的是笔名"天虚我生") 坦言自己用的是文言, 并指出古典语
言写作和国语白话写作并无不同。见陈蝶仙 (1928自序)。

蝶作为文学比喻。他们认定这些小说属于毫无价值的商业消遣，而不是严肃的国民文学。陈蝶仙关于轻工业的专栏和创作也是用这种商业体文言写的，大概和他的小说一样点燃了"五四"知识分子的怒火。[①] "五四"人士倡导科学——"现代科学"，认为那是用新的白话国语写成的、严肃的、非商业化的知识，为民族救亡所必需。相比之下，陈蝶仙发表的作品彰显了化学等现代科学知识的认识论权威，但他对这种体系的社会、文化和政治价值的解读方式却迥异于专业人士或高端学院派的期待。他对化学及制造知识的描述，时而幽默，时而富于爱国情怀，而且发生于学术界或有资质的专业知识生产领域之外，又往往用于销售。当时，专业的知识和技能以及"科学"的权威定义刚刚开始确立，他的创作使其参与到一个更大范围的辩论，针对的是谁有权决定什么构成了有价值的制造知识和化学知识，以及怎样消费和应用这种知识。和新兴的专业技术知识、学者以及高端的"赛先生"话语形成对比的是，陈蝶仙把自己打造成了媒体专栏里的时尚导师，为他的读者有偿地提供实用而有趣的诀窍、"常识"以及本土化的专业知识。

23

作为作家、编辑兼工业家，陈蝶仙还充分注意到了中国市场上"词"与"物"的泛滥。19世纪末20世纪初，"词"与"物"的市场竞争日益激烈，这意味着其生产者不得不采取更多措施来保障和捍卫他们出售的一系列产品。文本的机械化生产，意味着虚假的信息、过剩的知识和语词的迷障威胁到了认知的确定性。国内外各种品牌风起云涌，仿制品、假货和回收品愈发猖獗（Benedict 2011）。"国货运动"象征人们逐渐意识

---

① 季家珍在谈到民国时期的女性杂志如何致力于推广"白话知识"时提到，陈蝶仙的出版物——包括第二章要讨论的女性杂志以及第三章要讨论的《申报》上关于家用知识的每日专题——为"日常知识"和"通俗科学知识"做出了贡献（Joan Judge 2015, 42）。季家珍还发现，为白话知识所做的这些努力不同于晚清改良主义和"五四"反传统主义的规划，尤其是对日常生活的兴趣以及对商业广告的欣然接纳，尽管它们同样做出过改革的承诺（Joan Judge 2015, 42）。

到欺世盗名的敌货正在威胁中国主权。[①] 作为对这种恐慌的回应，该运动主张国货才是真诚的、实在的，并视之为中华民族复兴的关键所在。

正是在上述背景下，陈蝶仙意识到有必要营造一种具有真实感的幻象。[②] 他通过多个渠道来实现这种幻象。以蝴蝶为喻，陈蝶仙的小说以及对"蝴蝶牌"化妆品的营销，利用了人们对梦幻世界的感伤怀念——虽然出于杜撰和虚构，但还是让人觉得远离了乏味、商业化或林林总总的焦虑（第一、五章）。他的知识产品——从技术操作专栏（第二、三章）到他汇编的本土主义商品丛书（第六章）——被树立为权威，为读者提供专业知识，辨别市场上的哪些商品质量好，是地道的国货，因此值得信赖，名副其实。产品的"真实"性，不仅在于它们不是仿冒的，更在于它们是"国货"。陈蝶仙公司生产的好几样商品，包括牙粉、肥皂和现代化妆品，在19世纪后期的"洋务运动"中都被认定为"洋货"——其字面意思是"海洋货物"（ocean goods），但往往翻成"外国货物"（foreign goods）。到20世纪，陈蝶仙和其他"国货运动"领袖把这些"洋货"变成了"国货"（native products）。正如第六章所讨论的，陈蝶仙20世纪30年代出版的技术手册，详细介绍了国内的生产流程——由

---

① 中国人用外国货当然不是没有先例的（Benedict 2011），异族事物对日常生活的影响可以追溯到唐朝，甚至更早（Schafer 1985）。然而在某些特定历史时刻，也出现过对进口货物的高度焦虑。比如18世纪的一些配方就成功地把传入清朝的新式物品纳入了既有的秩序中（Bian 2017）。虽然外国货品和异族事物进入中国的历史相当悠久，但19世纪中期正值工业化生产的现代进口商品正和经济帝国主义以及中国不断下滑的地缘政治势力联系在一起，因而引发了高度恐慌。19世纪末20世纪初，对于外国货，特别是批量生产的外国货的恐慌，催生了"国货运动"（Gerth 2004; Dikötter 2007, 25）。

② 企图为市场和商品赋予真实感，是全球资本主义的象征，并非中国独有。例如，20世纪末的英国便兴起了一股"商品化的真实感"潮流，同时涵盖商业和文学，其目标正是新兴的中产阶级（Outka 2009）。在一个让人忧心忡忡的新兴商业时代，中产阶级渴望表面上没有受到商业化污染的"传统"，虽然作为同一阶级的成员，进入该传统的方式便是消费。从肥皂到家居用品，英国的日用品市场利用这种欲望，标榜商品的真实感，比如可以营造一种纯粹的、怀旧的英国田园风情。除了陈蝶仙，其他的中国企业家同样很享受消费传统的权力。林纾的文化产品形成了一种"商品化的古典主义"，让新兴的小市民阶级能够通过翻译理解新式知识，更广泛地探索现代性的变迁（Hill 2013）。

中国制造商执行，哪怕经常复制外国技术——如何界定真正的国货，以区别于外国敌货。一旦注意到世界各地涌现出的先进的营销广告策略，陈蝶仙便毫不犹豫地发起了野心勃勃的广告战，并借助新兴的商标侵权法，宣称自己拥有那个极为引人注目的"蝴蝶牌"商标的专属所有权。

　　在人也可以成为品牌的时代，所有这些努力帮助陈蝶仙把自己打造成了新式工业家。这一人物形象的基础是真挚诚恳和权威可信，并在他的事业进程中不断演化。一开始，他是追逐利益的新式文人，是上海时尚生活市场的弄潮儿，后来则是知名品牌的创始人。他还是化学的倡导者、有抱负的制造家，最后成为爱国的业界巨头。每扮演一个角色，他都在可接受的范围内拓展传统的边界，而且始终意识到要捍卫自己事业的正当性。正如第一章要讨论的，即使在连载小说里，这种意识也很明显：他力图让自己表现得像一个情感真挚的作者，足以让读者潸然泪下，哪怕他要让读者面对的是关于利润和技术的新观念，哪怕是为了贩卖他的文字作品以谋利。陈蝶仙早年付出的努力，不仅资助了他的创作事业，也包括工业活动，还为他塑造了性情中人的形象，即便他打交道的是冷冰冰的资本。   25

　　但是，为了避免仅从表面去理解他的自我标榜，我们还应注意：在这种自我营销、自我塑造的人物形象背后，陈蝶仙往往无情而狡诈：他喜欢做投机取巧的买卖，善用阴谋诡计去应对生意场和政治界的黑暗面。原始资料中有不少蛛丝马迹透露出他残酷的一面，这类行为包括：为了弄到生产镁的原料，损害宁波本地居民利益（第四章）；为了避税，让公司采取双重标准的策略（第四章）；为了垄断"蝴蝶"品牌名，动用强硬的法律手段（第五章）。[①]陈蝶仙当然也遭遇了失败，比

---

① 还有人记述过20世纪医药市场里的中国商人如何组成战略性的政治联盟，共同开拓政治机遇，以确保在有利的环境中开展业务。见Cochran（2006, esp. 89—105, 136—148）。

如从事造纸业就不太成功（陈定山［1955］1967, 180, 186）。陈蝶仙事业中投机取巧的阴暗面应该详加展示，因为这显示出了他在品牌塑造和市场营销方面的高超技巧。

最后，陈蝶仙所操用的语言场域和媒体环境，其重要性又让我们想起"民间工业主义"中"民间"（vernacular）一词的恰当性。"vernacular"在绝大部分情况下指的是本地语言，而且往往不像古典语或通用语那样学究气、文绉绉。但是，不同领域的学者都曾用这个术语来指称本土的、局部的或非普世的复杂文化形态，以避免分析范畴引出的负面意涵，比如"通俗"（popular）或"大众文化"（mass culture）——这些词语不知何故被认为比"精英"（elite）或"学术"（learned）文化低一等，而且具有分析性的差异（如Pollack 2000）。电影学者以上述研究为基础，用"民间现代主义"（vernacular modernism）来描述20世纪早期上海大众传媒和大众消费的现代性，尤其用来理解工业现代性和殖民主义背景下中国国内的电影工业和全球化的好莱坞之间的互动。[①]当然，也有人提出深刻的批评，认为对"民间现代主义"的概念界定仍然面临风险，亦即：将西方和好莱坞标举为普世/全球的，而在某种程度上把中国的民间现代性视作地方的——即便不再是派生的。[②]这些批评固然很重要，但我还是主张只要修正一下"民间"的概念，就能化解上述担忧，且足以服人。语言学及媒体相关的意涵，

---

① 比如汉森（Hansen 2000）和张真（Zhen Zhang 2005）就把上海电影视作一种现代地方语言，让全球典范适应本土条件，迎合本土目的，从而为参与者提供机会去整合他们所处的社群和时代的意义与经验。

② 举例来说，晚近的全球趋势反而强调地域之间的交流互动，反对把"通用语"和"方言"视作具有独立、固定的起源。比如，谢尔登·波拉克（Sheldon Pollack 2000）就认为"通用语"（cosmopolitan）这个词出自罗马帝国语境，那里有一种判然分明的"宇宙–城邦"二元论；而在他的分析主体——梵语世界里，不存在帝国，也就不存在赖以定义"方言"的单一政体。处于局部的、中央的方言，反而策略性地借助普遍流传的转义成为通用语。

对于理解陈蝶仙的知识生产和营销活动至关重要。正如第五章所讨论的，陈蝶仙在他的小工艺出版物上用商业文言写作，其营销战术则直接借鉴上海和东南亚的跨地域电影文化。虽然处于民间的现代模式中，但陈蝶仙的工业活动从来不局限于本土，而且也不是派生性的，尽管这些活动的开展背景是由殖民地现代性的权力关系不平等造成的。他的所作所为，是世界范围内资本主义发展的组成部分，与知识和货物的广泛流通密不可分。他的工业活动瞄准了地区市场和全球市场，最终打造出名扬海内外的跨国品牌。只要牢记"民间"从来不是一成不变的，而是持续不断地建构着与"普世"相对的变动观念，那么这个词就把握到陈蝶仙树立与帝国主义"敌货"相对、迎合"国货运动"的本土主义声望，让他可以和国际名牌一较高下的意图。

玩创，以及发明创造和所有权的全球体系

没有比陈蝶仙的所谓"玩创"（tinkering）活动，更能彰显知识生产和物质生产之间的纠缠了。作为作家兼编辑，陈蝶仙在一个机械化复制的印刷时代，雕琢、组合、调遣文字；作为化学爱好者，他调和、配制各种原料；作为蹒跚起步的制造家，他改造各种器械，比如胶版印刷机和泡沫灭火器。他以语言大师的身份雕琢文字，以化学爱好者和初生的制造家身份从事实验，这两者的交互关系在一个工业体制和工业所有权尚未确定的时代，为他的实践活动赋予了创造性。词与物的"玩创"基于轻工制造技术的改良（而非发明），最后带来工业革新以及可观的商业成就。陈蝶仙所采用的方法，因而揭示了对流通的技术进行   27
即兴改造和模仿的现代意义。

我使用"玩创"这个词，并将"玩创"设定为陈蝶仙民间工业主义的核心组成部分，意在唤起这个词的口语意涵的同时，将其引入关于技术、创新和工业发展的历史论争中。"tinkerer"最初是指修补锅碗瓢盆

的流动匠人，他们的目的是改良或修复物品。[1]后来它的含义拓展到试验和维修机械部件的人。在口语中，"tinkering"通常是指试验、把玩某个东西，有时（即便不是一直）指修理、改良物件，而结果未必是让它焕然一新。因此，这个词会让人感觉带有贬义。比如在英国人的研究中，此类活动往往不加甄别地与吉卜赛人或爱尔兰人联系起来，指称那些从事低端技术劳动、靠修补瓶瓶罐罐勉强维生的流动工匠，而且他们的修补行为常常被描绘成不连续的、临时的。[2]

然而在本书中，我的目的是要开拓"tinkering"的概念，使其用于重新思考创新和生产的实践。鉴于"tinkering"的历史语义，选择这个词很难确保其语义中立。例如，它会让人想起技术和工业发展中关于创新本质的历史争论。历史学家——如乔尔·莫基尔（Joel Mokyr）曾指出，（开放的、公共的、以"实用知识"为特征的）西方知识经济、富有创造性的文化以及"心灵和政治的多样性"完美地汇合到一起，共同催生了技术革新的重大突破，不可思议地成了工业革命和西方后来持续的技术优势（1990, 302）。[3]为了把牛顿物理学和工业革命连接起来，还有些人认为有一种独特的"科学文化"（scientific culture），它启动了包含机械知识的实践行为，影响了近代早期的英国机械师和商人（Jacob and Stewart 2004）。然而，修正论的研究方法不仅提防这套自我炫耀的西方崛起论，还提出了另一种思考技术发展和创新的途径。有人反对革命式的、宏大的发明观念，认为后来传播到西方以外的技术

28

---

[1] 见《牛津大辞典》（the Oxford Dictionaries）对"tinker"的定义：https://en.oxforddictionaries.com/definition/tinker。

[2] 关于爱尔兰文学中表现修补匠的文化史，见Burke（2009）。20世纪还有一些爱尔兰旅行者靠修补和锻造马口铁维生，被爱尔兰常住居民斥为社会渣滓，关于他们的人类学考察参见Gmelch and Langan（1975）。非常感谢得克萨斯大学奥斯汀分校（University of Texas, Austin）的米娅·卡特（Mia Carter）为我提供这一视角和相关文献建议。

[3] 亦见Mokyr（2002 and 2009）和Jacob（2014）。

所经历的变化是渐进的、非线性的、非目的论的。[①]还有人补充说，这类基于渐进式改良实践的创新很难说是西方特有的。[②]近来，后殖民学者和全球史学者已更具体地证明：科学和工业的形成总是包含跨国界的交换与邂逅，以及知识在传输过程中会发生必要的调整、变动和修改——并且往往是递增式的，其传送方式并非平缓的、弥漫的，而是要穿越不平稳的权力地带，经历本土化的调适、翻译和争论。[③]本书使用的"tinkering"，其成立的基础正是批判规模化的创新以及那些横空出世的发明，强调临时的、偶发的、实验性的创新形式，强调其作为技术交流的手段遍及世界各地。

除历史语义外，"tinkering"这个词在21世纪的当下，正愈发明显地和奠定高科技产业（抑或是其创始神话）基础的DIY文化以及创业文化联系起来。例如，中国深圳等地的生产设计中心所进行的活动，如今就被认为促进了创新和实验（Stevens 2018）。[④]正如2014年旧金山"探索博物馆"（explOratorium）开设了"玩创工作室"（Tinkering Studio），21世纪作为数字时代，见证并真正推动着DIY文

---

① 乔治·巴萨拉（George Basalla）提出用进化的视角——而不是革命的视角——来观察科技的变化，不过他还是首推工业革命作为真正的创新标志。这种推崇背后影射的是中国在发明印刷术、火药和指南针之后的"停滞"（1988, 169—176），而这一论断暴露出对中国物质文化和技术文化中工艺与手工制品创新的一无所知。

② 根据彭慕兰（Kenneth Pomeranz）的看法，欧洲最发达的国家和中国最发达的地区在经济发展和技术革新方面的"差异"，直到18世纪都还不像某些比较研究揭示的那么大。彭慕兰认为，如果说18世纪的亚洲没有生产出"宏大发明"（macroinventions）——即自身可以立即改变生产可能性的激进新观念，那么1500年到1750年间的欧洲也没有生产出多少。各种各样更小规模的技术改良，持续发生在不同地域和技术领域，与之相伴的是欧洲和中国发明家之间诸如染料知识的往返传播（2000, 47）。

③ 针对巴萨拉的进化论和传播论模式，来自后殖民和全球的各种回应，见Anderson（2018, 73）。沃里克·安德森（Warwick Anderson）指出，虽然巴萨拉的论文《西方科学的传播》（"Spread of Western Science", 1967）恰好衬托出20世纪80年代科学史的后殖民转向，但仍不失为一篇"优秀的'坏论文'"典范，不但表现出丰富的生产力，还促使这一领域朝着全球化和科学旅行的新方向发展。

④ 这种全新的论述全然不同于知识产权相关的通行论述，后者一贯认为中国对于诸如暗中进行复制、仿制、改造以生产假冒伪劣产品的行为负有重大责任（关于这种转变，见Lean 2018）。

化的复兴。[①]这一文化在很大程度上是因为便利的网络资讯而成为可能,并影响着"创客"[②]群体,他们活跃于艺术、科学和技术的交界处,以亲身从事玩创活动为骄傲。在这些当代话语中,"玩创"和DIY精神呈现为观念的工具,用来拯救那些可能被现代知识产权或企业生产机制妖魔化的实践活动。调适、知识的集体共享(或开源)以及改良(而非发明)等行为,越来越被视为创造性的合法元素。[③]

诚然,近来有批评者警告说,创客文化和创业者不具批判力又极度乐观,而且没能揭露潜在的新自由主义偏见,此种偏见隐藏在围绕创客群体的种种话语背后——这一点我会在结论部分详细阐述。这些警告固然值得牢记,但DIY实践的转向并非全无价值,它是能产的,促使学者们探索替代性的生产文化。从这个意义上说,玩创活动之所以引起关注,在于它既是一个历史议题,也是一个概念范畴。比如最近出了一部雨果·根斯巴克(Hugo Gernsback)的作品集,序言里就认为玩创行为不仅是一项令人着迷的爱好,更是一种特殊形式的直觉力或创造力,还是工人阶级自学成才的途径(Wythoff 2016)。根斯巴克是20世纪早期的美国科幻小说家,也是无线电和小机械的狂热玩创家,支持亲身实践、自下而上的技术模式。他为一大批刊物供稿,包括《电镀产品进口目录(现代电气)》(*Electro Importing Catalog, Modern Electric*, 1908)、《电气实验家》(*The Electrical Experimenter*, 1913)和《广播新闻》(*Radio News*, 1919)。他的核心理念在于强调渐进式的调整,他相信玩创行为包含了创新以及创造性的表现、专业知识和技术。而与这

29

---

① 与2014年"探索博物馆"开幕展同步发行的图书,见Wilkinson and Petrich (2013)。

② 创客(maker),指出于兴趣爱好,把各种创意转变为现实的人。——译注

③ 创造性的编码、编程团体在20世纪90年代开始涌现,它们依赖"开源"(open sourcing)或编码信息的集体共享,推动它们的是互联网的兴起,而不是中规中矩的软件。上述途径如今被认为是在此类团体中激发创新的关键。

种观念截然不同的是承认所有权和发明行为在新兴工业资产体系中的核心地位，催生该体系的是当时的资本主义企业和依附公司的工业研究实验室。此外，创客文化还打开了一个系统，鼓励免费共享知识和技术，而非由个人或公司独占知识产权。

陈蝶仙及其读者（兼括男女，见第二章讨论）的文化实践、工业实践和创新实践，在很大程度上与根斯巴克团体（男性为主）对无线电的痴迷遥相呼应。其实应当指出，这种契合并非偶然。这两个团体都是某个全球性时刻的表征，而成就这一时刻的恰恰是无远弗届的"物"的批量生产，以及与之相互关联的"词"的机械化再生产。正如21世纪到来时，虚拟技术的兴起影响了当代的DIY实践和创客群体，技术的批量化作为20世纪早期的物质、文本生产的典型特征，对陈蝶仙和根斯巴克来说都是至关重要的背景。他们都是文字工作者，从事汇纂、编辑工作，陈蝶仙还做过翻译和改写。他们都在机械化、工业化生产蓬勃发展的时代里渐进式地修补和改良物件——往往还是用手。根斯巴克研究无线电和其他电子产品；陈蝶仙改造泡沫灭火器、牙粉以及其他小器械和日用品。他们都利用印刷的力量，动员追随者和创客同伴。他们生产的文字作品，使他们得以提供必要的知识和资源去促进创客技术，以打破大型企业、学术界和政府对工业与科技工作愈益牢固的垄断。通过汇编制造指南——包括知名品牌的配方和国内外生产流程，并视其为"常识"，然后在不同的出版物上对此类信息进行无偿的再利用，陈蝶仙藐视一切独占信息的权利。他之所以要让这些知识变成易懂的"常识"，是为了回应传统商人囤积居奇的行为，同时也是拒绝承认与新兴的现代知识财产实践相关联的所有权。

如果说，陈蝶仙和根斯巴克象征某个特定的全球性时刻，那么很重要的一点就是要牢记在他们的事业中有哪些东西具有历史的特殊性和本土性。在陈蝶仙的个案里，玩创行为作为一种概念路径，极有效地阐

30

明了文人闲暇涉足的业余理想几乎不会和代表生产活动的"玩创"行为相冲突。传统文人常见的"业余理想"往往是从事各种文本活动，比如在帝制时期就是作诗、写剧本，好比在现代就是编译报纸、写连载小说。作为业余专家，他们还会参与各种"体力劳动"——耕作、书法、园艺以及研究技术／工艺，尽管他们的目的是修身养性而不是维持生计。"玩创"这个词的另一重用意就是指出就地取材行为的物质性，它同时存在于陈蝶仙对原材料生产的调整**以及**他的文字工作中。陈蝶仙从工业知识和化学原料的全球流通中汲取资源，在他的"小工艺"创作中显示出认识论意义上的混杂性。正如第三章所探讨的，他兼容并蓄地编选了民间知识、本土医药，还有全球性的化学、物理学以及其他学科的词条——全放在一个栏目里。他还将各种物质混合搭配，一面借鉴中药学，一面对翻译过来的处方加以调整，进行创新。

31

但是，根斯巴克和陈蝶仙的玩创行为，其地缘政治意义截然不同。随着美国无线电公司（RCA）、美国电话电报公司（AT&T）等生产消费型技术产品的大型制造企业的创办，根斯巴克和他的无线电爱好者团体所倡导的实践活动获得了国内的指向性意义。对陈蝶仙来说，国内的企业实体就没有那么重要了。（陈蝶仙自己的公司到20世纪20年代中期成为强大的本土主义企业，他的产品反过来被小公司"盗版"。）相反，陈蝶仙的团队并不是以工人阶级玩创者的身份得到工业技术的专业知识，他们是新的城市精英和投资本土主义工业以对抗帝国主义跨国企业的新兴制造商。在全球资本主义时代，知识产权的观念刚刚开始在全球范围内不均衡地发展，宏观发明常常不能代表最具战略性的路径。很多人试图就地取材、效仿外国技术、对海外名牌产品进行逆向分析或改进现有小技术，以作应急之用。陈蝶仙的所作所为，恰恰是为了挑战国内外市场中的西方及日本竞争者。

工业产权的国际新体系刚刚起步，"玩创"这个词可以有效梳理陈蝶仙如何理解和运用针对知识及物品的复制与声明所有权的策略。他的书面工作多为转录、汇编和改写,而非原创。其工业创新亦然。但是,如果把他描述成一个只会盲目照抄的人,则又没有把握到其创业、编辑和化工实践的复杂性。和许多同代人一样,他自由地改写文本,无论是程式化的浪漫故事还是翻译过来的药方。就像他把一种出版物上的内容回收利用、改头换面,放到另一种出版物上一样,他发掘出五花八门的资源和制造传统,用来开发工业产品。[①]他倡导效仿外国技术,作为建设本土主义制造业不可或缺的进口替代形式,借此抵制逐渐发展并越来越和现代工业产权体系挂钩的所有权规范。   32
在市场推广中,他挑战西方跨国药企,充分利用由此引发的全球广告战,在东南亚推销蝴蝶牌化妆品,以聪明才智胜过了自己仿制过的那些名牌。

简言之,上述实践活动并非典型的愚昧或狡诈,反倒证明仿制和创新未必总是水火不容。这么做的结果就是陈蝶仙在中国制造业界赢得了赞誉,不仅因为他的"发明"能力,更因为他对现有(国内外)技术的"改良"(第四章)。他对国外技术的自由调整和改良,以及为了清除国内侵权者和仿冒者,捍卫家庭工业社的优势地位而采取的激进铁腕策略——包括推动现代知识产权相关的商标侵权法——仿佛互相抵牾。但对陈蝶仙来说,追查自家产品的仿冒者和蝴蝶商标的侵权者是一个方面,吸收外国技术则是另一个方面,两者并不矛盾。他对所有权的理解,是以一个在全球商业舞台上竞争的工业家身份做出的。他意识到而且促进了变动不居的所有权规范,并将这些技术挪用过来服务于自己的近期目标。

---

① 我发现董玥(Madeleine Dong)所支持的回收再利用观点,和本书描述陈蝶仙文本工作和物质工作的玩创观念有关:"回收再利用不是简单地回收旧物,而是把劳动加诸过往的碎片,将其重新点燃并创造新的价值。"(2003, 206)

全球微观史学

当"深刻""宏大"的历史在学界博得巨大关注的时候，去研究一个企业家个体——这个人除了出版过不少译作，一门外语也不会说，在中国的一隅度过了大半生——似乎是个奇怪的决定。[①]而且由该个案研究出发，也无法清楚地处理诸如中国的工业化及其与现代科学和全球资本主义的协调等宏观现象。以往关于中国的科学及工商业的研究范式——倘若确实涉及世界史——往往偏爱"长时段"（longue durée）方法和比较历史视角。众所周知，研究中国科学的鼻祖李约瑟（Joseph Needham）曾提出，中华文明形成了独特的中国式科学，和欧洲科学一道汇入现代科学的洪流。[②]晚近关于中国工业化比较有影响的历史研究，都不约而同地在世界史观照下展开，并运用比较研究的方法（如Pomeranz 2000）。

33

当然，文明研究和比较研究这两种方法都受到了挑战。[③]后殖民和全球史的研究方法提倡关注国际联系，极有效地扬弃了比较研究中残余的文明分析。[④]科学史方面，这一改变促使人们关注物品和知识

①　见 *The History Manifesto*（Armitage and Guldi 2014）对"大"历史的提倡，"Exchange: On The History Manifesto"（*American Historical Review*, Cohen and Mandler 2015），则对其做出了有力的反驳。

②　要了解李约瑟的主要观点，参见 Needham（1969, esp. 14—54），亦可查阅他主编的多卷本著作 *Science and Civilisation in China*（Needham et al. 1954—2005）。在这套富有洞见的丛书里，李约瑟主导建构了中国科学的历史，使人们对于中华帝制时期符合现代科学技术定义的知识、实践领域产生了浓厚的兴趣。

③　例如，有批评家公允地指出（如 Bray 1997; Hart 1999），当李约瑟试图"复原"中国科学的时候，他没能将现代科学的普世主张历史化，也没有意识到他所运用的文明模式仅仅有助于延续这样一种观念——东亚科学是一种必要的"替代"模式，忽略了同时影响中西方科学史的跨国流通。

④　20世纪80年代和90年代的后殖民转向，通过考察知识在帝国的跨国网络中的传播情况，为科学研究走出文明论和民族国家的框架奠定了基础。全球史转向则进一步影响了后殖民研究，展现出"都市-外围"二元结构下盘根错节的岔道，各种观念、事物和实践活动穿梭其间，而且常常面朝不同的方向。

赖以流通的无数网络和交错岔道。也有学者专门关注这些网络的交换节点。中间人和传播者被视为全球科学的协作者,而不仅仅是作为代理人把来自全球的东西本土化,或是把"科学"从西方移植过来。[①]这类传播者现在被认为是知识和物品国际流通的重要参与者,帮助建构了全球资本主义和科学。通过考察联动关系、翻译实践、交汇点以及专业知识和物品的全球流通网络,上述研究从根本上质疑我们为何要区分"中国"和"西方"的科学与工业化(如 Tilley 2011; Shellen Wu 2015)。但并不是说知识和实践的传播流动畅通无阻。有些学者便一针见血地提出警告,反对不加甄别地用"水"来比喻这种流动。他们认为,有必要牢记:不均衡的权力关系和当地条件会催生摩擦,可能破坏或阻碍观念与物的流通。[②]

以上关于科学史和工业史的持续讨论,是在一种更具有全球化倾向的视野中展开的,本书亦获益良多,但本书所做的是稍稍反直觉的微观史研究。更具体地说,本书试图通过关注个人来发掘他所获得的机遇。以企业为中心的研究以及基于行业或聚焦学科的历史研究,倾向于单单考察工业或科学的正规层面,其最终目的是解释该公司、行业或学术领域如何发展。而关注个人,则揭示出可能处在特定领域或公司之外,或者超出正规的工业、科学工作的相关活动。透过陈蝶仙的活动,我们能够找出那些意想不到的工业实践及其五花八门的发生地点。我们看到知识生产和文字工作怎样影响物质和身体的工业实践。跟随陈蝶仙走过形形色色的岔道,我们得以思考他所参与的知识及物质的

34

---

① 举例来说,关于南亚译者和中间人,见 Raj(2007);关于英国植物学家的中文向导和纳西族向导,见 Fan(2004)和 Mueggler(2011);关于 20 世纪早期非洲的殖民地人类学家和科学家的当地情报人员,见 Tilley(2011)。亦可参见 Schaffer et al.(2009)。

② 关于全球化研究中和水有关的比喻,见 Anderson(2011)。必须意识到科学史在全球化转向中的摩擦和不均衡,关于这一点的重要性,见 Fan(2012)。关于科学的全球性研究中循环流通的价值和危险,见 Rieppel, Lean, and Deringer(2018, esp. 21—23)。

传播——有本土的、局地的, 也有全球的。在合作化的翻译实践中, 忠实性让位于文本对本土需求的迎合, 陈蝶仙借此有选择地推动来自国外的"技术转移", 从法律知识的全球流通中汲取资源。但这些工作不是简简单单、一帆风顺的传播和本土改造, 不但需要身体力行加以检视, 而且处于信息流动时而顺畅时而阻塞的节点——这些节点提供了替换、改良和创新的场所, 使丰富的本土原料能制造出参与全球市场竞争的成品。因此, 研究陈蝶仙这样一个包罗万象又自相矛盾的个体, 能帮助我们质疑过去那种描述知识分子抉择的简单封闭的二元对立论, 比如文字和工业活动、商贸和文化、本土和全球。以下篇幅, 乃是植根于当地但连接着全球的民间工业主义论述。

第一部
世纪之交的杭州士绅实验

第一章　无用之用

庄子行于山中，见大木枝叶盛茂，伐木者止其旁而不取也。问
其故，曰："无所可用。"庄子曰："此木以不材得终其天年。"

——《庄子·山木》

世纪之交，身处杭州的年轻人陈蝶仙开始了新的事业——研究外来技术和新媒体，普及化学、技术知识，大大方方地追逐金钱，以及考察日常生活中出现的工业化、机械化产品。一般认为，中国的现代性（不论是文化、技术、工业还是商贸层面）诞生于上海等通商口岸。虽然陈蝶仙在20世纪10年代还是搬到了上海，以便从事各种文化、工业和贸易活动，但这一切并不是从他抵达上海才开始的。探索新做法、新思路的尝试，可以追溯到他在杭州度过的青年时代，当时的他想尽一切办法吸纳新事物，追求利润。哪怕是在杭州的日常生活中引进、探索各类活动和新技术的时候，他也会利用人们所熟悉的文化实践为自己的尝试正名。在一个批量化生产日益发挥其影响的时代，他通过选择合适的笔名和别号、创作诗歌以及举办雅集，来塑造真实、诚挚的情感——这种能力

38　对于他在杭州时期以及之后的文化、工业和商贸活动非常重要。他对新事物、新装置的探索，以及在文学形式和文学事业上的实验，是一种由游戏和奇思所构成的当代文化不可或缺的组成部分——这种文化出现在江南城市中心，而其重要性的凸显，乃是由于适逢"严肃"政治的土崩瓦解，清王朝日渐疲敝，民国早期的混沌状态业已开始。①

　　陈蝶仙的经历以及他在新技术中寻找乐趣的本土背景，对于理解他的事业非常重要。陈蝶仙1879年生于钱塘，此地位于杭州。②他生在一个小康之家，父亲陈福元行医，叔叔为官。③陈蝶仙的父亲死于1885年，当时陈蝶仙年仅六岁；他的叔叔死于1897年，引起一场遗产争夺战，撕裂了整个家庭（Hanan 1999, 2）。他母亲戴氏是一个育有四子的妾，被留下来照料家人，直到陈蝶仙迎娶了多年前就为他选好的朱恕。陈蝶仙和朱恕生了三个孩子（万青力2001），长子陈蘧（1897—1989），别名"小蝶"，后又名"定山"。他凭借自己的实力成为一名作家和工业家，先是在上海，后来到了台湾。次子陈次蝶（1905—1948），是一名艺术家。④女儿陈小翠则是上海著名的艺术家和教授。

　　陈蝶仙所受的培养为他提供了古典文学教育，以及士医（gentry

---

① 关于这种游戏文化的讨论，亦可参见Yeh（2006, esp. chap. 3）以及Rea（2015a, 40—77）。

② 陈蝶仙的生平资料来自陈定山［1955］1967；陈小翠，范烟桥，周瘦鹃1982；以及Hanan（2000）。亦可参考陈蝶仙《年谱》，载《天虚我生纪念刊》（1940），第1—7页。另一种原始资料是《栩园丛稿》（陈蝶仙著，出版时间不详），由其公司——家庭工业社出版，内有作者撰于1924年的序和1927年的跋。韩南（Patrick Hanan）把《丛稿》中的《集外书目》描述为正式的传记（2000, 262 n. 2）。这份文集收录了陈蝶仙的自传性诗歌，如《我生篇》。

③ 这样的劳动分工是19世纪大家庭的典型代表。在科举考试极难通过的时代（即便在考试体制中取得成功，公职也很难保住），很多家庭为了生存，培养各种兴趣。男性成员会从事一系列活动——学术、商业、医药，甚至军事；女性则转向诗歌、刺绣和书法，以及充当其他女性作家的赞助者，通常是把从事营利性活动伪装成享受学术教养的乐趣（Mann 2007）。

④ "小蝶"，陈蝶仙大儿子的第一个笔名，意思是小蝴蝶；"次蝶"，陈蝶仙第二个儿子的名字，意思是第二只蝴蝶。两个儿子的名字都是和"蝶仙"有联系的双关语。陈蝶仙名字里"蝶"字的重要性会在下文深入讨论。

doctor）家庭典型的知识技能组合。[①]这一背景有助于他轻松往来于不同的社会圈子，包括官场、文坛、出版界、商界和工业界——其中不少是20世纪早期刚刚出现并发展起来的。像很多同代人一样，他最初在官场谋职，尽管不大情愿。他参加了杭州的科举资格考试，于1893年顺利通过县一级的科考，成为秀才级别的候选人。[②]1909年至1913年，他在江浙两省的低级府衙供职，又担任高官幕僚，还做过海关税务司的秘书（陈小翠，范烟桥，周瘦鹃1982, 210）。然而，他还每每涉足其他活动。其中一些活动——比如创作、发表诗歌，是当时文人的典型爱好。另一些则比较反传统，很多是开创性的。他在杭州开了一家诗歌出版社，创办了一份早期的报纸。此外，陈蝶仙在文学领域的创业活动也和文坛之外的活动并行不悖。1899年他入股一家买卖茶叶和竹子的经销商，随后开设了杭州第一间科学仪器商店。在杭州商界小试牛刀之后，他继续利用上海的新机遇，当上了职业作家和编辑，并最终成为工业巨头。

　　陈蝶仙的生平事迹提供了一个有趣的研究个案，借此我们得以厘清一个文人如何开始尝试新的事业，在太平天国起义后的杭州拓展传统的边界。清朝晚期，道统衰落致使风俗变化，打开了空间，让新机遇得以涌现。野心勃勃的年轻人开始模糊文官世界和商人圈子的边界。当然，这种模糊行为并不新鲜。在晚明，士商的混杂身份便集合了文人、商人和企业家相关的活动场域，因而催生和促进了图书出版的大势（Chow 2004）。在19世纪的上海，本地士绅如顾氏家族，便扮演了当地企业家的角色——他们销售桃子、刺绣、砚石和榨菜（Swislocki 2008）。

　　然而由特定条件造成这种身份的模糊性却是前所未见的。20世

39

---

① 关于帝国晚期的"士医"，特别是杭州士医的更多资料，见Y. Wu（2010）。

② 关于陈蝶仙成为秀才候选人的更多资料，见《天虚我生纪念刊》（1940）第3页。

纪到来之际，新奇的认识体系和制度空间开始建构，从根本上重置了商贸与文化的结合。受过教育的精英，越来越对官场和传统的文人活动感到幻灭与疏离，开始公然涉足一度被视为禁区的商贸领域，尤其是他们中的很多人转向了通商口岸的出版业、商业娱乐圈和休闲行业。[1]正如《导论》指出的，科举考试体系的废除对文化、社会和政治再生产的精英策略产生了深远影响，对科举导向的文人文化发起了严峻挑战。新范式包含了新奇的知识文化形式（比如科学，而非治国才能），以及为这些知识正名的新生机制（比如大众传媒、现代学校），还有城市精英用来驾驭新式知识及其相关新媒体的一系列实践（比如创业和对利润的追求、国家建设以及社会改革）。清朝的最后十年成为中国历史的关键节点，精英集团的身份、社会流动途径以及认识和驾驭世界的方式悬而未决。一度决定社会流动和方向的帝国体制失灵，而全新的、前所未有的机遇尚在涌现，往往很难保证或确定其成功前景。

在这样的背景下，陈蝶仙以及他的同行和家人试图通过多种方式，在可接受的范围内拓展边界，比如认可那些曾被视为非正统、非常规或无价值的东西。拓展的方式则包括：表达对进口物品（比如留声机）的兴趣，和朋友创办杭州的第一份报纸。后来，同样是追寻貌似无用之价值的性格特质，使陈蝶仙意识到：被丢弃后冲到中国海岸上的大量乌贼骨可以当作原料，制造牙粉——正是这种化妆品后来让他实现了工业上的成就。更宽泛地说，我们可以看到陈蝶仙如何发现从事轻工业和制造业的价值，而这些行业在20世纪到来之际仍被认为不登大雅之堂。

陈蝶仙还试图替自己把玩、拓展传统的倾向正名，试图在貌似无

---

[1]　见 Reed（2004, esp. chaps. 4—5）。

聊的东西里找出实用性——如果利润不算的话。为了这个目的，他采取了一系列策略，用人们熟悉的东西去吸纳新的、非传统的东西。他利用杭州的文人圈和雅集，以博物鉴赏家的公正立场去推动新的观念、资讯和事业。他经过深思熟虑选择别号和笔名，塑造出一个可以涉足异端的古怪形象。他开了一家文化机构——阅览室，还创办了一家更具争议的机构——科学仪器商店。他运用竹枝词之类人们熟悉的文体，在他风景如画的家乡杭州引进并探究新技术和新机构。与此同时，他通过开拓新文类推进了文学的边界，比如连载言情小说——为的是探索能引起人们焦虑的主题，比如金钱。他把自己塑造成专栏作家：虽为赚钱而创作，但仍是一个情感真挚的人。他的所作所为 41 显示出一种富有进取心的企业家品质。对陈蝶仙来说，从貌似没有价值的东西里辨识出实用性的能力，成为其从事创新和最终获利的基础。

精挑细选的名号

　　和其他同代人一样，陈蝶仙一生中用过各种名字。他本名陈寿嵩，但很早就成了陈栩。他还有好几个字和号，[①]最出名的别号就是"蝶仙"，1900 年在杭州就开始用了。与之相关的别号还有"太常仙蝶"（许瘦蝶 1948, 43）。[②]他的字是"栩园"，按照字面可以翻成"生机勃勃的花园"，还带有"梦幻"的意思。[③]他的各种笔名包括："惜红生"，即

---

① "字"是成年时取的名字。陈蝶仙字、号一览，见顾颖（2009）以及《浙江近现代人物录》（1992, 230）中的陈蝶仙传记词条。亦见池秀云（1998, 93）所收词条。
② 陈蝶仙的号——"太常仙蝶"，源自专名"太常仙蝶"，始见于明嘉靖朝（1522—1566），指的是生活在太常寺的蝴蝶。清时，该词产生了新的意义，比如开始指称只能被可敬的高尚者看到的仙灵，并成为清代举子的幸运象征（朱家英 2015, 130, 132）。非常感谢崔高子彦（音）帮忙研究文中讨论的字号和笔名。
③ 陈蝶仙在一篇自传中陈述名字来源："栩为似樗之木，其材虽大而不为栋梁。""不为栋梁"和他的"天虚我生"似也相互呼应。

"惜红轩的主人"，发表诗歌时用；[①]"超然"，即"超脱之人"，写社会黑幕或官场小说时用（陈小翠，范烟桥，周瘦鹃1982,212）；[②]不过，他在文学界的鼎鼎大名是"天虚我生"，即"上天白生了我"。[③]他在1900年前后就开始用这个名字了，当时他还是杭州的一个年轻人；在上海发表言情小说和当编辑的时候也用这个名字。

借助这些名号，陈蝶仙试图策略性地塑造一种独特的声望，就像本章题记所传达的那样。题记出自中国早期思想家庄子（约前369—前286）的名篇《庄子·山木》。庄子的思想与道家有关，表达了对人为规范的怀疑态度；但在倡导理解宇宙的自发性上高度理想主义，故而要人们摆脱世俗的期待和要求。道家及庄子的思想，和儒家、法家、墨家等以现实社会以及政治改革与谋划为中心的思想流派针锋相对。这段话最具代表性。其中，庄子以一则涉及山中树木的寓言，别具一格地质疑所谓实用是指什么。在这则寓言里，庄子路过一棵枝繁叶茂的大树，树下有个伐木工。伐木工一动不动，不去砍那棵大古树，他解释说这棵树没有用处。庄子不同意，认为有其价值："此木以不材得终其天年。"——它的用处就在这里。

陈蝶仙被庄子思想中理想主义和怀疑主义如影随形的张力所吸

_____

① "惜红"是他在杭州的书斋名，陈蝶仙在那里度过了青年时代。斋名里的两个字组成复合词"惜红"，可以翻译成"珍惜［逐渐褪色的］胭脂红"，其中包含漫长的文学史意蕴，传达出一种追忆往昔或美好青春转瞬即逝的感觉。比如唐诗《惜花》中就有，见《全唐诗》第642卷——《全唐诗》是清康熙（1662—1722）四十四年（1705年）下令编修的一部唐代诗歌总集。

② "超然"这个词出自《子夏易传》，据说是孔子弟子卜子夏（前507—?）所作。该词亦载于道家经典《老子》。《老子》第二十六章讲的是睿智的君主要保持淡漠以维系权力，"超然"见于"虽有荣观，燕处超然"一句（"Although he [the prince] may have brilliant prospects to look at, he quietly remains [in his proper place], indifferent to them"，理雅各［James Legge］英译，见 https://ctext.org/dictionary.pl?if=en&id=11617）。这个词的大概意思就是"超脱世俗的考量"以及"让自己遗世独立"，历朝历代作品中所在多有。

③ 我参考的是汉学家韩南的理解，他把"天虚我生"译成流利的英语"上天白生了我"（Heaven Bore Me in Vain）（1999,1—2）。

引。作为晚清杭州的新式企业家，又喜欢尝试新事物，他想用这些笔名接续庄子的传统。他的笔名"天虚我生"（"上天白生了我"）是一个自谦的双关语，同时暗指中国家喻户晓的唐代（618—907）诗人李白（701—762）的诗歌《将进酒》中的第七句[①]："天生我材必有用。"陈蝶仙的女儿在关于父亲的一篇传记里确认了笔名的来源，她指出父亲承认自己的名字即"李白所谓'天生我材必有用'，实则虚生，故别号天虚我生"（陈小翠，范烟桥，周瘦鹃1982，210）。笔名所塑造的虚心自谦不但代表了当时文人所珍视的美德，还有助于陈蝶仙尽可能让自己展现出谦逊的风格，并让人通过李白想到庄子。虽然李白一生中担任过公职，但他得到了谪仙的名声。陈蝶仙想要让自己展现出类似的品格。他是"上天白造的人"（笔名的另一译法），所涉足的各项事业被视作没有直接用处或被认为不合常规，但还是有潜在的价值。

　　凭借"蝶仙"这个别号，陈蝶仙还塑造了一种古怪好奇的名声。"蝶仙"可以翻成"蝴蝶仙人"。正如"天虚我生"这个名字，庄子是"蝶仙"一名灵感的直接来源。根据陈蝶仙女儿的讲法，陈蝶仙说这个名字指的是"庄周梦蝶"的古代寓言（陈小翠，范烟桥，周瘦鹃1982，210）。在这则寓言里，庄子起先梦见自己是一只蝴蝶，醒来之后却开始疑惑：到底是他这个人刚才在做梦，还是蝴蝶眼下正梦见自己是庄子。这段话完美体现了庄子思想中关于知识与现实的浪漫主义和怀疑主义。陈蝶仙选择"蝶仙"这个名字，不是随意的。对陈蝶仙来说，这个名字意味着他心无挂碍，可以通过各种形式的知识和活动进行浪漫的嬉戏——无论是正统的还是非正统的。庄子在梦中做梦，陈蝶仙则采用仙人的形象，试图超越现实世界的腐朽（陈小翠，范烟桥，周瘦鹃1982，210）。陈蝶仙以蝴蝶取名，所营造出来的浪漫的无常感，恰可比

43

[①]　此句所出原诗，象征着一种古怪的浪漫理想，呼吁人们一杯一杯复一杯地醉生梦死。

拟以清代官僚作风及其儒家道统为主的东西——它们一度确定无疑，却在晚清变得空洞。

在那个时代，曾经能派上用场的个性、头衔和事业越来越无用，陈蝶仙用道家意味的名字传达出相反的效果：在以往貌似无用、次要的领域发现机遇。从早年起，陈蝶仙就认为自己可以在一个价值变动不居的时代里，从别人无法欣赏的领域中发掘出价值。他卓有见识地选了一系列别号和笔名，享受挑战惯习和正统，一以贯之地对那些貌似无价值的东西展现出欣赏的姿态，每每将其转变成有价值的东西。他塑造了一个高尚的怪异形象，来掩藏——更确切地说是展现——他更具争议、更前卫的志向。

太平天国起义之后：雅集中的西学

晚清"洋务运动"之后，江南城市里充满好奇心的文人和新兴的商人企业家一直在探索科学、工业方面的知识。陈蝶仙等本地精英，对文人的才艺和当时流行的"博学"观念进行了调整，为试验和创新工商业相关的新理念、新事业以及一度被认为不适合体面文人参与的活动正名。文人涉足物质世界由来已久，却常常只是诉诸书面，把匠人的见解录入学术论著。抑或他们确实身体力行，实际介入了物质世界，以此作为一种鉴赏活动，去扭转长期以来对生产制造的矛盾心理，以及对某些技能和形式的知识所抱持的阶级怀疑。他们躬行实践，主要是出于哲学上的兴趣或自我修养的目的，而不是为了生存。这样的做法在太平天国起义后的杭州继续维持着，因为像陈蝶仙这样的文人采取了一种非功利的好奇姿态，在举办精英雅集的各类宅邸、书斋和花园里研究化学，探索现代科学设备。晚清士绅在这些领域的涉足和鉴赏，同时为实验和创业奠定了基础。

以这种方式进入物质世界的兴趣日益滋长，与之相伴的是"洋务运动"中国家继支持重型军备以后，政府又齐心协力发展中国的轻工业部门。晚清新政的作用巩固了通商口岸和都市中心已经取得的成就。例如1903年至1907年，袁世凯（1859—1916）在直隶创办了工艺局，发展当地工业。[①]到1908年，有一项发展工业的政策为清朝末年提供了至为关键的政策框架。负责向总办或各省长官汇报并接受农工商部指示的工艺局地方官员，试图整顿中国工业。[②]这段时期，国家机构和地方个人齐力建造工业方面的高等教育设施，组织展览，举办研讨会、讲座和夜校，讲授贸易和工业。他们出版教学资料，参观工厂，倡导和发展自认为可取的工业实践。早在晚清，声势浩大的教学展览就发挥过博览会的作用，针对的是商人、工业家、学者、记者和官员。在杭州等更传统的城市中心的文人，很难不受到这些发展的影响。他们开始通过既有的文化架构和社会架构去研究科学与工业，包括"博学"传统和雅集活动。

学者们把江南文人社团此时对新知识的探索，当作中国的原始科学或现代科学发端的证据。例如，有的学者就认为，像徐寿（1818—1884）之类孕育于江南学术界、从博物学网络中涌现出来的人，为现代化学的最终形成奠定了基础。[③]然而，这种论述的冒险之处在于：以过时的方式、按照"现代科学"的目的论展开，去解释世纪之交的学术活动及其实践和体系。[④]对这些活动更精准的描述，应该包括理解其作

---

① 关于工艺局以及《直隶工艺志初编》的更多资料，见周尔润（1907）。工艺局的很多活动都是按照政府"洋务运动"期间所建办事处和军械所开展的活动如法炮制。关于晚清天津和华北由国家支持的工业活动，相关资料见 Joyman Lee（2013）。

② 关于此项政策以及工艺局地方官员的办事机构，见 Brennert and Hagelsrom（1911，420—421）。

③ 参见 Reardon-Anderson（1991，17—25）。

④ 把精英的博物学当作"原始科学"的倾向，可能部分来源于维多利亚时代的英国，当时的专业科学萌生于业余活动。比如伯纳德·莱特曼（Bernard Lightman）（2007）就认为，男女新闻记者和作家普及达尔文理论之类的科学观念，在19世纪下半叶对引领科学发展成为专业领域发挥了至关重要的作用，即便其中一些作品反而颠覆了精英科学家和自然主义者的计划。

为博物学文人传统组成部分的重要性。在这个传统里，有学识的男性和女性广泛探索各类议题——其中一些碰巧包含了后来被认定为"科学知识"的新知识和新实践，而另一些则不是（Elman 2005）。

1905年，早期工业家张謇（1853—1926）在南通创建中国第一家博物馆，展现了博物学如何成为一个有效的框架，吸纳新观念和新事物。南通的博物馆被称为"博物苑"或"博物馆"——包含"博物"一词。通过这一命名，张謇意在表明该机构如何生成一个新视野，其特征便是对藏品范围之丰富与驳杂的认知。博物馆以新的物件和知识领域为特色，自然史便是重中之重。现代工业工具和机器也在展示之列（Shao 2003, 157—158）。在这个机构里，全新的和旧的观看方式一同得到培养（Claypool 2005, 590—599）。博物馆鼓励人们打开一种新视野，称为"博览"。这个词在景观的考察中融合了"博"（学）和"览"（看），可以理解成"勤勉、大胆地观看"，表达出应该如何研究新式展览。为了让本地精英更容易接受新式博物馆和新的观看方式，张謇必须确保把熟悉的文人美学和陈列形式囊括进来，还要举办私密性的雅宴。

晚清的杭州，在"博学"传统中受过教育的文人所组成的网络，常常组织"雅集"。这些集会中，文人们私下分享各种雅致的手工艺品，探索新知识、新事物，成立社团，在太平天国起义的破坏后重新激发该领域的活力。这些集会树立了巨大的文化声望，还成为一种有效的途径去阻挡文化活动商业化这一令人不适的新现实——此种趋势在毗邻的上海显而易见，并逐渐渗透到杭州。例如，著名的杭州西泠印社在太平天国起义之后，通过促进"以社交、宴饮、赋诗、游戏和从事鉴赏为目的的志趣相投的文化人聚会"（Lawrence 2014, 15—45），延续了新的团体身份和本土文人的文化。这些集会在西泠印社的实际社址举办，恰好坐落于西湖旁陈蝶仙的出版社边上。该社意在保存的不仅是印章和金石手工艺品, 还有特定模式的社会交往, 比如理念上作为文人学术特色的排他性和业余性, 这种模式在20世纪到来之际正迅速解体。①

文人集会特别关注此时在杭州涌现的西学。新式的文人改革活动, 在1895年上任的杭州知府林启 (1839—1900) 的支持下蓬勃开展。林启支持组建倡导改革的团体, 这些团体以福建籍人士为中心 (林启是福建人), 包括著名的 "蚕桑学会"。②该团体在新式的《杭州白话报》上积极宣导改革议题。晚清改革派和激进派常常创办白话报, 以倡导新观念, 推动政治议程, 鼓动年轻读者。来自包括反清激进派在内的宁波团体的知识分子庄禹梅, 在他的自传里提到了《宁波白话报》(庄禹梅1963)。庄禹梅指出, 这份新式报纸是受到1904年创办于上海的《妇女白话报》的影响, 并且和后者一样积极倡导新学和社会政治观念, 包括先进的性别规范。激进派也介入了《宁波白话报》, 而且既是撰稿人也是消费者。比如反清的钟宪鬯 (1868—1940), 他是建在上海的科学仪器商店 —— 科学仪器馆 (China Educational Supply Association Ltd.) 的创办者, 还是革命领袖蔡元　　47 培的亲密伙伴。《杭州白话报》及其所属的蚕桑社团同样以新学为导向, 可能还为激进主义提供了温床。

没有直接证据显示陈蝶仙是蚕桑学会的成员, 或直接参与了这些西学学术网络。然而, 他无疑很熟悉晚清杭州的 "雅集" 时尚, 包括现实的和想象的。他也很熟悉与西学以及改革派甚至激进派议程相关的

---

① 雅集当然不限于杭州, 还有些聚焦于一系列文化活动。例如, 后帝国时代的绘画社团举办集会, 鼓励至好友身体力行从事绘画 (Vinograd 1991, 184)。而诗歌雅集在整个民国早期都满负着怀旧, 因为当时别人正在庆祝古典诗歌作为文化的一部分随着帝国和古典文化的崩溃而迅速消逝 (Shengqing Wu 2008)。

② 关于杭州改革界的更多资料, 见Hill (2013, 53—57)。

社团和报纸。陈蝶仙把他的部分商贸事务登到《杭州白话报》的广告上，比如科学仪器商店。[1]我们还知道，后来他在上海为著名的翻译家兼编辑林纾（1852—1924）工作过。林纾身处晚清的杭州，还是西学社团的成员（Hill 2013, 176）。这种对新事物的知识性探索，作为一种更大的文化，是陈蝶仙把创业精神融入文学技能的背景。

"优雅"的试验和利益的积累

扎根于本地鉴赏家网络的陈蝶仙，在西湖边的西泠印社隔壁开了一家科学仪器商店和阅览室。他在那里私下召集"雅集"，一如西湖边那些可敬的邻居们——其中就有西泠印社的成员。而社团成员在集会中分享印章和画卷时，陈蝶仙就向他们介绍新器械和科学产品，甚至拿来出售，结果让一些人很不安。关于新事物的实验和为了利益逢场作戏，促使陈蝶仙设法在文人活动的掩盖下推动个人事业。

陈蝶仙很早就采取了上述方法，当时他根据一位驻杭日本领事的指导，在家里造了个化学实验室。1895年甲午战争后，日本得到了相当显著的国际权力，得以取消中国在日本的治外法权，而清政府却不得不继续给予日本团体治外法权，并且随着时间的推移放弃了更多治外特权。日本还能参加上海公共租界会审公廨（International Mixed Court），和其他缔约国享有同等地位，并指派评估人"调停"和保护日本在华利益（Cassel 2011, 149—178）。在杭州之类小一些的城市里，日本人的"存在感"也在这段时间里变强了。主张改革的《杭州白话报》专门用了一整个日常版面，报道日本海外学生团体的新闻，展现日本团体的丰富面貌。[2]

---

[1]　如《杭州白话报》1907年第2期（1月16日）。

[2]　如《杭州白话报》1908年第6期（2月23日）。

在这一背景下, 日本人成了新闻和前沿知识的传播者。杭州照相公司——当时的新行业——有一则广告, 登在《杭州白话报》上, 宣称他们聘请了一位知名的日本教师担任顾问。[①]陈蝶仙似乎也很享受在杭日本人为自己带来的声望。他借助和当地日本外交团体的私人联系, 开始研究化学。1896 年, 27 岁的他邀请了一位日本驻杭领事指导化学, 并帮助他把传统书斋改造成家庭实验室 (陈定山 [1955] 1967, 180—181)。[②]在一份回忆录里, 陈蝶仙的儿子陈定山写道, 他印象最鲜明的童年记忆, 除了一边在家里的厅堂奔跑, 一边和堂兄妹捉迷藏, 就是被介绍给父亲请到家里指导化学的日本男人。[③]正是这位日本先生留给陈蝶仙的一批关于制造和工业的日文出版物, 后来成为陈蝶仙创作轻型制造业方面的文章和专栏的主要来源 (陈小翠, 范烟桥, 周瘦鹃 1982, 212)。

陈蝶仙研究化学和科学的风格多种多样, 包括作为业余爱好者的痴迷。他对化学泡沫灭火器之类的器械进行改造 (见第三章的讨论), 还一度满腔热情地把同伴们拉到杭州的山上, 看他怎样熄灭自己点燃的草垛 (陈定山 [1955] 1967, 192)。(当时灭火器似乎失效了, 陈蝶仙想必只能依靠更传统的技术去灭火。) 不过, 他的研究风格很快超出了 49

---

① 这则广告的副本见于《杭州白话报》1908 年第 1 期 (3 月 9 日)。

② 另一份资料指出, 这位日本指导名叫大河平鹤山 (陈小翠, 范烟桥, 周瘦鹃 1982, 212)。他的姓大概是 "大河平", 名很可能是个别号。感谢大卫·卢里 (David Lurie) 和金姆·勃兰特 (Kim Brandt) 帮我判断名字的正确读法。但遗憾的是, 我没能找到这个人的任何生平资料。关于在华日本顾问以及 20 世纪早期一般意义上的中日交往, 见 Brooks (2000, 16—28)。据《清季中外使领年表》, 1900 年 12 月—1905 年日本驻杭州领事 [副] 为 "大河平隆则"。

③ 陈定山用戏谑风趣的口吻把那个日本男人描述为 "矮而多毛"。与此相反, 他用更加复杂、精确的词语描述自己的父亲:"他有顽长的身体, 戴着金丝边近视的眼镜, 熟罗的长衫, 常常喜欢加上一件一字襟的马甲, 手上画一把洒金画牡丹的圆扇。我常私心这样想, 我大起来, 要像我父亲这样地风度。"(陈定山 [1955] 1967, 181) 这些细节描述很难说是偶然的。服装上的暗示把陈蝶仙塑造成一个文质彬彬的绅士, 通过邀请这个日本男人教他化学, 就可以从容不迫地获得新知识。

业余兴趣的范围。到1901年, 陈蝶仙创办了"萃利公司", 那是杭州第一家出售科学仪器的商店。陈蝶仙很清楚别号的作用, 选择店名似乎也别有深意。第一个字"萃"(聚集)的作用是营造上文讨论过的"雅集"文化。有的学者把第二个字"利"翻成"利润"(profit), [①]但我更倾向于翻成"利益"(benefit)。**"利润"**给人的感觉是庸俗的物质和金钱追求, 而**"利益"**更好地传达出陈蝶仙无疑想传达的东西, 亦即: 开这家店的目的不仅是出于个人私利, 还有对社会的利益。

店铺坐落于清河坊——杭州很有名的一个街区。这片区域遍布药房、手工艺品店, 还有其他小商店, 所售货物从火腿到茶叶不一而足, 闲来时常光顾的既有文人也有普通百姓。这家店为了赚钱, 贩卖各种商品, 不过没几年就关门了。公司有一则广告登在《杭州白话报》上, 说"萃利公司专办学堂仪器", [②]并开列了在售商品, 比如文具(纸张、皮革及布面书皮、双面蜡纸、绘图纸, 还有复写纸)、乐器(包括一架立式钢琴和一架三角钢琴——由于它们在中国是新生事物, 所以"piano"这个单词在广告里是音译的——以及各类弦乐器、两种笛子、一支军号和一些鼓), 还有书籍和墨水、钢笔等书斋里用得到的文具。这家店在《杭州白话报》登广告, 说明目标受众囊括了这片地区有改革思想的人。书籍和文具固然常见, 而广告里罗列的乐器, 以及店里那些更加陌生的货品都是新引进的, 比如进口的科学仪器、化学设备及相关装置。那份开拓先河的公司存货单里有第一台进口留声机。在一篇回忆录中, 陈蝶仙的儿子陈定山想起九岁时第一次在这台进口机器里听到外国人的笑声和早期西洋乐(陈定山[1955]1967, 181)。

---

① 韩南就把"萃利"翻成"聚集利润"(1999, 3)。
② 见《杭州白话报》1907年第2期(1月16日)。

由于萃利公司意图推销的外来知识和货物带有改革色彩, 故而引
发了保守派的恐慌。陈蝶仙的儿子痛苦地写道, 那家店给他父亲招来 　50
了同伴们的肆意奚落, 他们对外来事物和公然逐利的行为感到无所适
从（陈定山［1955］1967, 182）。意识到商店潜在的威胁性后, 陈蝶仙
与商店协作于1902年创办了一家平版印刷出版社, 后来又在1906年开
了一家附带阅览室的公共图书馆, 名为"饱目社"。陈蝶仙开出版社
和阅览室最主要、最明确的目的就是普及知识——包括新出版的书籍
和新式知识（陈小翠, 范烟桥, 周瘦鹃1982, 211）。无论是否有意, 公
司的阅览室和出版部门同样发挥了战略性作用。作为熟悉的机构, 它
们更容易被本地精英接受, 并帮助陈蝶仙摆出不那么明显的陌生化、
商业化的姿态。仿佛预计到萃利公司会面对文人同伴们的犹疑和反
对, 陈蝶仙效仿张謇在南通采取过的策略, 用人们熟悉的模式去呈现
具有潜在威胁的新事物和新知识。引进了科技译著的阅览室, 出现在
上海的军械所和理工院校内, 作为学习科学的新空间。[1]位于上海的
这些阅览室的特色, 就是科技译著、地图、模型和装置与中国古籍并陈
（Biggerstaff 1956, 129—130）, 也会举办讲座。类似地, 陈蝶仙的"饱
目社"把杭州的知识分子聚集到一起, 不仅读书, 还仔细考察萃利公司
出售的新奇设备和装置。他们要么在那里讨论, 要么就按照化学公式
和配方做实验, 就像分享一幅画, 或是在西泠印社刻印、在新建的南通
博物苑的集会中观察标本一样。

最后, 商店和阅览室都倒闭了。陈蝶仙的女儿解释说, 关门是因为
经费无法维系（陈小翠, 范烟桥, 周瘦鹃1982, 211）。然而, 根据他儿子
陈定山的说法, 陈蝶仙招待了很多杭州知识分子, 得到的全部回报却是
嘲笑。陈定山声称, 当地知识分子说:"蝶仙真成了洋鬼子了, 尽把这 　51

---

[1]　关于阅览室, 特别是上海格致书院的阅览室, 见Biggerstaff（1956）和Wright（1996）。

种怪、力、乱、神的东西搬到我们杭州城里来。"（陈定山［1955］1967，182）20 世纪 50 年代在台湾写回忆录时，陈定山致力于把父亲描绘成一位英勇的特立独行者，对时代有先见之明，特别是和更加保守谨慎的当地文人形成相比。然而即便他的记述有所偏向，我们还是能从中辨识出太平天国起义后的杭州有多少探索新事物的空间，哪怕这种探索可能引发恐慌。

陈蝶仙并非孤身一人。还有一些同代人在中国开办了科学仪器商店。[1]1903 年，汪孟邹（1878—1953）在安徽开办了"芜湖科学图书社"。和陈蝶仙类似，汪孟邹是最后一代通过科举考试体系脱颖而出的学者，却对继续传统仕途感到幻灭。同样类似陈蝶仙，汪孟邹在安徽同乡的支持下，创办了芜湖科学图书社，由此步入出版界。这是一家新式书店，销售新式教科书、地图册以及科学标本和仪器，旨在传播新知。[2]

这些店，有一些扩张很快。晚清创办于上海的科学仪器馆是一家特别有趣的公司。它脱胎于"四明实学会"——一个聚焦于实用知识等新学的学术组织。1898 年戊戌变法后，毗邻镇海的宁波有一批爱国知识分子聚到一起，组织了宁波同乡会，他们在那里联合起来反对科举考试，相信只有从事科学研究、投身工业才能拯救国家。学会里的宁波本地人钟宪鬯接着创办了上海科学仪器馆，不仅提供建设中国工业的科学原料，还提倡彻底的新文化，指导他人研究化学和物理。[3]

科学仪器馆最迷人的地方在于，它证明了晚清中国的激进政治和现代科学合法性之间的紧密关系。从一开始，其所有者钟宪鬯就看到

---

[1] 在这些科学仪器商店出现之前，科学仪器及装置的消费者只能根据科学期刊页面上的图像和文字来购买装置（通过邮购广告）。这些期刊就包括《格致汇编》（1876—1892），那是"洋务运动"期间上海格致书院的一份出版物，由江南制造总局的傅兰雅（John Fryer）和徐寿主编。

[2] 关于汪孟邹及其公司的更多资料，见 M. Sun（2019，26）。

[3] 关于宁波的社交组织和钟宪鬯，见庄禹梅（1963）。

了科学——尤其是制造炸弹和爆破物以及用于政治暗杀的化学毒物背 52
后的科学——是煽动革命和打倒清朝统治的重要途径。[①]在中立的名
字和假托的宣言背后，这家店为中国的学校和教育机构公开提供科学
资料，从而很快成为反清活动的中枢，为革命分子供应关键材料和硬
件，而其中很大一部分是从日本进口的。

　　有一篇论述精彩地阐释了上述机构和政治革命的联系。在对革
命组织"光复会"进行回顾时，俞子夷（1990）详细描述了他出于革
命目的所从事的化学改造和实验，以及怎样频繁出入科学仪器馆。他
说，革命者蔡元培（同样是商店创办者钟宪鬯的亲密伙伴，最后和俞子
夷合作成立了光复会）知道他对化学感兴趣，就嘱咐他研制毒药。为
此，俞子夷从科学仪器馆取得了必需的原料，他称之为"上海唯一的国
人自办的理化器材供应机构"。大部分货物是从日本进口的。张之铭
（1872—1945）是生活在日本的一个宁波实业家，他担任这家店的采购
员，置办进口货物。[②]然而，中国工厂几乎立即开始制造昂贵进口商品
的本土替代品，也为进口仪器提供修配。[③]科学仪器馆还译印了化学
书，此举被认为对研究物理化学之人裨益良多。

　　从这家店获得的原料被用于革命。俞子夷购买的原料里有氰酸
（俞子夷1990, 332），他拿来制作液体毒药暗杀清廷官员。虽然俞子夷
在猫身上测试这种毒药获得了成功，但蔡元培似乎认为液体毒药不合
适，他要粉状的固体毒药。俞子夷从日本邮购了药物学、生药学、法医
学方面的书，随即着手研制。他还研究过炸药。晚清激进革命派在颠 53
覆清朝统治的过程中用到了炸药。作为这场运动的一部分，俞子夷和

---

① 关于科学仪器馆的革命史和日本进口商品，见俞子夷（1981, 10—11）。

② 关于张之铭及其与该机构的关系，见张之铭（1947）。

③ 我会在后续章节分析"仿制"在创新和中国工业发展中的意义。关于靠维修、逆向分析以及提供
替换零件作为现代中国工业创新的基础，见第四章和Yi（即出）。

他同事在弄堂里碰头, 歃血为盟, 然后用棉火药 (即硝化纤维) ———一种易燃化合物, 制作用于低级炸药的硝酸甘油。俞子夷形容他们的实验室十分简陋, 除了桌椅只有药瓶和玻璃器皿。他回忆自己如何每天定时学习实验原理, 然后付诸实践。实验失败常常导致浓烟滚滚, 但他们还是坚持不懈, 锲而不舍。当发现科学仪器馆提供的酸太稀, 俞子夷和他的同事便假扮成日本人, 穿上西装去华英药房 (the Anglo-Chinese Dispensary)、科发大药房 (KOFA Dispensary or Koelkel & Schroeder Ltd.) 两家上海的外国药房采购强酸。他们学习制造炸药的原始材料, 只有江南制造总局译印的一本西洋化学书, 以及他们能找到的所有关于炸药的日文书。据说, 这些书不如关于毒药的书易得。

　　这个负责试验炸药和毒药的小组, 从属于更大的革命派网络, 依附蔡元培和科学仪器馆。作为革命运动的一部分, 每个组的活动都在秘密中进行, 这是毫无疑问的。俞子夷提到, 他只认识和自己一起工作的三个人, 其余一无所知。[1]因而在知识的分享必须超出最密切的基层组织时, 科学仪器馆会承担中间人的功能。该机构会把调查结果和图样, 从网络中的一个组转移到其他组。俞子夷用弹壳造炸弹的时候发现了这一点。他被要求写一封英文信, 介绍自己的设计和图样, 科学仪器馆会以他的名义寄给其他从事革命的人。

　　最后, 革命派还是没能掌握和应用通过科学仪器馆之类的组织引进的化学知识, 而这恰恰导致了一系列重大事件, 最终推翻帝国, 塑造了现代中国的政治未来。改造者本来正尽力对毒药和炸弹做必要的稳定处理, 反清革命分子却在1911年真的发动了革命。1911年10月9日, 两个本地革命团体制造的炸弹在汉口的俄国租界意外爆炸。当时, 正是这场爆炸让清政府注意到了秘密组织。1911年10月10日, 革命分

① 关于该网络及其秘密活动, 见俞子夷 (1981, 10—11)。

子为了阻止（已经在搜捕中掌握了革命分子名单的）清廷杀害共事的激进派，意识到已别无选择，只能发动革命。

革命后，科学仪器馆不再是革命中枢，但它依旧是中国工业家和教育工作者购置科学设备和材料的重要场所，它对科学教育的贡献一直持续到民国时期。1929年杭州西湖博览会期间，这家店有一则广告，宣扬自己过去的成就："本馆开设上海棋盘街二十九年，为理化仪器教育品发明之最早者。在上海闸北恒丰路设厂，制造理化仪器、博物标本模型、风琴、文具、药品。历次赛会迭蒙优奖，为海内教育家、实业家所称许。"[1] 陈蝶仙迁居上海后即成为常客。为了自己的实验，他从店里购买原料、玻璃器皿和装置。他还成了这家店的热心支持者和拥护者，在自己的技术专栏里推荐读者去那里购物。[2] 不过，他最后成了这家店的竞争者。他认为这家店的进口原料太贵，于是在1921年创办了"中国第一制镁厂"，制造国产镁。

但在他离开杭州移居上海之前，陈蝶仙和萃利公司似乎没有从事过革命活动，和坐落于上海的科学仪器馆也没有联系。陈蝶仙在当地的操作和上海的商店相比要缓和得多，他主要迎合的是（当地）学术团体的成员和学生。没有证据显示其中有革命背景的人。然而，杭州和上海相距不过百英里，所以陈蝶仙很可能知道这家同行商铺及其丰功伟绩，也知道江南的其他类似做法。他在杭州的本地机构其实从属于更大的商店网络，其中流通着科学书、原料和仪器，支撑着革命分子、业余化学家和新兴工业家的改造活动。资讯和货物是从日本进口的，日文出版物的译本有助于知识的传播，而直接从日本邮购确保了原料、物材和教科书的输送。在日本的中国激进分子或在华日本人（比如陈蝶仙在杭州的导师），也助

---

① 见《西湖博览会日刊》（杭州）1929年6月11日第2版"商业"。

② 参见陈蝶仙（1915年第2卷［2月］第4期）。技术专栏里的这条记录见第二章的讨论。

力于知识和物品的跨国流通。陈蝶仙的店，虽然地理位置上坐落于杭州，但从属于更大的国内、国际流通圈，其中一些其实相当激进。

竹枝词与新科技景观

除了组织新式雅集、开设科学仪器商店，陈蝶仙还利用他在杭州文坛的盛名，借助文本缔造想象的集会，探究并传播关于新技术和新机构的知识，这些新技术和新机构重塑了晚清杭州的日常生活。陈蝶仙终其一生都是多产的作家。《栩园丛稿》是陈蝶仙的一部作品集，有整整十卷。他的作品类型也相当丰富。一份记录提到，陈蝶仙一生写了几千首诗，创作了超过一百部小说，还写了无数关于音乐的文章（陈小翠，范烟桥，周瘦鹃1982, 210）。陈蝶仙不仅以创作类型广泛著称，事实上他很早就热衷于把文化工作和利润联系起来。1899年，他在杭州开始投身新闻行业。他和两个朋友——何公旦和华痴石创办了《大观报》，1900年又开设了大观报馆。[1]他们后来被称为"西泠三杰"，共同创作的作品包括发于1900年的《三家曲》。报社还发表陈蝶仙的竹枝词和弹词。[2]报纸上登了好几部长篇小说——这是一种新兴的商业文类，其中包括1900年陈蝶仙的120回《泪珠缘》（Hanan 2000, 264）。1906年至1907年，陈蝶仙组织了"二十世纪著作林社"，创办了以诗歌为特色的《著作林》月刊，所发表的稿件既有来自本国作家的，也有远自朝鲜、日本等地的。每期都有一两千份印出来广为贩售，甚至传到了香港。[3]

---

① 《大观报》的发行量一直很稳健，但由于对义和团运动的批判态度，很快就被迫停刊了（Haiyan Lee 2001, 320 n. 14）。

② 陈蝶仙有一篇《桃花影》弹词，发表于1900年，而他写这篇弹词时只有14岁（Hanan 2000, 264）。竹枝词则有《拱宸桥竹枝词》（陈蝶仙1900）。详见本篇后续的讨论。

③ 陈蝶仙用"陈栩"这个笔名，把《著作林》的作品编辑成9卷，题名就叫《著作林》。关于该刊所收外国稿件，参见陈小翠，范烟桥，周瘦鹃（1982, 211）。

19世纪晚期，无论是由来已久的文类还是新媒体，都被用来为新式知识和外来技术正名。例如，世纪之交的中国报业便针对能通过阅读去了解和消费科技的潜在读者群进行拓展。通过平版印刷和照相平版印刷的著名新式城市画报——《点石斋画报》，以视觉形式向江南为主的读者群传播新科技的精彩和都市生活的其他景观，包括怪异的习俗和宗教实践、争奇斗艳的妓女，以及各种稀奇古怪的描述。[①]这份画报从1884年到1898年已发行14年，是新式印刷技术的成果，同时也催生了新的观看方式。其中，关于现代科学技术的报道与古怪异事熔为一炉，后者可以追溯到志怪文学的传统。阅读这份刊物既能享受乐趣，也能获得启迪，文人们以前饱读志怪文学正是出于同样的道理（Huntington 2003）。来自中国传统的那些天马行空的志怪故事，可以说为当时正在引进的技术奇迹提供了本土助力。《画报》的序言将插图刊物上的新文类直白地比作人们更熟悉的画卷，后者为有教养的男性和女性所长期博览。其中还说，读这本杂志就像看画一样，"茗余酒后展卷玩赏，亦足以增色舞眉飞之乐"（引自 Huntington 2003, 344）。这份平版印刷的《画报》让更多匿名读者得以模仿更亲密的"雅集"，里头有从印章到画卷等更传统的文化物件可供欣赏。

不过，即便《点石斋画报》迎合了人们熟悉且历史悠久的观赏实践，它还是造就了一种确凿的现代可视性。《画报》的编辑或许曾试图利用手工画卷，为全新的插图报刊正名。然而，这两种文本引出的观看模式截然不同。生产这份刊物的技术，包括照相平版印刷术和出版模式——其版式连续，但每幅插图的内容彼此无关——创造了一种全新的原始影片感知模式，包卫红称之为"全景感知"（panoramic

---

① 《画图新报》是新式插图刊物的另一代表，在19世纪80年代曾帮助中国人理解科学、技术、机器和电力。

perception）（2005）。这种感知方式可以在读者群中塑造一场现代旅行经验，让他们目睹从中国到世界连续不断的图像流。批量生产的画报与早先的艺术画卷及其他文学消费品的区别是：它让数量更庞大、更寂寂无名的市民读者得以饱览这些插图。大量观众目瞪口呆地惊诧于各种景观——从熊熊烈火到热气球，新式的消费品和视觉模式恰好在这些图像中表达并呈现出来。新式画报意在引进关于日常生活的知识充当"新的记录实践"，从而介绍新式科技。

　　陈蝶仙同样意识到，无论是常见的还是全新的文学类型和媒体形式都能帮助他探索新事物。本章后续部分，我会考察他如何利用连载小说摸索利润问题。现在，我们还是回到他何以注意到竹枝词这一文类——一种历史悠久的民族志文类——能与时俱进，记录新发展。竹枝词可以追溯到中国唐朝，并不像画报那样是一种全新的文类。竹枝词相对简单易懂，往往很诙谐，甚至古怪，所探讨的是日常生活的主题，相对其他诗歌形式来说可能会不太正式。这类诗歌关注特定地域和普通人的习俗，犹如写真和明信片一般展现当地的日常生活。此外，其特征还包括对所在地域的好奇心态，同时展现出作者的距离感，对于要表现的东西可以容许轻微的讽刺，也容许作者卖弄自己的聪明才智（D.
Wang 2003）。竹枝词风趣幽默且篇幅短小，只有四句，每句七字，便于记诵。这使得陈蝶仙可以触及相当广泛的读者群，还有其他受众，尤其是在诗歌被诵读出来的时候。

　　陈蝶仙在出版于1900年的诗集《拱宸桥竹枝词》里，提供了杭州的人物、风俗以及机构和技术的剪影。[1]这些诗歌涵盖本地场所、公共部门、祖先祠堂、商店、戏院、各色人等、服饰和妓院，还涉及技术、工业

---

① 拱宸桥是杭州的一座著名石桥，建于1631年，时当明朝，晚清1885年整修，陈蝶仙当时还是个孩子。

以及新式的机构和官场活动,它们星罗棋布,塑造了杭州的风貌。在那些刻画新式技术的诗歌里,有的篇什描写了摄影术、"东洋"马车、脚踏车、橡胶轮胎马车、小型蒸汽船、驳船和路灯。诗集中的第48首题为《脚踏车》:

> 辘轳捷足快先登,浅碧深红两点灯。[①]
> 深夜拱宸桥外去,有人猜说是青磷。

　　19世纪90年代以前,这种引进的运输模式——骑脚踏车比较有限,因为人力车更常见,也更受欢迎。但是,骑脚踏车日益普及,对这种两轮工具的狂热肇始于上海,很快就传到了其他城市,包括杭州。脚踏车不但出现在市中心的街道,还出现在描绘中国城市现代性的都市媒体上,它是一种新的时尚和标志。因此,虽然越来越多中国人开始骑脚踏车,但骑车的人主要是比较特殊或比较时髦的群体,包括传教士、海外归来者和名妓(Rhoads 2012, 95—99)。陈蝶仙诗歌的活泼轻快彰显了脚踏车的新颖,以及其诗歌本身一贯的新奇。与此同时,引用"青磷"(鬼火)又和这种轻快相悖,甚至带有一点警告。通过引用"青磷"——传统中一种发光的鬼魂,陈蝶仙以轻松的姿态将红绿光闪烁的自行车比作一个古典的、奇异的灵魂。

59

　　科技的新奇感在《象皮车》一诗中也得到了体现:

> 象皮轮子黑油篷,碾过无声去绝踪。
> 对面来车不叉手,丁冬先踏报人钟。

---

① 清末,大部分脚踏车用煤油灯做车头灯。民国时期,一些城市的脚踏车后面要装一块会反光的红色石头。这里的"浅碧深红"很可能是指以上两种光。

第一辆汽车1917年才引进到杭州, 所以这里的"象皮车"指的是带橡皮轮子的马车, 当时就出现在杭州, 包括拱宸桥附近。[①]诗句介绍了这种新式的运输工具, 描绘出这类马车给人的感官印象, 更确切地说是突出它的稀罕: 这些马车的橡皮轮不会发出声音, 也不会留下轨迹。就像把脚踏车比作鬼火, 悄无声息的马车来去轻盈, 因而被转换成某种迷人的东西。正如第四句所描述的, 恰恰由于橡皮车诡秘的寂静, 其铃声便成了特征, 那是一种可以在驾车者之间沟通的新技术。驾车者无需拱手, 用脚踏车铃作为致意和警示来车的方式。[②]诗里说, 新技术塑造了诸如打招呼的方式等社会风俗。这首诗所展现的关注对象, 幽默风趣, 令读者发笑, 并提供了一支关于新技术如何改变杭州日常生活的轻快小调。新机构也引起了陈蝶仙的注意。对城市里的新工厂和新产业的兴趣, 促使他创作了一首关于当地纺织厂的竹枝词, 题为《公益纱厂》:

> 高低电火十分明, 一片机声闹不清。
>
> 向晚女儿都放出, 出檐汽管作驴鸣。

60　　　虽然诗题说"公益纱厂", 但陈蝶仙写的似乎是"通益纱厂"——那是位于拱宸桥头的一家著名纱厂。1889年, 丁丙 (1832—1899) 和庞元济 (1864—1949) 用40万两白银创办了这家纱厂 (仲向平2013, 58—60)。

　　　这首诗描写了纺织女工。女性工人是一种新形象, 随着世界各地

---

① 和陈蝶仙同时代的杭州文人骈枝生, 写过一首叫《象皮马车双儶头》的诗, 收在他的诗集《拱宸桥踏歌》里 (陈蝶仙为之作跋)。陈蝶仙和骈枝生的诗都指出拱宸桥附近有这种马车。关于骈枝生的诗, 见孙忠焕 (2009, 635)。关于这种马车的更多资料, 何王芳 (2011, 42)。多谢何映天指出骈枝生的这首诗以及关于马车的研究。

② 诗中, 车铃 ("报人钟") 专指"百慕大车铃" (Bermuda carriage bell), 用脚操作, 对行人或来车示警。

现代工厂的兴起而诞生。她们不仅常见于世纪之交的上海和其他工业化城市，也是一个新兴的文化符号。[①] 她们代表了新的劳动体制，酝酿于晚近的世界工业地区，那里的性别规范、时间秩序和工作观念正从根本上被重置。因而她们成为改革派关切的源头，同时也是工业化社会中城市媒体和电影里无处不在的隐喻。在一般认为的第一部投影电影里，路易斯·卢米埃尔（Louis Lumière）展现了女性工人怎样离开工厂大门。1895年拍摄的那部简短的45秒黑白默片，被恰如其分地命名为《工厂大门》（*La Sortie de l'Usine Lumière à Lyon*），只比陈蝶仙发表的诗作早五年。卢米埃尔的短片意在借助新的电影技术，观察下班后涌出工厂的女工们，以此强调类似时刻的重要性。

正如卢米埃尔发现女性离开工厂大门的画面意蕴丰满，陈蝶仙显然也想通过诗歌表达类似场景的意义。他没法用摄影镜头去"凝视"，但为了营造神秘感，他调度诗歌的声音并排列图像，以创造这一时刻的震撼氛围。诗中提到的汽笛声，代指新的工业技术，也就是工厂，这是陈蝶仙描写的核心，即：厂房不仅影响了杭州的物质景观，还影响了听觉经济（aural economy）。把蒸汽管道（现代技术）比作驴鸣——一种世俗的、哀伤的、略微闹人却好笑的声音——其功能是造成有点滑稽而矛盾的语气。如此一来，这首诗把大批女性涌出工厂的画面去自然化（de-naturalizes），所凭借的是让读者注意到这一空前现象的本质，就像卢米埃尔的影片那样。没有证据表明陈蝶仙看过卢米埃尔的片子，但考虑到当时包括电影在内的文化产品从全世界传入中国，他很可能至少有所耳闻。在电影和诗歌中同时被描绘的东西神秘 61
地重叠，这似乎暗示现实情况正是如此。无论他是否看过卢米埃尔的

---

① 关于中外女性工人的涌现，已有大量研究。就中国而言，大部分学者关注的是上海女工，如 Honig（1986）。

电影，围绕工厂女工这一新形象的景观和焦虑是全球性的，女工离开工厂的隐喻为陈蝶仙提供了高效的手段，去描绘他和同侪们每天在杭州目睹的工业发展。

陈蝶仙的诗还专门刻画了批量化生产的技术。以《明月镜照相》为例：

> 阿谁画里唤真真，乱指伊人像那人。
> 我怪朦胧明月镜，只传模样不传神。

第一句说的是一个画里的女性——真真。呼唤真真是个文学典故，指的是杜荀鹤的一则唐代传说，收在他的集子《松窗杂记》里。[①]故事中，一个叫赵颜的进士在一位画工的画室里看到一幅画，画上画的是一个叫"真真"的美貌女子。画工形容这幅画为"神画"，画像能真正感应到一个人的诚心。这则传说后来写道：赵颜叫她的名字叫了一百天，真真活了，从画里走了出来，还给他生了个儿子。当赵颜开始怀疑她是妖怪的时候，真真带着儿子回到了画里，后来画上便多了个孩子。通过询问谁在呼唤画里的真真，陈蝶仙诗中的第一句直接指向那个唐代传说。第二句则肯定这幅画确实刻画出了人的真实面貌。正如传说所言，"真真"这个名字一语双关：既是美貌女子／灵魂的名字，也意味着"栩栩如真"。

关于"事实"和"真实"的双关语十分重要，因为那是这首诗的关键所在。这首诗本质上是在比较照相之类的新媒体技术和"神画"这一中国艺术中的肖像画类型，后者长期以来不但以写实主义闻名，还因其能够把握并传达人的"神"的真正本质。作为一种刚刚传到中国

62

---

① 非常感谢卢苇菁提醒我这则特别的典故。

（正如其遍布世界）的尖端器械，照相机据称可以捕捉现实或通过机械复制提供现实主义的画面。随着摄影术的流传，人像摄影越来越被认为比人像绘画更高级、更逼真——逼真的观念在以前的中国艺术批评里并不重要，但在当代视觉话语中广为流行（Yi Gu 2013, 120, 127）。在这种背景下，陈蝶仙质疑照相机把握和传达视觉现实的能力就显得独树一帜了。诗的后两句借"明月镜"比喻照相机镜头，认为摄影术落于下乘。诗中指责"朦胧明月镜"（即摄影术）表现的只是人物的外形，而不是他或她的真精神。

　　最后一句里"传神"一词还有其他多层含义。首先，它指的是唐代传说中那幅画里走出来的神仙——真真。其次，它提出了精英肖像画由来已久的审美原则，即把握和传达出人的真实本质。[①]最后，陈蝶仙似乎还暗示：就像传统肖像画那样，竹枝词以其多重含义和风趣机智，较好地把握了现实与真实，比任何新媒体技术都更有效。在写女工的那首诗里，我们看到陈蝶仙和卢米埃尔都被女工们涌出工厂的时刻所吸引，并抓住那一时刻，将注意力引向工业生产和新女性工人的公共性。然而，卢米埃尔利用的是图像化的短电影——一种典型的机械化复制的新技术；陈蝶仙则仍然自信地使用诗歌这一显然历史悠久的文类，隐晦地陈述，风趣地双关，而不是按部就班地描写主题。陈蝶仙在《明月镜照相》中提到"传神"——一种不求表现真实而要抓住本质的中国传统美学，说明他对诗歌也持有类似主张。

　　陈蝶仙从来无意于压抑新媒体技术的权力，他十分欣赏新装置。比如在后来的事业中，他就极为欣赏大量广告所具有的潜能——去缔造产品和消费者之间貌似"真实"的纽带，哪怕归根结底只是错觉，却

---

① 诚如柯律格（Craig Clunas）所论，"传神"的美学功能是为了划分始于晚明的精英阶层身份。精英们宣称，比起那些关注人物形象或叙事表现的更通俗、更商业化的美学，"传神"的美学能更好地把握个体的"真"精神。

63 有助于把"蝴蝶牌"和其他所有的类似品牌区分开来。而此时此刻, 陈蝶仙可能已经被摄影术吸引, 尽管他的诗《明月镜照相》对此流露出些许怀疑的语气。摄影术和照相机是当时江南的名妓和文人圈极其流行的一种"游戏"文化的核心, 它影响了陈蝶仙的文化实践以及他对新技术的迷恋。上述文化从《红楼梦》中汲取了灵感。这部出自曹雪芹笔下的18世纪浪漫小说, 在上海之类的中国新兴都市娱乐场风靡一时——对远离政治、无权无势的年轻人来说, 这是一个另类空间。在这部小说的核心部分, 其主题模糊了现实和幻觉的界限。此种游戏文化的实践者——本地妓女和她们的追求者——探索现实和幻觉之界限的方式便是: 在他们轻浮的交易场中演出小说场景, 假扮小说中多情主人公的角色。他们故意模仿小说里柔弱男主角多愁善感的声音, 忽略名妓心中商业交易的冷酷现实——主顾关系 (C. Yeh 2006, 116)。作为真正模糊了那道界限、有能力制造真人肖像的新式技术, 摄影术和镜子也成了这种狂热的象征。例如, 名妓喜欢用照相机记录他们扮演的《红楼梦》角色。另一种模糊真人和幻觉的设备——镜子, 也频繁出现在名妓的照片和住所里, 就和小说中一样 (Yeh 2006, 146—153)。

当时对照相机和镜子的狂热, 回避了问题的实质, 即: 为什么陈蝶仙在诗里会对"朦胧明月镜"流露出一种怀疑主义的口吻, 以及为什么照相机传达的只是形象而非真正的精神。也许他会在不同场合表达不同的科技观。他曾注意到同侪对新生事物潜在的怀疑态度, 所以可能把诗歌当成了一种手段, 摆出一副讥讽、冷漠的姿态, 和受众建立信任。作者对描写对象保持轻微的讽刺态度, 每每成为竹枝词的特色。因此, 《明月镜照相》中提到那则唐代传说也就迎合了陈蝶仙博学睿智的同

64 辈读者们。即便这种语气传达了对照相机朦胧镜头的一种轻微的怀疑或失望, 这首诗还是发挥了介绍新器械的作用, 而这当然代表了陈蝶仙提倡新技术的更为宽泛的计划。

的确，或许因为竹枝词是常见而且相对易懂的文类，陈蝶仙认为它是一种强大的工具，可以展现世纪之交杭州当地的风土和日常生活。这一文类为陈蝶仙提供了途径，让他摆出暧昧不明的嬉戏态度去评论一系列议题，其中就包括新式技术。他的观察并非完全中立，而且他采用了存在已久的诗体，去规训当时的民众、活动、机构和特色风俗中可能存在的破坏性，尤其是刚刚在杭州出现的事物。每首诗的最后一句往往都语带嘲讽，用连珠妙语来包容、抵消或质疑诗里的习俗、技术或特色机构。

营利性的文字实验

陈蝶仙在杭州开设仪器商店的时候，他已经明白：一门心思赚钱会引发巨大的社会恐慌。他在同时期创作的小说里直接触及钱的问题，比如《黄金祟》。1913年6月到10月，就在他抵达上海这座国际大都市之后，小说在上海最重要的日报《申报》上连载，不过他早先在杭州就已经写完了。这部作品后来在1914年出了单行本，和其他几本小说一起，在上海竞争激烈的小说市场中为他树立了著名作家的声望。类似西方的成长小说，《黄金祟》被认为写的是陈蝶仙的童年，涉及1894年至1901年间他在自己家乡的生活经历。正如文学研究者韩南所指出的，角色形象都以真实人物为基础，关于事件的叙述也大致准确（1999，6—9）。[1]主人公珊即作者陈蝶仙的自我投射，是一个相对富裕的年轻人，随时间的流逝逐渐成熟，在爱情和商业中经历了无数坎坷。

《黄金祟》被归入所谓"鸳蝴派"范畴。在李海燕对中国现代文学的情感谱系的研究中，她形容这类小说里都是多愁善感的男男女

65

---

[1]　为了戏剧效果并符合通行要求，关于人际关系和个人遭际的性质，陈蝶仙无疑美化了细节。

女，他们"无一例外，都是天赋之才、美貌、敏感；……他们昼吟宵哭，
以泪洗面，泪水总会浸湿枕头与情书。归根结底，他们都是为情而
生、为情而死之人；'情'这一个字，涵盖了他们全部的人生"（Haiyan
Lee 2007b, 100）。[1]册便是这样一个人。小说专门描写了册从一个
无所事事、不可救药的浪漫主义者，逐渐成长为可以担起财务责任、
屈从于金钱的人。一期接着一期的连载，记述了册与一个名叫筝儿的
女孩之间复杂的恋爱关系和令人心碎的纠葛，也记述了金钱从孩提时
代一直影响到他二十二岁。虽然多年来他有过无数次怦然心动，还被
包办了一桩婚事，和一个叫素素的女子成亲，而且他也喜欢上了她，
但筝儿始终是他心中的最爱。有一次，册回到家里向妻子透露自己见
过了筝儿，坦白秘密后两人愈发亲昵，枕席交欢。他作了如下形容：
"而栩栩之梦魂则与素卿幻为双飞之蝶，联翩而入黑甜之乡。"（Chen
1999, 209）[2]册的强烈激情被巧妙地蕴藏于神奇的蝴蝶形象中，胜过
这一段里其他粗俗的肉体描写。

　　小说前面部分，册对筝儿的爱是理想化的；当意识到母亲让他成
婚是为了钱时愈发如此。册勇敢地提出让她做自己的妾以摆脱悲惨的
命运，可筝儿拒绝了他的提议。她宣称，如果两人无法结成一夫一妻的
关系，她宁愿放弃成就圆满爱情的机会，去争取自己的财务自主和自
由。此时此刻，册开始隐隐怀疑她被黄金祟所惑。然而，当册自己对
金钱的态度发生改变时，他对筝儿所持立场的看法也变了。促成他转
变态度的是另一段重要的爱情关系——他和妻子的感情。随着家道中
落，他的贤妻开始典当首饰，让他能继续维持体面的文人生活。妻子的
奉献令他心生惭愧，不由自主地成熟起来，担负责任。他有些徒劳地追

---

[1]　译文引自 [美] 李海燕著，修佳明译《心灵革命：现代中国的爱情谱系》（北京：北京大学出版社，
2018年），第106页。——译注
[2]　原文引自天虚我生《黄金祟（下）》（第2版）（上海：栩园编辑社，1935年），第3页。——译注

寻商业机遇，这对上流人士来说仍然很不合传统（包括办报以及开设　　66
茶叶和竹子的经销店，这两份事业陈蝶仙在现实中也在做）。他开始
尊重筝儿，同情她的遭际。

　　金钱的性别化在小说中很引人注目。作为一个敏感的男子，珊给
人的感觉是轻浮、不负责任，小说中很多内容也和财务问题毫无关系。
从他的母亲到他的妻子，甚至女仆小昙，女性虽然负责家中财务，但处
理钱财每每令她们在德行方面面临险境。其实，故事结尾记录了一种
矛盾的心理：珊发现自己的心上人又一次为钱而结婚，而筝儿解释说这
么做是为了让珊死心，因为无望感令她痛苦不堪。珊抗议："予因愤恨
曰：'咄哉！吾姊爱情岂能为汝终身之祟？以吾思之，彼人之于吾姊，直
黄金祟耳，黄金祟耳！'"（Chen 1999, 277）[①]最后一段里，金钱的作用再
次挫败了他们的爱情，反映出作者自己始终对金钱抱有矛盾的心理。

　　这部小说有助于探讨金钱以及对利润的追求怎样成为陈蝶仙和
他在杭州的同侪们全力应对的问题——其中一些人在迁居上海后又
不得不与之妥协。类似其他"鸳蝴派"小说，《黄金祟》为读者提供了
一扇窗，去观察世纪之交的一名贵族年轻人的生活、帝国晚期的中国
家庭结构和当时的婚恋观，以及家庭事务的运作和财务管理。鉴于
中国大家族安全的传承方式日趋衰落，陈蝶仙一家的困境——社会
方面和财务方面，很容易引起读者的共鸣。[②]这一时期，家庭财务策

---

① 原文引自天虚我生《黄金祟（下）》（第2版）（上海：栩园编辑社，1935年），第76页。——译注
② 关于19世纪晚期中国大家族的衰落，更多资料参见Mann（2007）。通过这种方式，《黄金祟》巧
妙地呼应了18世纪的小说《红楼梦》，后者也描写了一个衰落中的大家族及其处理财务的无能为力。
在陈蝶仙《年谱》里，他的儿子说陈蝶仙创作小说时用到的技巧取法于《红楼梦》（《天虚我生纪念
刊》1940, 2）。即便《黄金祟》在某些方面模仿了《红楼梦》，但还是有显著的差别。比如那部古典小
说里的贾宝玉就从未追求利润，因为这个任务是交给家里其他人做的。对贾宝玉来说，主要的"张
力"不是利润和浪漫空想之间的，而是仕途和空想之间的。关于《黄金祟》如何以及为何把自己塑造
成《红楼梦》的直接继承者，参见文本中的讨论。

略的变化影响了知识分子和作家，而且每每在他们的潜意识层面触及金钱、商贸和工业。陈蝶仙转而为利润写作（首先在杭州，后来在上海），并在很大程度上根据自己的家庭境况创作言情小说——他的母亲是妾，不是原配，在他父亲早逝后还得照料家人。此外，随着科考体系的瓦解，很多像陈蝶仙这样的城市精英不再理想化地认为文人可以超越物质之类的凡俗事物，而视其为更应以公开逐利为中心的新的存在方式。不过，儒家轻利由来已久，并未彻底消失。在通商口岸急于投向资本主义引发了恐慌，同时也带来机遇。珊的故事似乎反映出陈蝶仙在现实生活中挣扎着向商业活动过渡，尽管同时他也从中获得了利润。

通过对上述现实的修饰，《黄金祟》让读者同情珊，和他一起成长，同时也改变他们对钱的态度。这部小说可以缓解读者现实生活中的忧虑。当我们思考《黄金祟》如何在世纪之交成为围绕那部18世纪小说——《红楼梦》的文化狂热的一部分时，这一点尤为明显。《红楼梦》里敏感多情的主人公贾宝玉，是"真情"的化身，为20世纪心怀愤懑的年轻人树立了离经叛道、浪漫主义的英雄榜样（C. Yeh 2006, 139）。年轻人和他们的名妓情人在互动的时候会表演小说情节。通过参与精心排演的戏剧仪式，妓女们仿佛付出了真情，而她们郁闷的情郎也会觉得自己好像在逃避包办婚姻，以及其他仪式性、约束性的家庭和政治义务与责任。中国城市名妓圈出现的表演仪式，同样发生在出版界。再现《红楼梦》的风尚也产生了无数续作。它们注定是程式化的、模仿性的。读者、作者、精英人士和高级妓女，反复生产和消费这些竞相出现的故事，扮演主人公贾宝玉和其他角色。

陈蝶仙的文学作品和文化产品都受到了这股《红楼梦》风潮的影响。他早期的小说——包括《黄金祟》，不仅模仿西方浪漫主义小说，也模仿《红楼梦》。这些作品紧随《红楼梦》，探讨和儒家礼教相对的

感情, 摸索现实和幻想的边界, 一如《红楼梦》所做的那样。谈到1900
年出版的连载小说《泪珠缘》时, 陈蝶仙的女儿说:

> 这是一部影射陈家旧日的故事, 自述生平之作, 书中有诗
> 词酒令、医卜星相, 以至音乐欣赏。运笔用意, 结构写情, 均仿
> 《红楼梦》。后由《大观报》印单行本五千部, 自题诗云:"一
> 半凭虚一半真, 五年前事总伤神。旁人道似红楼梦, 我本红楼
> 梦里人。"(陈小翠, 范烟桥, 周瘦鹃1982, 210—211)

68

仿佛为了阻止人们指责他的小说与这部18世纪的小说过于雷同,
陈蝶仙在自己的诗里对真情实感表现出了戏剧性的狂热崇拜。他声
称, 自己写的这部小说虽然一半基于现实, 一半基于想象, 但确实描述
了他五年前经历的风流韵事和亲身感受, 小说正是以此为依据。结
果, 不但这部小说酷肖《红楼梦》——一个模糊了现实和幻想的故事,
而且在创作小说的过程中, 他也在贯彻《红楼梦》的核心要义——模糊
现实和幻想的原则。陈蝶仙采取庄子式的立场, 通过营造那则蝴蝶寓
言的氛围, 阻止别人批评这部小说只是一个衍生品。

在一个日益商业化的世界, 城市腐朽, 物欲横流, 像《黄金祟》这
样的小说展现了一个真情实感、浪漫传奇的虚构世界。正如名妓群
体中多愁善感的角色掩盖了"妓女—顾客"关系开启无情的金钱交
易这一事实, 感伤的小说在动人的叙述中展现真实性, 引起读者发自
肺腑的共鸣, 即便它们是大批量复制的产品, 为无数读者不断连载
和再生产。陈蝶仙的读者和他一起做戏, 假装重新体验小说人物的
生活, 于是和他一起应对金钱的问题, 最终对他选择追求利润给予同
情。陈蝶仙因而是在创造神话和人的浑然一体, 要读者假装自己是
珊, 而珊又是陈蝶仙本人。读者在他陷入困境时, 对这个现实中多愁

善感的人产生移情——他后来便利用了这一点。书迷们开始醉心于主人公，并爱屋及乌于天虚我生，即小说作者。正是通过这种方式，陈蝶仙得以博取读者的同情并煽动热潮，哪怕他其实是通过激发焦虑来努力写作赚钱。

结论：游戏化的创业精神与标新立异

加入杭州西湖周边的社团和组织的文人，沉迷于一种游戏性的品鉴文化和博物学。但正是这种稀奇古怪、涉猎广泛的文化，包容了伴随新事业和创业活动的实验。有些团体相当激进，沉迷于西学。高雅的文人们会定期组织鉴赏集会，在这样的背景下，陈蝶仙借助熟悉的文类，也对西学、新技术和新兴机构表达了兴趣并加以尝试。他的竹枝词描写了传到杭州的新技术并助其本土化，尽管他表现出讽刺、困惑乃至隐晦的怀疑主义，与这些技术若即若离。为了让科学仪器商店更容易被同侪接受，陈蝶仙另建了一个阅览室，不过最后不管是商店还是阅览室都没开多久。他也会利用新文类——比如连载小说，以考察金钱之类令人困惑的新兴主题。作为知名作家，他致力于打造一个多情男子的真实形象，以此为他的商业活动正名，尽管同时他又在很大程度上对商业加以利用。凭借小说，他才赚到了足够的钱，在1918年创办自己的企业——家庭工业社。对熟人网络的战略性布局，其实现方式不但包括面对面的集会，还有通过诗歌和文学缔造想象的联结，这些都能帮助陈蝶仙提倡科学、工业和利润。

陈蝶仙为我们提供了一个绝佳视角，借此可以看到精英人士在20世纪到来之际如何转投新型活动。文化企业在当时的中国城市中心不断涌现，所伴随的利益辐射到教育、出版、商贸、工业等领域（Rea and Volland 2015）。这些企业越来越明确地以逐利为目的，即便这一目标招来了诸如"新文化运动"相关改革派知识分子的愤怒和厌恶，他们鄙视赤裸裸地进行有偿的生产文化。陈蝶仙或许在这群新式的行动派里尤为突出，最重要的原因便是他自我推销的策略。他在自我推销方面显示出卓绝的才能，杭州时期就已开始这类活动。陈蝶仙选择的笔名、组织的雅集网络、创作的诗歌——都有助于把他自己塑造成一个庄子式的怪人，慧眼独具地尝试那些甚至被认为有失身份或值得怀疑的新奇事物。陈蝶仙力图为自己树立合法性，即便是在提倡新式知识，从事略显可疑的商业、制造活动时。这一策略成为他开始大批量生产物品、词语和图像的核心，对于他顺利成为上海的连载作家、制药工业家和品牌营销商也十分重要。

第二部
制造业知识：1914—1927

20世纪上海的脑力劳动

陈蝶仙于1913年迁离帝国晚期的文化中心之一，搬到上海，在这个重要的通商口岸走进繁荣的出版市场，开拓新的事业。他投入方兴未艾的商品化文学生产中，还从事制造业——第三部将做深入探讨。在上海，无论是文字领域还是制造领域，他都继续了在杭州就已开始的工作：利用手头的资源，在文化舞台上为营利活动正名——无论是文字还是工业。不像帝国时期的前代文人，陈蝶仙和其他同辈作家树立了明确为金钱的文学声名，而且是以新的媒体形式，诸如报纸、连载小说，甚至大众广告和市场营销。[1]然而，这种逐利的文化活动以及随之产生的新媒体形式，引发了巨大的恐慌。当陈蝶仙意识到这种矛盾的社会心理时，就想把自己塑造成一个**真诚**的多情男子兼著名的言情小说家，以期平复某些忧虑。

陈蝶仙抵达上海后便投身于以商业为导向的、生机勃勃的出版界和娱乐圈，其中杂糅了帝国晚期的鉴赏文化遗产和上海新兴的出版资本主义（参见Reed 2004; Meng 2006）。上海出版业的勃兴，不仅表现为新文类和新产品的差异化，还表现为信息表达与呈现的多样化。竞争性和商业性日益激烈的出版经济也重塑了脑力劳动的轮廓。为了满足欣欣向荣的商业出版市场，新式知识的生产和脑力劳动开始涌现。商务印书馆等出版社里，编辑和汇纂人员被重新整编，以求效率最大、成本最低，让数量渐增、种类繁多的文本得以无休止地生产（Culp 2016）。要以尽可能低的成本制造出尽可能大的读者群，这也意味着内

---

[1] 帝国晚期已经涌现出了具有个人声望的"著名品牌"作家。比如，晚明学者陈继儒（1558—1639）的个人名声就类似现代形式的名流（Greenbaum 2007）。然而，中国在20世纪到来之际见证了新式名人的大规模涌现，其本质不同于早先形式。大众传媒在文学领域和商业领域塑造名声的过程中扮演了关键角色。

容可以被轻易替换和重组。文本或文本中的一部分被当作可以通用互换的产品, 材料和内容可以轻易地挪动、复制和调整。高哲一 (Robert Culp 2016) 把这种形式的知识生产描述为"工业化的"(industrial), 并指出其每每造成一种流水线生产的文本和知识——而这正是陈蝶仙从事翻译工作的方式 (见第四章)。这种方式可以保证出版公司获得越来越多的利润以及批量生产文化商品的能力, 这种能力可以确保新式知识在20世纪广泛传播。

在上述背景下, "陈蝶仙"成了一个职业写手、一名报人、一位编辑和连载小说作家。尤其当商业报纸上出现了连载小说这一新形式以及陈蝶仙之类的著名品牌作家, 职业作家的譬喻也随之萌生。戴沙迪 (Alexander Des Forges 2009) 援引陆士谔 (1878—1944) 的小说《新上海》, 作为职业作家——亦即"野鸡"——进行虚构探索和讽刺刻画的例证。"野鸡"这个词的字面意思是野生的鸡, 也用来指代娼妓。这并非巧合。按照那些居高临下的文化权威的说法, 就像娼妓为了钱出卖身体一样, 职业作家被视作出卖自己 (此类作家多为男性) 的文学技巧以谋取利润。

73　　不管高高在上的批评家们投来多少蔑视, 职业作家往往能凭借自己的创作大赚一笔。由于他们作为作家的工作, 经常和作为报纸专栏作家、记者、编辑乃至出版人的工作有所重合, 他们的小说美学常常受到报刊美学的影响 (Des Forges 2009, 42 n. 8)。以短小片段呈现的连载小说, 每天都会提供一点快感, 因而使读者流连忘返, 沉溺于文字无法自拔。读者越来越希望故事永远不要结束, 职业作家获取声望或树立品牌的能力就显得尤为重要。小说连载是一项持续的事业, 相应地, 报纸专栏作家和散文作家便按日或按周支领稿酬。对连载小说家而言, 这样的安排意味着假如他们能引发轰动, 就可以掌握左右出版商的巨大权力, 因为后者要靠他们创作下一期作品。此类作家有能力和出版商谈判报酬条款，而他们利用这笔报酬就有办法启动别的计划。

在《新上海》创作讽刺作品的陈蝶仙就是职业作家的典型例子。他成名的时代正值原创小说和小说稿酬标准呈爆炸性增长。他成功地为自己的连载小说培养出一批拥趸，还把自己塑造成了流行品牌作家。杭州时期，陈蝶仙就已表现出惊人的生产力，他广泛涉足文学创作，写出了各种主题的小说、剧本、诗歌和议论文。他的很多文学作品都在他和别人合编的《大观报》上发表。上海时期，陈蝶仙以他在杭州就已开始的文学创作为基础，在这座城市的小说界迅速成名。颇有影响力的《申报》副刊《自由谈》的编辑王钝根，安排陈蝶仙的小说以每日连载的形式发表，其中包括他先前在老家就已写好的《黄金祟》及其姊妹篇《泪珠缘》。这些小说成功地引发商业轰动后，找他约稿的报纸纷至沓来。陈蝶仙的其他小说登在著名编辑包天笑的《小说画报》以及包天笑和王钝根合编的《游戏杂志》上（陈小翠，范烟桥，周瘦鹃1982，211—212）。"新文化"知识分子嘲笑这些浪漫的凭空想象是毫无意义的消遣和逃避现实的文学，但这些"旧式"小说却在政治性和社会性上独树一帜，普通读者趋之若鹜。陈蝶仙利用这股热潮，借助他的"鸳蝴派"小说把自己打造成更具浪漫主义倾向的符号。通过笔名"天虚我生"，他成功地把自己转化成了文学品牌。

74

值得指出的是：在这样的商业背景下，陈蝶仙的脑力劳动不仅聚焦于原创，还包括编辑工作、翻译和熟练地誊抄。对陈蝶仙及其同辈人来说，此类劳动并不过时。通过汇编和编辑而非原创或独著来传播知识，这种方式由来已久而且名正言顺。孔子认定自己只是诸多权威之一，在传播"道"的过程中对德行加以描述，而不是进行创作（"述而不作"）。中华帝国的书籍史展现了这一古典理念的制度化过程，包括文学惯习、政府资助的图书计划以及生机勃勃的商业出版行业，个中重点在于排序、编目, 进而有效地传播关于德行的知识。[①] 在此背景下, 帝国晚期的文人把编辑和汇编之类的活动视同原创一般崇高。19 世纪下半叶, 当中国试图在"洋务运动"期间运用科学技术知识时, 编译结合汇编成为一种强大的智力活动。无论汇编还是编译, 都被认为在新式知识的正名和传播过程中至关重要。[②]

陈蝶仙便埋头于此类依旧受到尊重的脑力劳动, 而这种形式的工作在复杂精密的上海出版市场上也越发变得有利可图。除了创作小说、弹词、诗歌和戏剧, 他的很多文化工作始于翻译、汇编和改编。他的连载小说对人们熟知的各种中国古典文学中的套路进行改写。他和同事们一起翻译、改编法律条文、化学配方和小说——通常是根据日文本。比如, 众所周知他翻译了所有的福尔摩斯小说。一旦把自己塑造成品牌作家, 他就开始利用自己的成就继续从事文字工作, 进而成为上海文坛影响范围更广的重要开拓者。他的事业几乎总是为了营利, 包括开设五人组成的翻译馆。他还身负一系列编辑职务。1913 年至 1915 年, 他和赞助人王钝根合编《游戏杂志》。他的任务就是为各类栏目组稿, 包括"滑稽文""译林""剧谈""戏学讲义"(陈小翠, 范烟桥, 周瘦鹃 1982, 212)。从 1914 年到 1915 年中期, 他主编了一份女性杂志 (详见第二章)。后来他又得到王钝根推荐, 从 1916 年春天到 1918 年秋天主编文学副刊《自由谈》。1918 年, 他接手《自由谈》专栏"家庭常识", 直到 1928 年 (详见第三章)。他为文明戏编写剧本, 在上海演出。他还写了三个电影脚本 (陈小翠, 范烟桥, 周瘦鹃 1982, 212)。

---

① 关于文献汇编在晚清出版文化和书籍史上扮演的角色, 已有大量工作开展。相关的开拓性研究见 Elman (1984)。

② 例如, 关于民国时期的编译活动, 参见 Meng (2006, 31—64); 关于鲁迅 (1881—1936) 等杰出作家的创作**和**编写活动的重要性, 参见 M. Sun (2019, 96—133)。

　　汇编的重要性对于1917年陈蝶仙组建"栩园编辑社"尤为明显（《天虚我生纪念刊》1940, 3; 陈小翠, 范烟桥, 周瘦鹃1982, 214—215）。该社的主要目标之一就是编书。重要编著包括法律出版物《大理院民刑事判决例》和《法律汇编》。该社还为别人提供撰写应酬文的古怪服务。根据一份记录, 陈蝶仙决定开展一项历史悠久的业务: 由文人替不识字的人代笔, 或由某位名家代表别人写信来抬高寄信人的身价。该社提供的另一项服务是函授创作。当时, 青年作者和文化精英越来越热衷于创作连载小说。倾慕于陈蝶仙的名望, 许多有志向的作者向他讨教, 或请他给自己的文稿编辑润色。为了应付这些请求, 他通过信函提供建议并教授写作。在后期的课程中, 有超过200个来自全国各省市的参与者（陈小翠, 范烟桥, 周瘦鹃1982, 214—215）。有学生、古典文学爱好者, 甚至还有工人。他们每月缴一次费, 上四次课, 总共超过四个月。踌躇满志的作者寄去自己的文章、诗歌和小说, 请他修改并给予反馈。陈蝶仙则在他主编的一份文学期刊上解答各种文学问题, 展示高质量的学生作品。他不但刊登学生交来的原稿, 还刊出他的修订版本, 将两者放在一起, 供读者比较。后来陈蝶仙抽出其中部分材料, 为函授学校编订教材以供出版。

　　正是以上海欣欣向荣的出版文化为背景, 新式的脑力劳动和知识工作渐次涌现, 我们得以更好地理解陈蝶仙在制造业方面的知识生产。第二部里的章节将着手讨论这类知识生产如何成为陈蝶仙民间工业主义的一部分, 并展示其高超的文本调适技巧和创新传播方式如何延伸到他在工业技艺方面的知识工作。陈蝶仙为不同受众、出于不同缘由——而且每每是有偿地——进行汇编、翻译, 并经常重新利用和改造配方以及**小工艺**知识。这种知识工作意在向读者证明轻工业的合理性, 意在捍卫他的专业知识和对相关资讯的"所有权", 以及为他自己和其他人在工商业活动上的切实努力奠定基础。

76

第二章 "一分牛脂,两分苏打":为闺阁
准备的配方(1914—1915)

1914年12月,陈蝶仙用他的别号"天虚我生"在上海创办了刊物《女子世界》(1914—1915)。在短暂的运作期间,这份刊物以"工艺"板块为特色,其中包括一个叫"化妆品制造库"[①]的奇特栏目。陈蝶仙既做编辑,也为该栏目撰稿。他发表的文章非常详细,讨论如何制作肥皂、生发油、香水、口红以及其他产品。该栏目之所以特别引人注目,是因为它把上述制造知识的读者定位于大家闺秀。这种针对性别和特定阶层开展的国货制造,在头两期的栏目即可窥见一斑。1915年2月号中,陈蝶仙写道:1月刊发的文章《精制生发油法》引起了广泛的兴趣,有一个叫"希孟女士"的读者发来请求要他透露更多技巧(陈蝶仙1915,第2期[2月],第3页)。[②]2月号中,对于怎样在家里制造生发油的基本原料——比如玫瑰精,陈蝶仙提供了巨细靡遗的信息。

---

① 依照原文,以下简称"制造库"。——译注

② 我没能考证出"希孟女士"到底是谁,但正如我在文中暗示的,她甚至可能是个虚构的读者。

生发油原料的完整清单格外冗长。当然, 都是用中文写的, 不过有些原料也提供了西语注解:

78

纯粹硫酸 Acidum Sulphruicum [*sic*]

柠檬油 Oleum Limonis

精制植物油即前节制原料法中自制之油

玫瑰精 Spiritus Rosae

硼砂 Borax

橙花水 Aqua Aurantii Florum

洋红细粉亦须自制酒精 Spiritus

丁香油 Nelkeuöl [*sic*]

肉桂油 Oleum Cinnamomi

橙皮油 Oleum Aurantii Corticis

屈里设林 Glycerin

白米淀粉即本节制法中自制之水磨粉

白檀油 Oleum Santali

（陈蝶仙 1915, 第 2 期 [2 月], 4 ）

大部分名目是用拉丁文写的, 译成英文就是 sulfuric acid、oil of lemon、the essence of roses（即 the scent of roses）、borax or hydrated sodium borate、orange-flower water、alcohol、oil of cinnamon、oil of orange peel、sugar alcohol 和 oil of sandalwood。"丁香油"被译作"Nelkeuöl", 这是把德文术语 Nelkenöl 印错或拼写错了; Glycerin（甘油）是"屈里设林"的英译。有些原料没标外语注解。这些名目中, 有的在清末民初的化妆品配方中并不常见, [①] 包括肉桂油和橙皮油; 有的当时还是进口商

---

① 姬晓茜致林郁沁电邮（2018 年 3 月 22 日）。

品。该栏目明确写道: 原料可在上海的药房购得, 包括德国科发大药房、华英药房。但因为**玫瑰精**实在太贵, 陈蝶仙想让大家得到配方。他是这样指导人们制造该原料的:"取吸鲜花中之香味, 使附丽于一种物质, 以期永久不散。其法极多, 或用吸收法, 或用榨出法, 或用蒸溜法, 或用浸渍法, 然皆不如摄纳法之为善也。制**玫瑰精**, 即用摄纳法。"(陈蝶仙1915, 第2期〔2月〕, 6)完成摄纳法的详细技术说明附于其后。

　　该栏目按计划在刊物存续期间一直开设, 大约有半年。正如开头两个词条所透露的, 栏目文章在呈现技术细节和展示感官的实践指导之间保持着平衡——后者隐藏的知识至关重要。显而易见, 栏目致力于彰显配方性质的普世性。对一些原料进行外语翻译有助于塑造这种普世感。该栏目还给人一种感觉, 就是他们提供的货物意在让进口制造活动本土化。店里买的进口原料价格过高被明确地提了出来, 作为分享配方的一大理由。在家里进行生产制造被吹捧到比从新式药房购买进口货还要高端。实验、化工以及实实在在地接触材料, 被鼓吹为同样适用于家庭。总之, 陈蝶仙以及共同参与者仿佛带着任务一般, 要在新兴的城市报刊上公开此前保密或无法获得的配方。

　　大力宣传家庭日用品的配方, 陈蝶仙并非形单影只。商务印书馆的《学生杂志》也有类似的工艺栏目, 包括各种各样的技术文摘(周叙琪2005, 126)。但"制造库"栏目的有趣之处在于: 它推广了一种特别适合大家小姐在闺房里进行的生产形式。[①]还有一份出版物, 也以同样的方式描绘了家庭生产模式。1915年, 《妇女杂志》——民国时期发行时间最长的期刊之一, 在"学艺"版刊登了一系列教女性在

---

① 为女性介绍"实业"、卫生或自然科学小窍门的栏目, 亦见于早期女性杂志, 其中包括和陈蝶仙的刊物同名的晚清激进刊物《女子世界》。

家里制造化妆品和洗漱用品的文章。[①]《化妆品制造法略说》见于一月号,《胭脂制造法》见于三月号,《化妆品制造法》则见于五月号。[②]像陈蝶仙的专栏一样, 这些文章强调制造必须亲自接触实物, 鼓励实验和积累实践经验。这些文章宣传了制造配方, 同样也宣传了化学物理知识。最后, 这些栏目还把配方当作大家闺秀可以轻松制成的东西加以呈现。

80

　　通过检视陈蝶仙的专栏以及《妇女杂志》上的操作指南, 本章将考察这些文章背后的政治性, 探究这些制造技术为什么适合闺秀们在家里自如运用。为什么陈蝶仙致力于公开这些配方? 围绕他的专栏和其他类似栏目, 涌现出了怎样的读者群和用户群? 伴随中国日渐融入新式的全球资本主义, 日用品批量生产的商品化世界蓬勃生长, 陈蝶仙和他的读者、同行们是怎样利用这些配方进行经营和组织, 并为一个高度物质化、商业化的环境赋予意义的? 在一个知识也变得商品化的时代, 批量印刷的配方是否也为陈蝶仙提供了用新的认知方式去打造专业品牌、塑造全新都市生活方式的途径?

　　最后的问题便是: 专栏里的配方是否经常付诸实践? 将闲暇时的生产制造当作适合闺秀们的活动, 从某方面来说是示范性的, 但从另一个方面来说, 读者早已充分运用这些配方。若如此, 预想中的生产者——名门闺秀, 一直是实际的操作者吗? 鉴于在家庭空间内生产化妆品由来已久, 我们有必要认真地提出疑问: 长期在家制造化妆品的女性生产者, 会转而相信那些正儿八经编纂成文而她们其实早已具备的操作知识吗? 假如女性家庭生产者确实将这些配方付诸实践, 她们又是通过什么方式、从哪些地方得到原料的呢? 如果女性

---

① 关于《妇女杂志》的出版信息及背景, 参见Chiang (2006)。

② 关于这些文章, 分别参见凌蕊珠 (1915)、蕙霞 (1915) 和沈瑞清 (1915)。

生产者有可能不是实际操作者，此类知识的编辑出版又是针对哪些人，出于怎样的目的？在科学尚未规范化的时代，这些文章可能以怎样的方式进行了形形色色的科普，同时还要为实际操作的制造者提供技术指导？

作为原始资料的配方，作为文类的女性杂志

为了解答上述问题，本章将展现这些本文一方面是示范性的、意识形态的——也被期待如此；而另一方面，又是有效的、出于实用目的，而且确实投入了应用。为做到这一点，本章吸取了配方研究的学术成果，这些研究密切关注配方的种类性质和物质形式。[①] 此类成果探讨配方形成的编译过程，探讨配方从哪里、出于何种原因被搜集起来，如果付诸印刷，又是在哪里进行以及为谁出版的。上述研究并不理所当然地认为这些配方都很正规；相反，研究者会质疑原料的构成，质疑这样的构成是否稳定，以及这样的构成可能出于何种逻辑。无论是配方编译者的文章内容，还是"读者—用户"群体的所知所闻，包括准备配方所要用到的工具，抑或所列成分需要的量，都不会被理所当然地视为准确无误。通过此种方式，这些学者更容易注意到从前的配方可能以何种方式被使用并付诸实践，其使用者可能有哪些人，以及配方怎样同时在编译者和实践者两方面构成权威和知识。

此处讨论的配方指南是在女性杂志上出版的。"制造库"栏目出现于陈蝶仙1914年创办和主编的期刊《女子世界》。据文学研究者林培瑞（Perry Link）估算，《女子世界》每期发行三千份，大家共同分享传阅，每一期的读者约莫上万。[②] 这些配方因此得以触及更多匿名读者，

---

① 配方的相关文献卷帙浩繁。关于欧洲——特别是近代早期背景下的配方研究，有一篇很实用的概述，见Leong（2013, 83—84）。亦可参见Totelin（2009）。

② 此据林培瑞与林郁沁的口头交流（2006年3月27日于新泽西州普林斯顿市普林斯顿大学）。

而不仅仅在手稿文化圈中流传。[①]机械印刷取代了手抄, 配方的公开明显带有标准化生产的目的 (即便这一目的未必总能达成)。而陈蝶仙的专栏以及类似栏目, 其读者身份纵然相对隐匿, 但还是局限于具有专业知识、识字能力、好奇心和阅读资源, 并能将配方付诸实践的人。

　　值得注意的是, 在20世纪早期的中国, 女性出版界是一片生机勃勃的天地。就其类型、资讯特色和目标读者而言, 都相当进步且具有实验性。[②]此外, 尽管被认为是女性杂志, 但其标题却提供了一片前所未有的编辑空间, **同时**让男性和女性的作者与读者得以发掘新的观念。[③]当然, 此类刊物的男性编者 (大部分编者都是男性) 真诚地致力于以女性读者和作者为目标, 其结果便是女性作家和女性读者在公开的文学领域参与渐多。著名编辑王钝根——他在说服陈蝶仙来上海的过程中发挥了关键作用——主编的文学刊物《礼拜六》以定期推出"鸳蝴派"小说为特色, 他还和陈蝶仙一起编了几年《申报》的文学副刊《自

82

---

① 梁韵婷 (Elaine Leong 2013) 揭示了英国近代早期以家庭为基础的手写配方如何成为集体创作的手稿, 而其中的技术知识变化不定, 故而招致批评, 且被家庭主妇世代加以试验。这些手稿由各家庭编译, 形成一个小型网络, 各色人等能够辨识彼此的笔迹和传达的信息。而按照陈蝶仙文章的消费方式, 这些印刷出来的配方专栏完全有可能从期刊中剥离出来, 在更私密的网络中传播, 形成手写评注本, 从而在手稿文化中占据一席之地。

② 关于借《妇女时报》深入研究中国早期的期刊出版状况, 参见Judge (2015)。季家珍 (Joan Judge) 注意到了这些杂志在种类上的丰富性、异质性和实实在在的反叛性: "从时论文章到读者专栏, 从古典诗歌到翻译小说, 从技术指南到经验谈——为早期的中华民国 [提供了] 多维并举的反馈。" (5) 她注意到, 此类杂志本身并非是女权主义的, 而更适合理解成 "按照性别分类的杂志, 男性气质标准在其中决定了女性作者所接受、协调、偶尔违抗但每每修正的种种边界。[这些杂志] 也是全新的性别实践场域——尤为令人瞩目的是名门闺秀的话语、图像和身体在公共空间的传播——它同时受到鼓励、非难和改良" (4)。

③ 重视这些刊物的性别混合程度是尤为重要的, 以免我们忽视 "女性声音" 的重要性, 因其作为一种强大的工具同时让男性和女性借以表达现代主体性。如果说最初的一代人宣称女性杂志主要由男性编辑, 也服务于男性, 那么女性主义学者近来提出了一种令人喜闻乐见的修正, 她们更为详尽地考察了这些刊物的编辑, 同时还有杂志撰稿人。参见Chiang (2006), 文中讨论了《妇女杂志》编辑人员的性别。

由谈》。值得注意的是，陈蝶仙有数以百计的女性追随者阅读他的刊物，还给他写信（潘建国2003，236）。包天笑主编了显赫一时的女性刊物《妇女时报》，和陈蝶仙的刊物类似，他致力于知识的口语化。他在回忆录中举例说，女性至少为刊物提供了20%—30%的稿源（Judge 2015，68）。此外，女性们以不被觉察的、女性特有的劳动方式为这些刊物所作的总体贡献，很可能足以取代刊物的男性编辑公开认领的那些功劳。在《女子世界》这一个案中，刊物的生产在很大程度上依靠的是不被承认的女性及家庭劳作。陈蝶仙的妻子朱恕从不署名，却参与刊物编辑，还为固定栏目供稿。他们的孩子——儿子定山和女儿小翠，则帮忙翻译（Hanan 1999，4）。但获得主要荣誉的往往是陈蝶仙。

不过，要说这些刊物**主要**出自和针对女性或"中产阶级家庭主妇"，则又夸大了女性在其中的参与度。[①]男性始终是这些女性刊物积极的编辑者、供稿者**以及**消费者（Mittler 2004，310）。男学生和知识分子对这些刊物有兴趣，有些人还和自己的妻子一起阅读上面的文章（周叙琪，2005）。我们也无法就每一个个案确认女性的著作权。在给《妇女杂志》这类刊物写稿时，一些鲜为人知或无人知晓的男作者——甚至最主要的男性作家和编辑都常常化名为女性（Nivard 1984，46—49）。就《妇女杂志》而言，写专栏普及"科学小常识"和化学物理知识的大部分撰稿人可能都是男性（周叙琪，2005）。正如陈蝶仙在小说里塑造多愁善感的形象，以此为自己新的尝试和事业（包括赚钱）正名一样，他在刊物里同样因为将"闺秀"当作制造配方的理想实践者而采用女性口吻。[②]

83

---

① 认为这些刊物的目标受众仅仅是中产阶级家庭的观点，见Orliski（2003）。

② 鉴于历来便有男性文人假托女性口吻表达另类思想的传统，男性使用女性笔名也就不完全令人意外了。明末清初有些愤愤不平的文人认为女性声音更能真实地表达内心情感，比如懊恼、悲痛和愤怒，以期更有效地形成对正统意识形态败坏的批判。他们常常借怨妇这一女性形象发声，或者在作品中采用女性口吻表达对道统崩溃的批判（Widmer 1992）。

　　除了供稿者和读者的性别特征, 我们还应注意这些出版物中具体的翻译、编辑实践。当时的出版物和报纸上关于轻工业 (即 "小工艺") 的文章和配方, 假如来源不明, 则往往包含直接译自西语和日语材料的片段。在探讨民国早期刊物《妇女时报》时, 季家珍考察了这份杂志如何经由日语材料为主的渠道, "储存了全球性的文本和图像"。都市报刊的作者和编者将这些全球性的文本、图像和模板, 统摄于特定的中国文化语法以及每种刊物各自的议题。他们从出版商的藏书里获得资源, 致力于引进各种不同来源的图像、段落和配方, 继而在编纂成文时拼贴到一起。[1]很多篇幅是各种文本、配方和图像经过翻译组合的产物, 所形成的文章每每包含剪切粘贴起来的、配有外来图像的文字片段。编者会为图像加上引言或评语, 以赋予文章意义和连贯性。

　　陈蝶仙正是以上述方式对《女子世界》栏目的文章进行编纂的。有一份回顾性的记载指出, 陈蝶仙和他妻子朱恕经常参考工业品制造的相关文章, 而这些文章出自陈蝶仙从杭州的日本导师那里收到的大量书籍 (陈小翠, 范烟桥, 周瘦鹃1982, 212)。这批藏书很可能包含了西语配方的日译本。本章开头制作**玫瑰精**的配方或许就是拼凑而成的, 翻译过来的部分大概也出自这批藏书。那位写信给陈蝶仙并自称为女性的读者名叫 "希孟女士", 听起来很像西语名字 (西蒙[Simone]?) 的音译。[2]其中也没有提到所需原料的确切分量, 这便说明配方的来源是分散的。

　　经过翻译和编纂, 这些文章很难成为清晰传达并稳定输送确切信息的渠道。那份生发油的配方清单很值得注意, 因其显示出编纂过程

---

[1]　比如周叙琪就指出,《妇女杂志》上的文章译自西方 (英国和美国) 刊物, 或摘自百科全书 (2005, 126)。

[2]　"希孟" 被用作一位英国女性诗人名字的音译, 在《女子世界》第一期和其他外国诗人一起加以介绍。见《女子世界》1914年第1期目录。作为该期刊的编者之一, 陈蝶仙无疑知道这个音译名。

84　的混杂性以及翻译的松散性和不稳定性。该清单由多种语言组成：所有条目先给出中文，绝大部分条目附有西语注释，多数为拉丁文。1915年前，药物成分的拉丁文术语是广为接受的。Acidum sulphuricum（硫酸）、spiritus（精）、oleum limonis（柠檬油）、oleum cinnamomi（肉桂油）等，都是早在1898年就已出现的标准品名（General Medical Council 1898），见于《英国药典》（*British Pharmacopoeia*）——英帝国当时最权威的药学工具书之一；同样见于《万国药方》（*A Manual of Therapeutics and Pharmacy in the Chinese Language*，直译为《汉译治疗学与药学手册》）（Hunter 1915），而其编纂依据正是《英国药典》。①陈蝶仙为了编写配方，很可能参考过《万国药方》，也有可能是他从自己经常采购原料的上海外国药房搜集来这些术语。他没有提供丁香油的拉丁文术语oleum caryophylli，代之以德文单词Nelkenöl（不过他拼错了，或者印错了，印成了"Nelkeuöl"，大概是排印过程中把n和u弄反了）。他或许是从科发大药房看到了这个德文术语。glycerin（甘油）则是英文。英文和拉丁文术语可能都来自华英药房。

除了混杂的语言，原料清单还错误百出。伴随当时全球化学领域多语种的运用，科学知识的生产在欧洲充斥着"语言摩擦"（language friction）现象，比如科学文本中的错拼或错误。它们暴露或揭示了翻译的种种缺陷以及交错的语言壁垒，在西方科学的交流和实践中存在了几个世纪（Gordin 2015）。此类"语言摩擦"便清楚地显示在1915年的这份中国杂志上刊印的生发油配方里，到处都是拼写错误。除了

---

① 《治疗学与药学手册》（*Manual of Therapeutics and Pharmacy*）（Hunter 1915）编译自彼得·斯奎尔（Peter Squire）的第14版《最新版英国药典指南》（*Companion to the Latest Edition of the British Pharmacopoeia*），并加入了印度药和中药。该版序言中明确指出，之所以选用《英国药典》（General Medical Council 1898）——原料以拉丁文列出——来翻译这本手册，是因为通商口岸的药物绝大部分来自英国，制剂也基于英国配方（Hunter 1915, v）。多谢胡艺泽提醒我注意《英国药典》和亨特（Hunter）的《治疗学手册》，并指出陈蝶仙的配方里出现的正是这两部书共用的拉丁文术语。

"Nelkenöl"这个拼写错误或印刷错误, 第一种原料——硫酸在注释和拼写时也误作"Acidum Sulphruicum"。这些错误可以看出陈蝶仙和其他编者没有熟练地掌握外语, 也说明了展现出来的实用知识背后所隐藏的翻译过程的复杂性, 以及这些配方所穿越的各式各样的语言回路。　　85

　　这些文章的实际生产过程, 因而成为摆在历史学家面前饶有趣味的挑战和机遇。虽然我们无法认定这些篇章背后都有"原创"作者的声音, 但它们仍旧相当吸引人, 这恰恰是因为陈蝶仙让各自独立的文本和图像变得兼容并蓄, 进而为读者制作出一份令人信服的"读物"。对配方进行挪用和改编而不是原创, 这应当成为我们分析的重点。从这个角度, 我们可以看出陈蝶仙的引介、序言和编辑润色怎样揭示编纂的逻辑。关于如何改编几经转译的配方以向读者群体和实践群体宣示其品味和趣味, 陈蝶仙自有一套, 在配方里提到几家特定的上海药房便是明证。同样的——还把配方打造成适合上流社会女性读者的东西——她们是和20世纪10年代的中国城市发生强烈共鸣并具有象征意义的理想读者。

"制造库"

　　陈蝶仙的"制造库"专栏出现在《女子世界》的"工艺"版。《女子世界》是他1914年开始主编的女性期刊, 这份期刊里靠前的版面主要刊登诗歌和小说——那是精英女性长期以来十分熟稔的文类, 个中知识中规中矩。其后则有"家庭""美术""卫生"和"工艺"等版面, 这些都是更新颖的知识门类。[①]"工艺"版不仅包括"制造库", 还有定期的栏目, 包括新食品配方以及衣料缝纫相关的文章。其中展示的知识、实

――――――――――――――――

① "制造库"里关于女性化妆品制造的条目和该刊"家庭"版互不重复。"家庭"版更多借鉴家政学, 作为一个全新的知识领域出现于20世纪早期, 效仿的是西方家政学, 在中国的制度化完成于教会学校和教会期刊, 是一个明确针对家庭主妇的领域 (Schneider 2011)。

践形式包含了使用原材料制成新产品，通常伴随化学过程。[1]关于制造染料和生产化妆品的文章尤为突出。

　　根据"制造库"来看，"工艺"版介绍的活动应在上流阶层闺房的富余空间中进行。体面的、有教养的女性——亦即闺秀们，正是这些空间的居住者，她们可以用这种独具特色的知识进行交流。在1915年5月"制造库"栏目的稿件里，陈蝶仙用笔名"栩园"，以如下方式描述了
86 适合女性群体的活动：

> 　　用之制赠闺友，颇有兴味。且可以应时鲜花，制成各种香脂；不必定用玫瑰精也。其法，即化学中所谓"吸收法"者，今为便于闺阁中试验计，特取便简之器，制之如左。（陈蝶仙1915，第5期［5月］，1）

所谓"便简之器"，包括一只玻璃瓶和一块铜片（制成细管）、凡士林、甘油以及花瓣。可以想见，花瓣在上流社会的家庭中是现成的。不过甘油并非家庭日用品，只有到专门的进口商店才能买到。家里也不一定会有铜片。至于烧碱、硫酸之类的原料，最早的本国制造商大概是中国酸厂股份有限公司，创办于1919年（*Handbook of Chinese Manufacturers* 1949，221—224），尚在"制造库"的文章发表之后。1915年，陈蝶仙的读者无处取材，所以他向这些实践者介绍了西方人的药房——包括科发大药房和华英药房，以获取那些较难得到的原料和工具。[2]

　　该栏目不仅把闺阁描述成端庄的家庭居所或近代通商口岸宅邸的起

---

① 《汉语大词典》中"工艺"的第二个定义（罗竹风 1994）与此用法相符："将原材料或半成品加工成产品的方法、技术等。"

② 关于中国新式药房的更多资料，参见Cochran（2006，16—17）。高家龙（Sherman Cochran）比较了中药房（即"旧式商店"）和"新式成药商店"（即西式药店），他在该书后几章做了详细描述。

居室, 而且还是精英家庭里的典雅闺房。引文提到闺秀之间交换礼物, 貌似不带感情色彩的 "兴味" 以及强调志趣相投者的 "友谊", 都是为了塑造长期以来与此类空间相关的培育文人的画面。虽然这里的内室明确是指闺房, 却已今非昔比。它们不像传统男性文人的书房那样承载文本研读引发的道德省思,[①] 也不是独立、典雅的 "女性文化" 中卓有天赋的女子从事刺绣、诗歌唱和、绘画或用天然原料制作胭脂的空间。它们同样迥然不同于帝国时期忙于纺织生产和编织的家庭, 后者长期封闭于帝国时代 "男耕女织" 的口号里, 将女性的布料生产视为一个丰饶帝国的核心。《女子世界》发行时, 闺阁已成为现代场域, 物品经由化学手段制造, 实验盛行, 基于化学的生产实践令人享受。它们也是各种期刊新近推广、引以为特色的空间, 而且和中国的一些新式药房及进口商店相关联。

87

　　此外, 闺阁还有一些显著特点, 就是对典雅举止的敏感以及对休闲娱乐的关注。该空间不是为了谋生的工作场所, 配方也不是出于生产力的考量并以提高生产力为目标的。这些配方把物质生产活动描绘成闺秀们追求闲暇乐趣的行为。闺秀们长久以来唱和诗歌的态度, 正是她们准备提炼某种液体的方式。此种方式与民国早期更大范围的游戏文化相吻合, 后者注重以游戏的态度摆弄各种装置, 就像从事文学创作一样 (Rea 2015a, 40)。[②] 强调以天马行空的方式处理物品, 这在陈蝶仙的配方里尤为明显。有一段讲的是制作生发油需要弯折玻璃器具, 其中一行字加了括号, 说道: "此法极有趣味。可用玻璃管任意弯曲, 制成玩具。" (陈蝶仙 1915, 第 2 期 [2 月], 5) 这一活动并没有被描述成生产必需品的高效手段, 或代表最前沿的科学过程。弯曲玻璃如此迷人,

---

① 在中国历史上, 并非所有的家庭内部场所都是女性化的。比如, 文人的书房就是复合式宅邸内部最突出的男性空间。但闺房无疑构成了家中属于女性的部分。

② 这种对玩具的兴趣可以追溯到中华帝国晚期的实践活动, 比如研究**古玩**, 以作为了解该物件的方式。

它是一项围绕材料工艺的趣味活动。这种游戏的路径沿着文字的路径，通向对自然界的认知并激发乐趣，而不是仅仅一味追求实用性的技术实验。

　　感官的参与对这些配方同样十分重要。触觉介入该过程，促进了对物理学的掌握，又让人得以通过生产行为展示自己的品位。1915年5月15日，"制造库"关于制造固体香料的词条里，化名"栩园"的陈蝶仙叙述了用不同种类的花瓣来调节香味浓度的精确步骤。他强调："盖香气有如颜色：颜色过于浓厚，反呈晦暗之色；香气过于浓厚，反使鼻观起不快之感。例如麝香过多，反呈酸臭之味。若以少许入药，则香气发挥，馥郁可爱。故制香剂者，必当知此物理。"（陈蝶仙1915，第5期［5月］，2—3）感性的认知方式，在制作国货与西方商品竞争时同样重要。1915年1月，"制造库"刊登的生发油词条里，陈蝶仙以如下方式描绘了西方进口商品："即使不闻其香，亦足令人望而生爱。"（陈蝶仙1915，第1期［1月］，6）随后，他严厉批评市场上的国产生发油使用劣质原料，导致其外观不纯不净。接着，他提供了在生产过程中靠感官改良产品的方法。这些片段合到一起，把闺阁描绘成了女性优雅地调动感官的地方。其中展示的技术知识——配方背后的物理学——不单可以通过教科书学习，也可以通过优雅而感性的认知方式获得。

　　虽然陈蝶仙在栏目中为手工活动限定了场所，但对这些活动的指导归根结底还是纸面上的。陈蝶仙的讲解巨细靡遗，唯恐读者误入歧途。比如，制造香料的文章限定了具体种类的家用玻璃瓶，指明怎样将铜片制成细管以及怎样把它放到瓶子里，还给出了管子与瓶子边缘需要保持的精确距离。关于如何对瓶子进行消毒而避免玻璃爆裂，以及如何利用凡士林和香气制成固体香料，也都提供了细致的指引。这里的技巧和诀窍并不是在工艺知识的传统中展现出来的：后者的传承靠面对面, 师傅传给徒弟, 徒弟通过艰苦的体力劳动和年复一年的专心致志来掌握知识; 这里的技能则基于印刷文本的指导。

这些片段也让读者——哪怕是隐约地——得以把握范围更大的物质世界, 包括不值得信赖的市场。在1915年5月关于制作香料的词条里, 陈蝶仙宣称家庭生产优于市场消费:

> 但现时闺阁中所习用者, 恒以生发膏为适用。市上所售, 亦称"生发胶", 其实乃脂肪也。以玻璃瓶或小磁盒贮之, 重量不过一英两, 售价恒在银元二角以上。若购原料自制, 则甚廉也。试述如左: ……随时取用, 即与市上所购者毫无区别。……但市上所售者, 均作玫瑰香味。……若爱别种香味, 则任用何种香水……, 倾入亦可搅和。(陈蝶仙1915, 第5期[5月], 1)

89

在这段话里, 陈蝶仙将自制行为合理化了, 并力推自制款, 认为质量上哪怕不比市售款更好, 也是一样好的, 而且便宜很多。他强调, 在家自制, 更具灵活性, 还能做出更多香型。他警告说, 市售香料有"沾污"之虞, 因其掺有别种劣质脂肪。

上述片段有意对比作为生产场所的闺阁和鱼龙混杂的市场, 市场上虽能买到商品却可能混有次品。如此一来, 这些文字便引发了读者对资本主义影响的焦虑, 也促使人们力图通过消费制造业知识而非购买成品来彰显自己的社会地位。隐藏在上述片段背后的观念是: 市场交易的货物可能被污染, 而家庭自制的产品却是纯净的。[①]这种观念助长了对劣质商品的焦虑, 而在那个时代的中国(乃至全世界), 标准

---

① 还有一篇文章和生发油那篇类似, 见凌蕊珠(1915)。其中关于牙粉的词条说: "然近顷坊间所贩卖者, 大抵以极细之砂为原料, 加入海螵蛸之粉末……, 最易害人。"(17)因此, 文章敦促读者检查市售牙粉的质量, 并警告说劣质产品有可能磨损珐琅质。

和检测尚未形成体系。[①]节俭, 同样被推崇为彰显身份的美德。比如在康乾盛世, 一个品味高雅的男士不会去讨论如何省钱之类的乏味琐事; 而在20世纪10年代, 钱是陈蝶仙的读者非常在意的东西, 他倡导高尚的家庭应该追求节俭, 与浪费且可疑的市场渠道针锋相对。

虽然"制造库"猛烈抨击市售化妆品和其他盥洗用品, 提倡家庭自制, 但还是有很多商品不得不买。在生发油词条里, 陈蝶仙抱怨市售生发油卖到了银元二角。而他却要求生产者购买制作生发油的凡士林(售价五角左右)。虽然凡士林比生发油成品便宜得多, 但陈蝶仙的配方还是要消费基本原料。被预设为女性的读者们, 还要按照指示为她们的家庭实验室购置实验设备。[②]而提到特定药房, 又好像有"植入广告"的感觉。在这些文字发表数年之后, 陈蝶仙创办了家庭工业社。文章对**家庭**自制的推崇和对消费市售成品的明确批判, 因而似乎有悖于陈蝶仙切身的商业利益。不过, 这些文章的总体作用是创造消费欲望, 包括原料以及陈蝶仙及其同人最终制造的产品。确认陈蝶仙文字中潜在的商业考量, 并不意味着他尽心竭力地向同胞传播科学和现代生产知识就变得不真诚了。恰恰相反: 正如我们所看到的, 这些文章和他致力于推崇爱国的本土制造业密不可分。

最后, 从根本上说, 可以购买的是知识本身。"制造库"刊登在一份商业化生产的女性期刊上, 显然渴望在词条编纂者和读者之间营造一种熟悉的感觉, 而这种亲密感有利于引导读者回购。为了获得品味和专技中介的权威性, 陈蝶仙及其撰稿人在展现该栏目的专业知识时, 使用的是一种亲昵的口吻, 而非冷漠、空洞的叙述风格。侃侃而谈的作

90

---

① 独立运作的淞沪商埠卫生局于1925—1926年组建于上海, 此前并无正规机构。关于上海卫生部门机构史, 见雷维尔斯(Revells)即将出版的著作, 特别是第五章。

② 很遗憾, 关于这一时期女性的真实消费习惯以及此类宣导是否真正符合或助长了现实中的消费实践, 我们知之甚少。

者形象, 以随意的姿态把各种技巧分享给读者, 显得舌灿莲花。例如, 1915年3月那期的"制造库"栏目有一则《精制香皂法》(匡予1915, 第3期[3月])。这个词条显然是教学式的。其中附有新原料的英文注释, 这是一种修辞姿态, 同时也是示范性的, 意在建立起西方科学知识的权威性。"苛性曹打"[①] 这个中文术语后面跟着括号里的英文术语, 不过错拼成了"caustc soda"。[②] 与此同时, 这篇文章让人觉得带有强烈的私人口吻, 传授技术知识并鼓励动手实验, 以此作为找寻最佳方法的途径。词条最后有一长段话以"吾人所当注意者"开头, 其中包括撰稿者匡予本人在尝试制造肥皂时的发现, 比如什么样的牛脂最好用, 用时应趁其干燥。匡予建议不要用含有硫化物的苛性苏打, 因为此类苏打在铁锅里煮时会产生黑色硫化铁。除此之外, 他还给出了详细的建议, 告诉人们怎样将苛性苏打溶入水中才能制造出理想浓度的混合物: 第一次混合苏打和水时, 将八份苛性苏打注入九十六份水中; 第二次混合则以十一份苛性苏打注入八十九份水中; 第三次则是十四份苏打注入八十六份水中。

91

　　该栏目采用的连载形式, 有利于在撰稿人和他们的(女性)读者之间缔结亲密感——哪怕这种亲密感最终是虚幻的。栏目定期出现, 便产生了一种貌似不断进行着的对话, 而撰稿人也会援引以往的词条去强化这种感觉。本章开头引用的词条里, 陈蝶仙明确提到有一封读者来信引用了前一个月的栏目内容。他明明白白地确认, 读者中有一个群体乐于接受他和他的同侪撰稿人提供的专业技能, 并以这种方式向这个固定的读者群致意。1915年4月, 匡予再次提到该栏目第一个词条

①　即"苛性苏打", 亦称苛性钠、烧碱。为理解方便, 以下除引用原文外, "soda"皆译作"苏打"。——译注

②　最后一段详细描述怎样制造"caustc soda", 还介绍了其他英文术语, 包括"Distilled Water"(蒸馏水)、"Silver Nitrate"(硝酸银)以及拼错的"Iron Sulppate"(硫酸铁)(匡予1915, 第3期[3月], 4)。

里陈蝶仙撰写的关于生发油的内容, 他在称呼读者时同样把他们当作常客一般。用比如"希孟女士"这种方式称呼他们的目标女性读者时, 这些男性撰稿人建立了一种新式的"男性权威—女性学徒"关系。[1]就像陈蝶仙为自己打造小说家的品牌声誉一样, 他利用这种亲切感塑造出一个固定的受众群体。知识的商品属性——正是其传播过程促进了期刊的销售——要求他有能力为自己树立品牌并推销给大众。

制造业政治学和《妇女杂志》

类似的配方, 还出现在1915年首印的女性期刊《妇女杂志》上。这些配方值得细看, 因为它们把姿态更闲适的陈蝶仙"制造库"栏目背后隐藏的道德、政治和国族隐喻摆到了台面上。不同于短命的《女子世界》,《妇女杂志》是民国时期发行时间最长的刊物之一, 影响范围也不小。[2]《妇女杂志》的作者常常明确自称现代女学生, 写信给志趣相投的女读者, 其中包括老师、同辈女学生以及来自比较富裕的城市家庭且受过教育的女性。作者声称自己是女性, 在自己名字前面用"女士"这个称谓, 自称为某个学校的女学生, 把目标(女性)读者明确称作"妇女世界里的同志"。

和陈蝶仙的栏目一样,《妇女杂志》也把知识当作其想象中的女性读者理应追求的东西。此类知识包括几何学、应用化学和个人卫生, 以及对传统诗歌和文学的鉴赏力。杂志开头是一套插图和照片(通常是一些值得尊敬的现代女性), 随后的头版有特色论说文, 包括处理女

92

---

[1]　刘迅在考察20世纪早期上海道教出版物上关于炼丹术的教学文章时则认为, 通过出版物和书信实现大众传媒的传播交流, 意味着男性教学者和女性实践者之间的性别壁垒被瓦解, 使得女性学徒更易掌握炼丹的技术知识, 并在男女实践者中激发出一种团体感 (2009, 255—264)。

[2]　据张哲嘉披露, 1929—1931年《妇女杂志》上的一个医学栏目收到的读者来信, 不仅来自上海、广州和其他江南地区, 还有日本和重庆 (2004, 153)。如此广泛的影响面说明一种可能: 哪怕在20世纪10年代, 该杂志的地理分布仍未必局限于上海地区。

性教育之类话题的女性相关文章, 以及并非专门针对"女性议题"的文章 (比如关于"太平洋现势"的文章 [1915 年 3 月 5 日] 便是一例)。杂志后面的部分包括家政、小说和其他文学作品选 ("文苑")、艺术以及涉及其他各种领域的版面。[①] 关于制造化妆品和盥洗用品的文章都在"学艺"版——"学艺"这个词可以解释为"知识与技能", 特别是和工艺以及科学有关的内容。[②] 该版面涵盖的话题, 从国产肥皂到常见病的简易治疗, 再到下棋, 不一而足。文章标题包括《日用理化学浅话》《衣类拔除污点法》《中国秤之分度法》《动物之自卫》和《植物之知觉》等。

　　《妇女杂志》上关于制造盥洗用品的文章和陈蝶仙"制造库"的篇章很相似。两者都把女性闺阁当作科学活动的场所, 并力图把生产活动描绘成一种美德, 且在政治上切合新时代。1915 年 1 月的《妇女杂志》上刊登了一篇用浅近文言写成的《化妆品制造法略说》, 便是典型。作者凌蕊珠自称江苏省立第二女子师范讲习科三年生, 这篇文章 93 提供了几种不同日用品的制作指导, 其中包括肥皂:

　　　　(石碱) 俗称肥皂。其供化妆用者, 则称香肥皂。种类不一, 有桂花、珠兰、[③] 檀香等之名。至其原料, 大都取曹达与牛脂、豚脂或椰子油等, 复加香料以制之。其优劣常随香料之贵

────────────

① 一些学者注意到, 在同一期刊物内, 读者身份和作者身份会随着版面的变化而变化。《妇女杂志》上刊登女性创作的版面 (即"文苑"), 其特色即是将闺秀作家同时视为作者和理想中的消费者 (Hu 2008, esp. 351—52), 而其他版面并不一定专门针对闺秀。韩南 (Patrick Hanan, 1999) 也对《妇女杂志》作出了类似判断。

② "学艺"这个词由"学问"的"学"和"艺术"的"艺"组成。大概也可以解释成"科学与艺术"或"科学与技艺"。《汉语大词典》(罗竹风 1995)"学艺"条引用了鲁迅的话, 他用这个词指称可能会在世界博览会展出的知识和技艺——换言之, 就是和工艺有关的东西。

③ 在现代植物学中, 珠兰即金粟兰 (*Chloranthus spicatus*), 是一种带有香气的树, 种子呈黄色珠状。

贱与制法之繁简而异。……使用之时,先令石碱溶解于水,而其中之曹达,稍稍游离,故能与皮肤或毛发之脂肪相抱合,以去其垢,厥功其大。(凌蕊珠1915,17—18)

知识的传授以一种直截了当的教导式语气进行。该词条展示了鉴别肥皂的种种名目,制造所需的原料、步骤,以及如何使用造好的材料。它令读者相信这种产品不难制作。还有些词条详细介绍了制造牙粉、生发油和香水的知识。

《妇女杂志》上的这些文字和"制造库"类似,显然对其推崇的知识进行了明显的包装,既催生了化学、物理等现代学科,也推动了知识的全球化。《胭脂制造法》(1915年3月)一文提出了如下解释:

> 胭脂由红花(*Carthamus tinctorius L.*)之花瓣制成,乃化妆品中之重要者也。红花属于菊科植物,……高达二三尺,其花瓣含有红黄二色素。其中红色素称之谓Karthamin($C_{14}H_{16}O_7$)者,实为胭脂之主成分。黄色素[①]合有夹杂物,必须除去,否则胭脂品质日渐卑下。……(花瓣色素)遇酸类则沉淀,取其溶解之沉淀物,精制可也。(蕙霞1915,15)

94 在解释胭脂的成分时, 这段话明确使用了科学术语。*Carthamus tinctorius L.*是红花在"林奈分类系统"(Linnean taxonomic system)里的拉丁文名字,指的是胭脂染色所需的花。此文中, 这个名字是用罗马字母写的, 在中文为主的文本里十分突兀。[②]红色染料的拉丁文术

---

① 即甘油。

② 在大量中文组成的文本里策略性地融入英文和化合物名, 有助于将一种神奇的功效刻入这些单词和化合物本身, 以至于即便读者不理解术语, 这些术语还是具备一定程度的影响力, 犹如在另一个截然不同的语境中神奇的道教符箓那样。

语*Karthamin*也被浪漫化了, 就像化合物$C_{14}H_{16}O_7$一样。该文本在描述胭脂的制作过程时, 同样利用了现代化学话语。碳酸钠 (碳酸的钠盐) 被指定为优先使用的酸, 以促进花瓣色素的沉淀。

　　和"制造库"里的词条一样,《妇女杂志》上的这些文字也强调实验、感官技能以及制作过程中身体的参与, 而作者同样以专家的身份出现。《化妆品制造法略说》便很典型, 这篇文章以高度示范性的技术知识为特征, 同时读起来又像一篇实践指南。作者凌蕊珠不仅显示出化学和制造方面的专长, 而且充当了实践导师, 她的"诀窍"来源于自己动手制作和实验的经历。凌蕊珠告诉读者, 鉴别高质量肥皂最好的方法就是靠自己的感觉:"如以舌尖舐尝, 无辛辣之味者, 则为上品。"这个建议虽然简单却很有深意, 它暗指一种认知方式, 包括依靠自己舌尖的味觉, 同时又将灵巧性和创造力推崇为美德。

　　《妇女杂志》上的文章做得很好——或许比陈蝶仙的栏目更好, 因其挑明了闺阁内进行的家庭制造背后的道德及政治意义。好几篇文章展现了想象中的家庭生产场所, 强烈呼应了由来已久的关于家庭管理的话语, 以及19世纪晚期已经流行起来的关于个人卫生和国家实力的新近话语。"沈瑞清女史"的一篇文章《化妆品制造法》宣称, 女性掌握制作化妆品的知识并借此了解其性质的能力, 是改善家庭状况的关键。她以一通警告开篇:"化妆品为妇女必需之品, 故价值颇昂。惟妇女以俭朴为主, 化妆品乃属消耗品之一种, 不若不用之为佳。"(沈瑞清1915, 18) 为了回应这种质疑, 沈瑞清女史诉诸传统信仰, 即女性得体的仪容和举止属于四种女德之一:"且发秃不治, 牙秽不除, 极与家庭卫生有碍。然徒用之而不知其品性, 颇与家庭智识有缺。"(18) 通过强调家庭秩序的重要性, 沈瑞清援引了传统理学话语, 以连接家庭内部女性领域 ("内") 的和谐与外界男性领域 ("外") 的道德和谐。家庭关系隐含政治关系, 妻子的贞洁和孝顺是政治忠诚的隐喻。女性在家庭

95

中的工作, 被认为对家庭领域之外的生产状况至关重要。

　　对沈女史而言, 充分了解**女性**用品十分重要。女性闺房里的化妆品和私人用品, 在中国文化里长期以来一直被视作道德负载物。在中国文学史上, 贩卖此类商品每每被描绘成威胁, 因为这些物品被认为代表了性诱惑, 逗引无知女性走出深闺, 进入不宜涉足的公共街区。在沈女史的文章里, 一种类似的矛盾始终存在: 雪花膏和发油是不可或缺的, 同时又具有潜在的不确定性。它们帮助女性维持仪容和举止方面的美德, 但又充满了潜在的危险。如其性质未能得到妥善理解, 则可能引导女性乃至整个家庭走向放纵、挥霍的消费。文章其余部分针对上述情况提出方案, 详细阐释了生产知识和怎样恰当地理解此类物品。文章讲述不同化妆品的化学成分, 以及如何生产并合理加以使用。读者还能学习到怎样制造染发剂、擦脸粉、淡香水、玫瑰胭脂流膏、爽肤水、香水甘油、爽肤粉、薰衣草水、生发油、点痣水、玫瑰发油、薰衣草生发油、樟脑牙粉, 以及夏士莲雪花膏。[①]补充说明里提出了一个警告, 针对的是制作祛斑水时怎样恰当处理甘油。[②]

　　在凸显女性**用品**的生产是家庭和谐的关键, 并强调生产 (以及杂志文本的消费) 过程中关于物质属性的大量知识时,《妇女杂志》上的文章明确呼应了 “格物致知” 的传统。宋代以降, 关于 “格物” 的哲学话语把考察 “物” 的外部属性视作了解 “物” 的真实本质 (“理”) 的途

96

---

① 夏士莲雪花膏 (Hazeline Snow) 是中国当时通商口岸最畅销的面霜之一。值得注意的是, 这篇1915年的文章在要求披露夏士莲雪花膏的生产配方时, 貌似并未关注知识产权。10年代, 夏士莲雪花膏的英国制造商宝威公司 (Burroughs Wellcome & Co.) 已在全球市场中打击仿冒产品和伪造商标的行为 (Lean 2018)。

② 甘油是一种中性、无色的厚重液体, 凝固后呈黏胶状, 沸点较高, 溶于水和酒精, 但不溶于油。由于比起水和酒精, 许多物质更易溶于甘油, 所以它是很好用的溶剂。制皂油脂已含甘油, 而当脂肪和碱液在制皂过程中互相作用, 甘油便是其 “副产品”。之所以针对甘油的处理提出警告, 大概是因为甘油可以用来制作硝酸甘油。但这一警告并无必要, 因为甘油本身不是爆炸物质, 要转化成硝酸甘油才会爆炸。

径, 同时也是把握"道"的道德真理的重中之重。作为博物学的研究对象, "物"的概念扩展到不但包含物质对象, 也包含事件和精神现象。要了解或破译这一切, 主要通过哲学家和鉴赏家的文字和语言, 而不是真的和物质对象打交道, 所秉持的明确目标乃是探究普遍法则以及追寻与更大范围的社会政治体系相融洽。①

　　然而, 1915 年对"女性用品"物质属性的兴趣背后隐藏的潜台词是前所未有的。中国不再是意识形态上赞同儒家宇宙观的世界性帝国的领头羊, 而成了众多共和政体的民族国家中的一分子, 角逐于国际资本主义的竞技场。关于中国在国际市场的竞争力以及显然起源于现代话语的生物政治学, 有一种深刻的忧虑在浮现——后者在个人健康和国家健康之间建立起了紧密的关系。19 世纪全球资本主义的兴起已经导致中国市场充斥外国商品, 范围从鸦片到工业品。西方列强和日本迫使中国承受的军事挫败令人蒙羞, 似乎只证实了中国在技术和物质上的落后。这种焦虑使得物质性在上述刊物中被赫然放大, 而刊物文章中经常使用的语言则明显来自国际商业语境。② 充分了解重要商品的选购者以及怎样制造这些商品, 便和国家健康联系了起来。

　　正如沈女史诉诸家庭卫生之需时所言, 中国在卫生健康状况方面的欠缺所形成的国际话语到 19 世纪晚期已经广泛传播, 让这些文章笼罩上巨大的阴影。与之密不可分的是认识到中国衰弱的政权已导致越来越多侵略性、暴力性的帝国主义征服行动, 此类话语已深入中国知识分子、改革分子和管理者心中。要让"东亚病夫"现代化, 就意味着中

97

---

① 　按照传统儒家典籍《大学》的解释, 只有把握了事物的属性, 个人才能完善自己的知识, 国家政权才能相应地达到和谐。作为科举考试内容的组成部分, 《大学》是形成于宋代的儒家经典"四书"之一。《大学》原本是《礼记》的一部分, 由孔子 (前 551—前 479) 编纂于公元前 6 世纪。关于"格物致知"的概念史, 见 Elman (2005)。

② 　刊物文章中的语言包括"输入品""洋货""上品"和"消耗品"等术语。参见蕙霞 (1915)、凌蕊珠 (1915) 和沈瑞清 (1915)。

国人的身体必须干净、健康。改革分子和知识分子于是通过反缠足协会在改革派的出版物中、在体育教学课程和机构的创设中, 积极推动新式的卫生学和身体意识。《妇女杂志》上的文章以及陈蝶仙的"制造库"栏目, 通过提倡家庭卫生用品, 将其自身与改革事业相连。它们推荐了制造高质量化妆品的具体方法, 而关注这些物品的生产, 有助于将化妆品从具有潜在危险的消费主义尤物, 转换成可以增强国力的自制品。①

美妆之变: 家庭制造与生产地点

这些指导式的文章很容易付诸实践, 那么闺阁女性真的会遵照配方的指示吗? 家庭生产者长期以来一直在家里做胭脂口红, 一直具备制作化妆品的隐性知识和具体技巧, 她们会用到这些文章以获取更多实践知识吗? 如果会, 那么是否节省了劳动力, 提高了家庭工作效率? 如果不会, 那么这些知识在现代化学的语境中表达出来, 又流传得如此广泛, 其出版目的是什么? 有没有其他实践者用到这些配方? 为了回答上述问题, 我们首先要考虑哪些化妆品生产活动是早已存在的, 以及这些期刊上的文章可能会有什么创新。其实, 哪怕这些文章摆出一副前沿的样子, 比如附上现代化学玻璃器皿的图片, 配方里有些生产知识对于一直在家制作化妆品的人来说, 还是相当熟悉的。

明清时期的中国, 家庭治疗师所在多有, 他们或男或女, 在帝国晚期的家庭里靠配方生产药剂, 制作化妆品。②20世纪早期刊物上的配方涵盖了很多产品 (和化妆品, 以及要为此进行的卫生实践), 虽然形式是新的, 却早有先例。牙粉和牙膏是20世纪的新事物, 但对牙齿和口腔的关注由来已久。将柳树枝的一头进行切割打磨, 再加上盐,

98

---

① 个人健康和国家健康的相互关系基本上不是中国独有的, 实际上是全球性问题。相关案例的比较, 见 Hau (2003) 关于20世纪早期德国以及 Stewart (2000) 关于19世纪美国的论述。

② 讨论帝国晚期的药剂和化妆品配方的著作, 见 Ying Zhang (2017)。

用来刷牙——这是一千多年前伴随佛教传入, 从印度带来中国的习俗（Dikötter 2007, 209）。[1]肥皂, 同样是地道的本土产品之一。用碳酸钠之类的化学品将某种物质皂化, 这种方法直到19世纪才输入进来, 通过这种皂化过程制成的条皂起初便被视作"洋货"。[2]尽管如此, 人们早已认识到脂肪和油具有起泡和清洁衣物及皮肤的功能, 包括使用含油的植物荚果进行洗涤和清洁。[3]有鉴于上述历史, 普通话里的复合词"肥皂"被用来指称皂化皂就不令人意外了。它曾经是指已经存在的有机物和技术, 但"肥"这个词更早的用法只是表示用来洗衣服的含油荚果的厚度, 而其现代用法则意味着将脂肪转化成肥皂的过程。

　　帝国晚期关于制造化妆品和盥洗用品的很多生产知识是具象化的、不言而喻的, 是通过实践而非文字记录表达的。因此, 历史学家很难检索和记录化妆品的生产历史, 但文学资料却很管用。在第一章讨论过的18世纪小说《红楼梦》中, 作者曹雪芹详细考察了一个中国上层家庭发生的林林总总, 自制化妆品便是其中一个鲜明的隐喻, 把浪漫的主人公贾宝玉和整个家庭联系起来。尤其是胭脂, 其功能便是供贾宝玉和女性人物调情（场面往往不堪）——包括婢女和林黛玉, 后者有教养又聪明、漂亮, 是他的女性恋人（刚好也是表妹）; 同时, 胭脂也塑造了他自己阴柔多情的特质。很多段落描写他在女性嘴唇上

---

[1]　不过, 刷牙的习惯在现代并不普遍。按照冯客（Frank Dikötter）的说法,《北平郊外之乡村家庭》指出1929年每三个成年人中拥有牙刷的甚至不到一个;《定县社会概况调查》则报告, 1933年的河北定县几乎没人有清洁牙齿的习惯（2007, 210 n. 155）。

[2]　见Williams（1933, 193—194）"家用及洗衣肥皂"（Soap, Household, and Laundry）条。虽然条皂被归为洋货, 但其流传既快且广, 从19世纪晚期开始就超出了江南地区。早在1909年, 香皂和胭脂、古龙水、牙粉等已在四川成都广泛使用（Dikötter 2007, 57）。

[3]　晋朝（266—420）以来, 用磨碎的猪胰脏混合豆类与香料便被用作洗涤剂。由来已久的实践中还包括有机材料的运用, 比如树上采摘的含油豆荚经过烘焙、捣浆并浇铸成粗制的皂球, 用来洗衣。茶豆、烧过的苏打、草木灰同样被用来制作肥皂水。苏打和草木灰长期以来还用于日常生活中其他形式的生产, 比如造纸（Eyferth 2009, 24）。

"吃"胭脂(女性常常把胭脂涂到自己嘴唇上叫他吃,以此来嘲笑他)
(第十六、二十四回),宝玉还一度想把一盒胭脂送进嘴里却遭到阻拦
(第二十一回)。[1]第十九回,宝玉向黛玉承认帮婢女做胭脂:"黛玉一
回眼,看见宝玉左边腮上有钮扣大小的一块血迹,……宝玉倒身,一面
躲,一面笑道:'不是划的,只怕是才刚替他们淘澄胭脂膏子溅上了一点
儿。'……黛玉便用自己的绢子替他擦了,咂着嘴儿说道:'你又干**这些**
事了。……'"(Cao 1977, 204)[2]

　　作者曹雪芹通过这些段落聚焦于自制胭脂,这是清代上层家庭很
普遍的活动。小说详细描写了化妆品的制作,而这些知识也和当时包
含此类制造技术的百科全书相符。第四十四回,宝玉抚慰平儿,因为她
卷入了女主人和女主人的丈夫及其情人之间的情感纠葛。面对女主人
夫妇的怒火,平儿首当其冲。为了安慰她,宝玉为其理妆。他坚持用房
里最好的化妆品,还要她坐在梳妆台前,他解释各种脂粉是怎么做出来
的以证明其纯净与优质。

　　　(宝玉)将一个宣窑磁盒揭开,里面盛着一排十根玉簪花
棒儿,拈了一根递与平儿,又笑说道:"这不是铅粉,这是紫茉
莉花种研碎了,对上料制的。"

　　　平儿倒在掌上看时,果见"轻""白""红""香",四样俱美;
扑在面上,也容易匀净,且能润泽,不像别的粉涩滞。……[3]宝玉

---

① 感谢吴逸仙(I-Hsien Wu)指点我上述内容,后来又告诉我《红楼梦》里哪些关于胭脂的内容可
以参考(吴逸仙致林郁沁电邮,2015年3月20日)。

② 作者所引《红楼梦》系霍克斯(David Hawkes)英译本,故此处引文径用霍译本采用的主要底本
程乙本。下同。——译注

③ 原文所引霍译本此处尚有一句宝玉语:"This is made from safflower, the same as ordinary rouge."
(这是用红花做的,和寻常胭脂一般。)《红楼梦》诸本所无。下文"这是上好的胭脂拧出汁子来"中
"胭脂"一词,霍译本亦作"safflower"(红花)。——译注

笑道:"铺子里卖的胭脂不干净,颜色也薄,这是上好的胭脂拧出
汁子来,淘澄净了,配了花露蒸成的。只要细簪子挑一点儿,抹
在唇上,足够了;用一点水化开,抹在手心里,就够拍脸的了。"

（Cao 1977, 376）

　　上文叙述了怎样用红花制作胭脂,[①]这和17世纪一部名叫《天工
开物》(1637)的工业技术汇编中描写生产红花饼以制作胭脂的过程
很相似。[②]作为晚明的一种潮流,知识被编成百科全书,在蓬勃的出版
市场上销售。《天工开物》所涵盖的技术需要大规模投资,包括开矿、
制盐、制陶、铸造兵器,以及生产玉石和珍珠。其中关于生产红花饼的
描述是染料章节的一部分,同样是针对大规模生产,而且要用高质量的
红花,并通过蒸馏净化花饼,就像宝玉在内室用一种更亲密的语调安慰
平儿时说的那样。另一部中国小说——《金瓶梅词话》(约1610)里,
作者吸收了来自晚明书市的日用百科全书和汇编里的片段(正如商伟
[Shang 2006]所指出的)。曹雪芹在《红楼梦》里大概采取了相同的做
法,制作胭脂的知识获取自《天工开物》和其他材料,这些材料保存了
制作化妆品的过程,涵盖医书到家庭百科。[③]
　　到1915年,生活在城市里的读者经历着商品化的新发展,愈发使
家庭自制显得更必要、更低效。随着人们迁移到上海这样繁荣的通商
口岸,家庭空间实在越来越小,越来越不适合作为生产场所。时间分
配也发生了改变,因为人们要离家上班,很少有时间自制产品。换言
之,在出版这些制造配方的社会里,市民们有途径和余暇既消费这些

---

①　参见前页注③。——译注
②　本章稍后将给出生产红花饼(往往用于制作胭脂)的译文片段,见于《天工开物》中关于染料的
　　章节。晚近问世的中文版《天工开物》见宋应星(1587—?)(1976),现代汉语译本见潘吉星(1993)。
③　非常感谢姬晓茜指出制作化妆品的知识可以在帝国晚期各式各样的医书和技术指南里找到(姬
　　晓茜致林郁沁电邮,2018年3月22日)。

右栏页码: 100

刊物, 也消费现成的盥洗用品和化妆品——它们正迅速成为风靡全国
101 的商品。[1]药房和医药商店的广告开始出现在同时发表上述文章的女
性刊物上, 预示着新型政治经济的到来。这些刊物常常主打针对女性
群体的商品。济生堂（Sai Sei Do）——一家日本药房, 出售美容产品、
药品、医疗器械和医用玻璃容器。五洲大药房的广告主打"非洲树皮
丸""女界宝"以及各式各样其他类型的知名药丸和药膏。另一家上海
企业——屈臣氏大药房, 专向女性群体出售化妆品和饰品:[2]不同类型
的擦脸粉, 形形色色的神奇香皂、牙膏、玫瑰胭脂水、润肤乳、生发油、
清香牙膏、滋补水、芳香发油、安眠药, 以及各式各样的糖果。对于有财
力、有时间阅读这些刊物的人, 在当地药房购买刊物广告里的化妆品和
肥皂往往也是他们力所能及的。

这样一来, 那些一直在家里自制化妆品的人, 以及早就掌握了化妆
品制作的具体知识或隐性知识的人, 似乎就没有理由靠这些刊物获取
基本的生产技术了。随着城市中化妆品和盥洗用品消费的增长, 在家
里制造此类产品仿佛也没那么迫切了。因此, 要了解这些文章为什么
会出现, 是谁在消费, 又是为了什么, 就很值得考虑一下或许有什么前
所未见的新事物在吸引他们。牵动读者的可能是知识得以呈现的认识
论框架（化学和物理）以及必需的物质装备（实验设备和现代玻璃器
皿）。传播方式大概也是诱因之一: 知识散布于大众传媒, 陈蝶仙等人
的栏目使特定技术公开化, 用新的表达方式、出于新的目的加以呈现,
让数量庞大的读者群体和实践群体唾手可得。基于上述因素, 我们可

---

① 其实对于非精英消费者来说, 肥皂和化妆品很容易在街头小贩那里买到（参见 Dikötter 2007,
51—52）。

② 这三家药房的广告见于《妇女杂志》1915 年 1 月第 1 期。济生堂的广告里有医疗器械和药品容
器, 这说明目标消费者不仅包括家庭消费者, 也包括药剂师、其他商人以及生产药品的小工业家, 而
济生堂大药房则类似第一章讨论的科学仪器商店。

以推测: 有可能参考这些配方的, 是对化学的新方法和新阐释以及代表其特色的现代实验装备感兴趣的人; 也可能是已经得到这些刊物和配方所载原料的人。

102

业余爱好者的交谊

这些配方出现在工业和科学的专业化开始之前的时代, 科学还没有和大学、科学实验室或现代工厂之类的正规场所密切挂钩。那也是现代化学教育随着时间、地点和教学层次的变化而变化的时代。在大学层次, 科研系所、实验室和具有资质的导师在各地不尽相同。[1]科学, 在教会学校最为兴盛。"洛克菲勒基金会"(Rockefeller Foundation)致力于把现代医学教育以及与之伴生的生物学、化学和物理学等领域带到中国, 居功至伟。"北京协和医学院"(Peking Union Medical College)的创办是该基金会最重要的项目, 而通过专门针对科学研发的拨款, 其资金遍及中国高校。

对这些配方的目标受众——女性而言, 接受现代教育的机会并不普遍, 但现代化学以及其他具有本土倾向的科学门类, 确实早在晚清的进步课程中就已开始出现 (毕苑2010, 69)。此类课程, 部分吸收了来自日本的"贤妻良母"话语, 那里的女性教育家每每强调: 有才能的女性为"国民之母", 女孩和妇女的教育应当包括科学 (毕苑2010, 67—71)。从日语译出的教科书里, 便能看到《女子物理教科书》和《女子化学教科学》之类的名字 (毕苑2010, 68)。到20世纪20年代, 一些女性开始在较高层次接受刚刚制度化的化学教育。在《一个在中国的化学家》(*A Chemist in China*, 1972) 一文中, 传教士徐维理 (W. G. Sewell) 探讨了化学怎样被引介到成都的"华西协合大学"(West China

---

[1]　关于现代化学教育的更多讨论, 见Reardon-Anderson (1991), 特别是第五章。关于新式高中和中学的课程变化 (包括化学的引入), 更多资料见Culp (2007, 29)。

Union）——当时中国的13所教会大学之一，还提到了1924年到来的一批女学生："有八个刚录取的女生。这项试验太过新奇，以至于她们得有人监护。一个很前卫的女生修读了化学，后来毕业于药学专业，在多伦多工作后回来担任了妇产科教授。"（531）

考虑到1915年化学教育的制度化尚处于零星状态，这些配方出现时，很可能成为业余化学家和未来的制造家获得化学知识的来源。更仔细地考察这些配方，便能揭示出这些潜在的学习者大概是怎样从中吸收知识的。即使其中传达的某些信息或许早已为读者所熟知，但呈现的模式往往是新的。比如，沈瑞清女史的《化妆品制造法》（1915）一文中，制作祛斑水的部分开列的原料都标注了英文（但往往拼错），而且以正规的化合物形式展现。其中包括"potass cyanic"（氰化钾）、"acid salicylate"（水杨酸）、"glycerine"（甘油）和"tinct cantharidis"（斑蝥酊）（化合物$C_{10}H_{12}O_4$溶于乙醇溶剂制成的一种酊剂）。这些原料要用玻璃棒在"佛兰斯苛"（"flask"[烧瓶]的音译[1]）里搅拌。随后，要加入二盎司（即二"英两"）薰衣草精油——当时音译作"勒文达"酒精，接着是拼错的英文注解"Sprite Lavendur"（沈瑞清1915，21）。[2]正如前文所指出的，错乱的拼写和新术语的音译说明有一些信息是新近（而且被不规范地）翻译出来的。

这些配方的运用，应该需要投入相当规模的资源和时间。操作指南要求实践者操作的步骤，不能说不复杂。例如，要制造发油的一种基本原料，说明文字就很长，而且需要一大批实验设备："酒精灯一只；酒精两磅；二分径之玻璃管半打；玻璃长颈漏斗一支；双口瓶一只；洗气瓶一只；容一磅之广口瓶一只；容五磅之广口瓶一只；大理石五磅；盐

---

① 对"flask"进行音译的做法，说明该物品对中国人是全新的，这个术语还没有固定的汉语译词。
② 一两相当于50克。一"英两"相当于一盎司，后者是英国传入的重量单位。

酸一磅。"(陈蝶仙1915,第二期[2月],4)

　　鉴于玻璃器皿业刚刚兴起,化学仪器都是进口商品,要花大价钱到科学仪器馆之类的科学仪器商店才能买到。[①]根据1917年的一份商店库存目录,顾客买一个酒精灯——制作发油的必需品之一,要花五元四十角(《上海科学仪器馆自制品目录》1917,9)。[②]在配方里,陈蝶仙专门提到这家公司,让读者去那里采购实验工具。至于不住在上海的读者,汉口、河南新乡和西安都有分店。人们还可以通过邮件订货。然而,有条件了解和进入商店并且买得起所需货品的人并不多。虽然到1915年这家店已不再是革命活动的枢纽,但还是相当高端的。

　　一旦制造者得到了原料和设备,他们还要遵照详细的说明:"弯玻璃管法""装置法""使用法",末了还有最令人向往的"摄纳法"。每种方法都需要实打实的手工活。操作者要在玻璃塞上钻孔(钻孔用的穿孔器在科学仪器馆有售)。孔要够大,让玻璃管和漏斗足以插入。然后要将玻璃管弯折。为帮助读者,陈蝶仙详细讲授了怎样正确使用酒精灯加热玻璃,然后塑成合适的形状。实验设备的安装,冗长而复杂。有一段很长的插入文字,指导读者完成复杂的流程:

　　　　先以(1)双口瓶之橡皮塞各钻一孔:其一插入漏斗,使脚
　　　　直到瓶底,约离空一寸许;其一插入三弯玻管A之短脚,与橡皮
　　　　塞下孔略平。然后再以(2)洗气瓶之塞,钻通两孔:左一孔即以

104

①　国内的玻璃厂这时刚开始创办。一家玻璃厂1912年建于上海,主要生产瓶子和玻璃器皿 (*Handbook of Chinese Manufacturers* 1949, 173)。直到20世纪30年代末,本国工厂才开始生产全套化学仪器和实验工具。

②　科学仪器馆在售的设备详目,见《上海科学仪器馆自制品目录》(1917, 41—56)。到20世纪20年代末(抑或更早),人们也可以在商务印书馆之类的公司购买科学仪器。有一份20年代末的展品手册——《商务印书馆出品说明》(*Descriptions of the Commercial Press Exhibit*, n.d.),指出商务印书馆不仅出售自己的出版物,还有进口书籍、文具和科学仪器,设备包括气压计、动圈式检流计、威姆赫斯特(Wimhurst)自激感应起电机、油式真空泵和中文打字机。

双口瓶上之三弯玻管长脚一端插入,深度一如漏斗；右一孔插入
B三弯玻管之短脚,一如A之短脚。而以容五磅之广口瓶,排列
为(3),上加软木塞,亦开两孔：左一孔插入B管之长脚,右一孔
插入C管之短脚,深度如前。次以容一磅之广口瓶,排列为(4)。

105　　　亦如前法,以C管之长脚插入左孔,以D管之脚插入右孔,横
管向右。于是装置齐备。(陈蝶仙1915,第2期［2月］,4—5)

还有一张附图,展示哪里插入弯玻管,以及怎样安装导管、塞子、漏斗和
瓶子(见图2.1)。

很显然,这些配方需要大量投入：操作者要得到必需的实验设备,
还要有空闲时间建造实验室。按照制作发油的词条,家庭生产者必须
心灵手巧,能恰当地加热玻璃管并塑形。另一个词条也差相仿佛,甚至

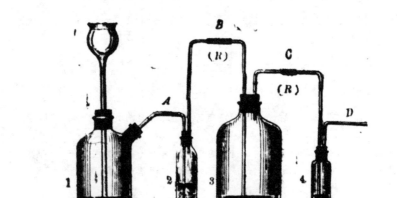

图2.1　该图见于《女子世界》"制造库"栏目一词条中的"弯玻璃管法"部分,示意如何在家
制作发油原料之一——玫瑰精。来源：陈蝶仙(1915),第2期［2月］：5。

更具挑战性。《乌发水制法》指导读者如何从银币和银元中提取银, 而银是制作硝酸银的关键原料。文章承认步骤繁琐, 但随即提供了按部就班的指导。热衷于把配方付诸实践的勇士, 得有玻璃烧杯(注解错拼成了"glass deaker")、盐酸、玻璃棒、漏斗、滤纸和洗瓶等设备(匡予1915, 第4期[4月], 8—9)。

　　此类文章中承诺的灵活、便利和俭省, 导致学者们将之描绘成本国的诀窍或秘方, 认为其发挥了刺激"中产阶级"家庭主妇劳动效率的作用(如 Orliski 2003, 53)。不过, 考虑到这些配方需要数量可观的投入, 寻求节省劳力诀窍的家庭女性生产者或许不大可能是读者兼实践者。除了节省劳力和成本, 能应用这些配方的人要有闲暇、资源和动力, 完全可能是目标受众以外的人读了文章——比如未来的制造商或新兴工业家。实际上, 香港工业家丁熊照(H. C. Ting, 1903—1976)就曾写过陈蝶仙的文章怎样激励了他, 当时他还是个年轻的、刚刚起家的电池制造商。他在回忆录里钦佩地指出, 陈蝶仙既是著名专栏作家, 也是中国早期的"开拓者, 创办了……早期的工厂……, 一心一意, 矢志不移, 只是对工业品的重要性缺乏公众意识"(Ting 1974, 18)。[①]他所说的"缺少公众意识"指的是陈蝶仙的文章有推销之嫌, 虽然丁熊照没有明言自己读过专栏并在家中实践配方, 但这段评论显示出他对陈蝶仙的文章很熟悉。

　　还有一个人或许能代表读过并应用过陈蝶仙配方的群体, 那就是方液仙(1893—1940), 他创办了一家极其成功的轻化工企业。1893年, 方液仙生于上海的一个生意人家(拥有银行、当铺、珠宝店和杂货店), 后来被送到"中西书院"——1882年建于上海的一家教会教育机构, 他在那里养成了对化学的独特兴趣。据传记载, 在世纪之交与传教

---

① 感谢韩墨松(Peter Hamilton)提醒我注意丁熊照以及他在回忆录里提到过陈蝶仙(Ting 1974)。

107 士相关的大众科学网络以及阅览室中，他的兴趣得以深入发展。就像上文讨论的那样，他沉浸于宣传化学的期刊文章和专业书籍，为的是建造家庭实验室进行实验，然后制造化妆品之类的日用品。基于此类活动，方液仙在母亲的支持下于1912年创办了"中国化学工业社"。[①]该社创办之初只有几个人和科室，但20年后成了中国领先的牙粉制造商，其中最受欢迎的产品之一便是"三星牌"牙粉。

　　除了新兴制造商，科学爱好者也有可能阅读陈蝶仙的栏目或类似文章，比如道教实践者陈撄宁（1880—1969）。陈撄宁和他那些接受过良好教育的朋友以及合作者进行化学实验，以追求道教的长生（X. Liu 2009, 70—72）。他的家庭实验是团队合作的结果：他的妻子——一位现代妇科医生，以及另外四个实践炼丹修行的同伴，共同襄助他的事业。陈撄宁在城里的家中匀出两间房——就靠近上海的娱乐中心豫园，用来炼丹。其中很多实验都要冶炼金属，以测试古代炼丹法里各种秘方的真实性。他的实验室备有炼丹所需的重要矿物，比如朱砂、汞、银、铅，还精心配备了加热炉和精炼坩埚。他会请朋友过来，在他们面前展示实验，就各种配方及其功效讨论好几个小时，一直到夜里。根据刘迅对民国上海现代道教的研究，道教实践者中很多是医生、科学家以及在国外或中国现代大学接受教育的学者，他们接触过大众科学刊物，比如这里讨论过的那些人，而他们的炼丹实验虽然遵循的是古老的配方，但还是受到了现代化学的影响（2009, 71）。

　　追求长生的道教徒或许只是更多丰富多彩的例子中的一个，他们参考了陈蝶仙的栏目或类似文章，但还有一些我们更熟悉的"业余化

[①]　该公司在制造包括观音粉在内的食品调味粉以及剪刀皂方面也十分成功。后来由于在国货运动中激进的反日倾向，方液仙逐渐被冠以"国货大王"之名。同样是这种激进行为以及拒绝和亲日的汪伪政府合作，导致他在1940年被特务暗杀。关于他参与国货运动的记载，见Gerth（2004, 180—181）。

学家"也做了同样的事。后者中包括世纪之交、民国前后的一位摄影爱好者杜就田（1876—?），他是民国早期的摄影倡导者、《东方杂志》 108 主编杜亚泉（1873—1933）的堂弟，便尝试用化学品洗照片。和很多同辈人一样，杜就田利用教会出版物、日语译书以及陈蝶仙等人的文章，自学数学和化学。他继而靠这些知识冲洗照片，进行科学实验，还常常在装配不当的简易暗房里遭到化学灼伤（Yi Gu 2013, 129）。他的实验室工作，是民国时代文化景观中星罗棋布的又一例自主实验。

　　各地的方液仙、丁熊照和陈撄宁们提供了男性读者兼实践者的侧影，不过很可能还有手握资源的勤劳女性也读过这些技术指导，并把她们获得的知识付诸实践。特定的女性读者群难以确认，但稍稍检视吴彝珠（1882—1945）——陈撄宁的妻子，能为我们提供一个模糊的轮廓。一些新女性和她们的男性同伴一起，利用通商口岸日益丰富的大量新知识和新机遇，吴彝珠便是其中之一。她是一个受过良好教育的女性，往来于这些新兴城市的精英圈。除了在中西医学院接受训练并当上了成功的现代妇科医生外，她还积极参与组建现代道教团体，支持——乃至积极从事——这些社团修炼所需的化学实验。[①]陈撄宁和吴彝珠并非踽踽独行。另一些道侣，比如黄忏华（1885—1972）夫妇，和他们一起进行着追求长生的炼丹实验（Liu 2009, 199）。

　　除了传记里提到他们在"家庭实验室"里自制产品，配方还提示了应当怎样吸引实践者。1915年3月刊于《妇女杂志》的《胭脂制造法》一文，对于如何提升中国的制造技术提供了具体建议，并倡导爱国主义制造业——这在国货运动期间可能极大地吸引跃跃满志的工业家们。作者蕙霞声称中国早就具备生产化妆品和盥洗用品的技术知识，但她也对本土技术未能使国家强大提出了责难： 109

---

① 　关于吴彝珠的更多资料，见 X. Liu（2009, esp. 56—58）。

> 我国胭脂，传名已久，虽闺房之艳品，无关于国计民生。而得其法以制造之，亦可操其术以致富。挽近输入品有所谓洋胭脂者，色鲜质美，非制造精巧，何致夺吾利权耶？爰将其制造之术，述之于下，以供我女界同胞之鉴察，而有以取法焉。（蕙霞 1915，15）

通过号召"女界"旋即行动，这篇文章把国家未来的富裕直接联系到闺阁里的生产技术和制造胭脂的特定知识。

该文继而区分了外国的胭脂生产和本国技术。该词条明确指出，中国早已具备的技术与基于化学的现代生产技术类似，只是需要更新，通过调整化学步骤使其更科学。文中概述了两种生产胭脂的方法——"普通"胭脂和外国胭脂。制作"普通"胭脂：

> 采集红花，入于大桶，注加以水。放置半日后，以足踏其花瓣，至柔软而有黄色液。乃移入麻袋，借压榨之作用，榨出其黄色液。更扩之席上，溅以水。约一日，再溅以水，复行压榨。经此几度之施行，则花瓣中所有之黄色液全行除去，而红花变为糊状。然后以方形、圆形等之型压迫而干燥焉，……
>
> 造胭脂时，红饼浸水三日，则软化。捣碎入袋，于水中揉之。其残余之黄色素，可因以浸出。更以袋浸渍于灰汁中，红色素渐次溶出，汁液乃现红色。加以少许之清酢或梅醋，……红色素自可沉淀，投入绵布以吸收之。再入灰汁，红色素悉溶解。溶解后，又以清酢或梅醋加入，复生沉淀。乃倾去其上澄液，以沉淀者入布囊压榨，而得汁液，炼制之，即成胭脂。（蕙霞 1915，16）

有必要把这段话和《天工开物》（1637）关于染料的章节里涉及胭脂制造的部分比较一下：

带露摘红花，捣熟，以水淘，布袋绞去黄汁。又捣以酸粟或米

泔清。又淘，又绞袋去汁。以青蒿[①]覆一宿，捏成薄饼，阴干收贮。

以上描述的步骤，用我们现在能理解的现代化学术语来说，就是酸诱导沉淀，酸液（此例中即酸粟或米泔清）被用来去除制作红花饼必需的红色固体残渣里的黄色物质。这些沉淀物组成的红花饼就成了制作胭脂的材料。

把《天工开物》里的词条和那则现代语段放到一起，我们发现了高度的重合。两者所阐述的过程都是酸导致花瓣色素沉淀，这是制作胭脂所必需的。两者都一步步指导人们到底要收集哪些原料，怎样混合、压榨并提取需要的物质，以及生产过程的各个阶段。不过，前现代的文本把酸粟或米泔清当作改变物质状态的工具，而《妇女杂志》里的片段则点明要灰汁和醋。两个文本都要求身体的参与：《妇女杂志》上的文章告诉读者，要用脚去踩花瓣，还要压榨、提炼、捣碎；要洒水，还要用模具塑型，制成胭脂饼。读者们得卷起袖子，手（此例中还包括脚）也会弄脏。　111

《妇女杂志》上的文章继而认为"普通制法"不如生产外国胭脂（即"洋红"）的方法那样可取：

（洋红）……称为欧洲胭脂。将红花投入炭酸钠之稀薄溶液中，以使红色素溶解。投绵布吸收之，加以稀醋酸液，则红色素沉淀。再将绵布入稀薄炭酸钠中揉洗，红色素可溶解。更加稀醋酸液，红色素复沉淀。如此反复数回。（蕙霞1915，16）

上述方法无需捣碎以及"普通制法"和《天工开物》的配方所要求的身体参与，而是提倡用更强的化学溶液达到同样的效果。正是这些化学

---

① 青蒿，即草本植物 *Aritemisia apiacea*，广泛分布于韩国、日本和中国。

品确保了"制造精巧"。不过纵使这篇文章极力强调"洋红"之类产品制造法的必要性,可还是没有赋予西方制造法以绝对的优越性。该文指出,虽然"普通"的本土制造法与"洋红"不同,但制作过程背后的原理还是一样的。通过树立这一观点,作者可以更轻易地正名和迎合制造商以及其他人的需求,让他们运用外国的制造方法,将肥皂和胭脂之类的"洋货"变成中国生产者可以放心引进和生产的东西。

对于那些寻找合适的外国技术知识以从事本土制造的人来说,大规模生产的实用诀窍就在某些文章里。《精制香皂法》——《女子世界》"制造库"栏目的一份稿件中,作者匡予写道:

> 今者,国人亦设工厂,仿制肥皂矣。顾其出品,率皆恶劣。一由于原料之低次,一由于制法之不精。无怪闺阁中应用之香皂,方竞购舶来品不已。推原其故,非尽乐用洋货也,国中无良好之出品耳。(匡予1915,第3期[3月],3)

该栏目主要致力于倡导国货,这段直白的评论却强调用来制造国货的原料品质欠佳。此文声称,中国要在国际上竞争,首先必须有质量更好的原料:"香皂之原料,当以上等牛脂或橄榄油,及上等苛性曹达为主。香料,当以麝香、桂皮油、山椒油、橙皮油、茴香油、丁香油、蔷薇精为主。"文章接着指导读者一步步完成生产过程:

> 制法:先取上等牛脂(用精制橄榄油亦可)一千两,投于釜中,熔化之。迨牛脂完全熔解,乃取一百五十两之上等苛性曹达,溶解于清水内,使为稀薄液。……约煮沸四小时后,则苛性曹达与牛脂大概已完全化合。浮于上层者,则为纯白细腻之肥皂泥;其淀于底下者,则为褐色之肥皂泥。当其停沸

112

之时，即取出其上层之肥皂泥，加以各种颜料……，并取上列
之香料……加入之，即充分搅拌。安置数日后，倾入模型内，
范成美观之形式，而色香俱全之肥皂乃成矣。

这里提到"上等牛脂一千两"，约合83.33磅牛脂，显然可以生产出大量
肥皂。[①]小规模使用或家用者可以调整配方和比例以满足特定需求，
但这里使用大量的脂肪说明有兴趣制造更多产品以实现大规模生产的
人，刚好可以仰赖这些现成的指导。

　　最后，因为化妆品很容易制造，而且需要相对较少的花费，所以用化
学方法进行小规模的化妆品生产普及得很快——哪怕是在财力有限的人
群当中。正如陈怡君（Janet Chen）所指出的，新政改革期间发起的职业教
育运动一直持续到民国时代（2012, 19—20）。这场运动的核心是建立工
艺局，其目的是创造更多生产力，因而这些机构及其组织者很可能利用了
《女子世界》和《妇女杂志》上的文章。此类机构在民国时期数量激增，当
时有些比较高效、运作也比较好的穷人习艺所，训练居民生产化妆用品。
"京师游民习艺所"就是其中一家重要的贫民习艺所，开设作坊，用化学方
法制造化妆品。音乐部门训练中国的穷人成为演奏家，习艺所的化学作
坊则训练穷人"纯用化学制作精良"肥皂、墨水、牙粉和祛斑膏。[②]这些小
作坊的运营者，很可能参考过刊物上的文章和配方以获得启发。

---

① 据1915年《中华民国海关华洋贸易总册》所载《中国权衡表》，一两即1tael，十六两相当于一斤，
一千两约合62.5斤（《中华民国海关华洋贸易总册》[1915] 1982, n.p.）。一百斤相当于133.33磅，那么
62.5斤就是83.33磅左右。1915年时，上海有好几种权重体系在使用。但由于高质量的苛性钠（氢氧
化钠）已有进口，并在药房销售，所以用海关报告里的权重体系进行转换也合乎情理。

② 京师游民习艺所刊物——《游民习艺月刊》，见于北京市档案馆J181-18-21936号文档。1927年那
期的扉页上有一则习艺所的广告，提到了所里化学作坊提供的这条培训信息。陈怡君非常大方地和
我分享了这份材料，而我沿用了她对习艺所名称和刊物的翻译（陈怡君致林郁沁电邮，2009年5月13
日）。生产肥皂仍需要一些设备和培训，所以京师游民习艺所通常资金充裕，运作良好。一旦钱用光
了，就会转而制作火柴盒和草鞋。

虽然这些文章象征性地宣称，其写作用意是提升日常生活的便利性、高效性和俭省性，但它们也不仅仅是"实用诀窍"。这些配方不断运作。它们预设了多重目的。文本起初是模式化的，但其应用也可能出于五花八门的理由，常常不完全以预期的方式进行。有余暇接受技术知识而无意将配方付诸实践的读者和鉴赏家们，津津有味地欣赏这些文本，沉醉于配方里的生产技术，以此彰显自己的社会身份和世界主义立场。凭借技术知识，读者可以独自在家而不依靠机器或大量自然产物从事各种形式的生产，而这些文章则让读者有机会把自己和那些新兴的、踌躇满志的量产商品消费者（大体上还有生产者）区别开来，

114　无论他们是否将处方付诸实践。

这些配方可能早已付诸实践。一直在家里制造化妆品的人大概不太需要参考这些文章，实际上这些文章也不意味着生产过程的简化。然而，对化学或代表性的现代玻璃仪器和实验室设备感到好奇的人，以及追求对家庭生产实践进行更新的人，可能读完这些发表出来的文章后，就在自己家里应用文中所述的生产技术。实际上，文章的吸引力在于用现代物理化学术语对生产技术知识进行包装，比如把现代化学玻璃仪器和工具宣传为生产过程所必需，比如推出现存储备中没有的新奇原料。对于未来的制造家、悠闲的技术鉴赏家以及年轻的玩创爱好者和实验者，无论男女，正是这些配方声称的现代性吸引了他们。科学爱好者因而可能用这些配方进行实验，亲自动手。同样的还有那些新兴工业家，他们从中寻找诀窍，从事商业化的制造事业。

结论：闺秀、游戏以及20世纪10年代的声音

这些发表于1915年的配方，延续了明清士大夫撰写治家文献的传统，而这些士大夫早就对家庭中的恰当举止作出了规定，其中便包括生产领域。贵妇们一直被视作整个家庭的内部管理者，她们指挥雇工，

监督家庭生产。在这样的背景下, 精英技能的性别分布在帝国晚期以"巧"的观念显现。手巧, 是受过教育的男性甚至农民从未真正渴望过的能力, 反而主要是男性工匠们的追求。对于精英女性,"巧"则不成为问题。"巧"与"女性化的工作"相关, 尤其是纺织生产, 其功能是指涉一种与物质世界的联系, 女性借此打开一条通向美德的途径。帝国时代"男耕女织"的口号便证明了技能的性别化: 属于男性的正经技能在农业领域, 而女性的技能则包括制造 (Bray 1997)。儒学思想家和士大夫因此撰写了家庭治理的文本, 来教导女性从事合适的生产实践, 虽然他们自己也经常涉猎生产活动, 哪怕 (至少总体上) 只是业余的。

　　鉴于这段历史, 我们就不会惊讶于《妇女杂志》第一期上的发刊辞会明确引用汉代班昭 (约49—约120) 的范文——《女诫》。就像班昭撰写于公元1世纪教导女儿如何融入夫家的经典作品, 这份20世纪的刊物同样力图对女性在闺阁中的恰当举止加以规范, 并对那些为民国谋求更多福祉的高尚女性生产者进行界定。不过, 这些文章的性别取向虽然取法于长久以来的传统, 但还是显示出了新的意味。民国早期的动荡年代里, 知识阶层岌岌可危,"女性"的隐喻已经政治化为表达现代性的场域。诸如新的女学生、现代中产阶级家庭主妇以及闺秀等女性身份, 成为强大的修辞隐喻, 编辑和专家可以借此传达新的信息, 定义新的生存方式。

　　然而, 闺秀担负现代性标志的能力在该领域被普遍忽视了, 因为学者们倾向于关注"新女性"的隐喻——那是后来新文化运动和"五四"运动时期的反传统偶像。实际上, 为了宣扬理想中涉足政治的现代男性知识分子及其女性偶像——新女性, 上述运动中的改革派知识分子批判闺秀缠足、困守闺房, 而且和对应的男性——"旧文人"一样, 不可思议地从事着落后的、非生产性的、去政治化的活动。这些居高临下的知识分子, 还蔑称宣传"民国妇女"的女性期刊琐碎而无聊 (Judge

115

2015, 46—48）。引申开来说，"新文化"/"五四"的批评造成我们如今如何理解所谓的"旧文人"群体尝试新的观念和生存方式的意愿，以及我们为何总是忽略闺秀们探索现代事物的象征性潜质。

在这些刊物里，闺秀并不是过时或落后的符号。相反，"她"用新知识进行实验，扮演了进步的社会角色。"她"，连同新的职业女性和女学生，全都属于《妇女时报》标榜的民国女性范畴（Judge 2015）。一些新式民国女性为了把自己和闺秀区分开，去追求新兴民国的市民公共理想，包括从事志愿服务、成为专业人士、上学以及为杂志撰稿（Judge 2015, 49—51）。陈蝶仙笔下的闺秀们则决定留在闺房，但要把家庭改造成制造场所。不过他们的闺房正以前所未有的程度被宣传着。陈蝶仙和其他编者四处推广新近重塑的闺阁。闺秀形象真真正正地成为陈蝶仙《女子世界》期刊的脸面，一如图2.2所描绘的封面图片。[①]在刊物内页，陈蝶仙把技术知识和物质实验描述成适合闺秀在家里进行

图2.2　1915年1月《妇女世界》封面。这幅封面以图像形式激励闺秀，展现了一位梳洗整洁的体面女性，优雅地坐着，摆出端庄的姿态。另一些封面上，闺阁里的女性被安置在门框或围墙中间，有时配上一只猫或一个茶壶，都是家里的东西。来源：马萨诸塞州剑桥"哈佛–燕京学社"中国藏品。

---

① 　比较一下1915年的《女子世界》和晚清其他同类刊物，差异可能更明显。丁初我创办于晚清的那份刊物，本质上便是高度政治化的，而且具有鲜明的革命性，劝告女性离开自己的闺房。关于这份早期的《妇女世界》，更多信息见徐玉珍的词条（丁初我1982—1987, 1: 461—73），以及"清末民初中国女性杂志数据库"（Chinese Women's Magazines in the Late Qing and Early Republican Period Database）https://kjc-sv034.kjc.uni-heidelberg.de/frauenzeitschriften/。

的活动, 这种描述以令人信服的方式塑造了认知方式, 引进了技术知识和化学知识, 还把道德和政治的紧迫性灌输进了生产议题, 哪怕用的是一种鲜明的闲戏笔调。

鉴于"五四"对中国传统文化的批判很大程度上在于指控后者的去政治化和浅薄无识, 同样被忽略的还有游戏政治的可能性。在世纪之交的江南, 影响娱乐界的游戏文化见证了参与者们在文学形式和技术装置的实验中同时体验到的欢愉。陈蝶仙便是上述游戏的重要参与者。他早期办过一份叫《游戏杂志》的刊物, 直接证明了他对这场运动的投入。[①] 游戏政治还影响了《女子世界》的"制造库"栏目以及《妇女杂志》上的相关文章, 这些文字使貌似非生产性的地点成了制造场所。它们把化学实验和化妆品制造, 定位成适合精英家庭内部成员的种种高雅活动。家中的闺秀们毫无疑问是现代的, 体现了从容创新的理念和新的认知方式。"她", 成了当时新的社会角色模范, 包括实际从事化妆品生产的女性、有文化的技术鉴赏家、业余科学家以及未来的爱国制造商。 117

对于在都市娱乐场和工业中心等后科举舞台上探索自己的世界主义新身份的读者, 这些文章便是其策略资源的组成部分。以一种优雅的好奇心或闲戏姿态来鉴赏这些文章, 读者们——无论男女——可以基于生产理念体认自己的独特性, 而这些理念就其科学性、本土性和非商业性来说是高雅而真实的。"制造库"的追随者们可以彼此分享每一期的词条内容, 在上流社交圈一边喝茶一边交流最近发现的现代生产技术知识。还有些人实际上也在这么做, 他们和相熟的读者深入交 118

① 李海燕 (Haiyan Lee 2007a) 把《游戏杂志》形容为文学"折扣店", 打包提供成色斑驳的娱乐和信息, 读者可以各自在家——具有商品化快感的新空间里消费, 即便他们沉浸于对这种休闲消费的共同兴趣之中。这一描述很适合用于《女子世界》以及第三章讨论的陈蝶仙的报纸栏目"家庭常识"。

流, 成为想象中读者共同体的一分子。不论通过哪种方式, 读者都可以将自己和无知无识的民众区分开来, 后者不仅对批量生产的商品趋之若鹜, 还沉迷于五花八门的中国城市报刊对科学技术的奇观式描述。[①]读者们通过消费 (并应用) 这些配方来建构自己的身份和翩翩风姿, 以区别于方兴未艾的大众消费群体。

对闺秀的理想描绘, 从容不迫地展现了新式的知识和实验, 规划出一种乌托邦秩序——这套秩序里没有被各种破坏性的阴谋诡计弄得千疮百孔的外部世界政治。不同于过去国家议题中的"洋务运动", 也不同于当时的民国北洋政治, 女性的生产知识确实引人注目, 因其被置于家庭内部的日常领域, 与"公共"政治知识形成对比。作为生产场所的家庭领域还充当了一种隐喻, 象征通商口岸上更大的市场, 而通商口岸在国家管辖范围之外, 那里的科学、商业和制造业知识日渐取代了道德知识和治国才能, 成为有竞争力的民族更青睐的认识论基础。"休闲"的观念, 曾经被视作陶冶文化的手段, 而在当时却可能充当了一个平台, 孕育着通向制造业和生产力的方向。那些配方, "净化"了手工生产工作, 还敦促没有归属感的精英读者群探索营利性的工业、资本主义和制造业——这些事一度被视为不适合文人阶层。

然而, 仅仅几年之后就兴起了一股力量, 反对把化学实验和生产制造当作适合闺秀的业余活动。随着"五四"运动的开展, "赛先生"和"德先生"成为一个强大国家的核心基础, 而"赛先生"作为这一口号的一部分便流行起来。"先生"一词翻成英语通常是"Mr.", 而这个词在汉语里更加性别中立, 是一种礼貌的称谓, 既可以指男性也可以指女

119

---

① 对技术的奇观式描述始见于19世纪晚期的报纸, 比如《点石斋画报》就对奇妙的科学技术多有描绘, 其中包括热气球和正在灭火的灭火器。包卫红记述了这份报纸如何展现现代技术的画面, 比如成群的民众在消防车和高压水管边观赏火景 (Weihong Bao 2016, 81, 332)。

性。但英译中的男性代词凸显了世界主义知识分子最主要的一项男性精英议题，它与"新文化运动"相关联，与陈蝶仙刊物登载的制造业和化学知识形成鲜明对比。[①]陈蝶仙把生产制造描绘成适合闺秀的活动时所采用的策略，在他"五四"之后的出版物中明显消失了。他后期的创作，意在以一种更加性别中立的方式展现工艺活动——不是在闺房，而是在最新的现代家庭领域。

---

① "新文化"知识分子把家庭改革当作一项主要的男性议题极力推动，相关描述见 Glosser（2003, 49）。

第三章　常识的事业：灭火器（1916—1935）

> 元宵宴……近床设席，贴地铺茵，席上幕以布毯，罗列杯盘，……宾主大都能饮，……侍者进菊花锅，[①]……竟释手堕瓶，火酒着火，……而盘翻碗碎。白兰地又为助燃之物，若堕于地，则地毯亦成火毯，床帐亦且沿烧，其危险竟至无所措手。予因瞥见妆台置有长筒牙粉，念及炭酸镁能灭火，即以洒向席上。凡粉到处，火焰立熄。……一场鸟乱，幸未成灾，……犹且津津乐道，……予家曩购牙粉，不过数包。因鉴于此，每购辄以长筒一打，分配各房，……"无敌牌牙粉"之功用中，未尝载此，岂偶然耶？……但……仍宜购备灭火药粉或药水龙为妥。
>
> ——《申报》1930年8月8日

陈蝶仙描述了一场宴席上的火灾，投给"家庭新识"——《申报》文学副刊《自由谈》的一个栏目。1930年8月8日刊出该词条，不仅展现了庆祝宴会上爆发的小火灾，还提供了如何灭火的实用信息。文中

---

① "菊花锅"以酒为燃料，锅里的食材摆成菊花状，因此得名。

分享了牙粉的妙用，告诉读者牙粉具有灭火的独特功能，因为它的主要　121
成分是碳酸镁——陈蝶仙的家庭制造社当时已成为碳酸镁最大的本国
制造商。该词条重点介绍了一种灭火器，那是陈蝶仙也制造过的设备。
文中甚至试图为"无敌牌牙粉"打广告。这段叙述暗示了一场偶然的
"发现"，即陈蝶仙意识到他的牙粉具有灭火的潜在功能。然而，真正
的"发现"很难说是侥幸。写这个词条之前，陈蝶仙多年来一直致力于
试验泡沫灭火器，无疑早就知道碳酸镁制成的牙粉可以起到扑灭火焰
的作用。这段叙述是被修饰过的，其中包含的信息也明显有推销之意。

　　本章中，我们循着陈蝶仙终生从事的泡沫灭火器制造，探讨为什么在
开拓正统性、专业性和权威性的新方法开始浮现的20世纪10年代末到20
年代，陈蝶仙会将灭火器背后的生产知识标榜为"常识"。他的灭火器实
验早在杭州时期就开始了。他对开发这种设备的兴趣一直持续到迁居上
海。1925年，家庭工业社开始生产"无敌牌药水龙"。1928年，公司试图获
得该设备的专利，但没有成功。[1] 从当代角度看，陈蝶仙想把灭火器的制造
知识当作"常识"来分享，又试图通过申请专利寻求专属所有权，显得互相
抵牾。然而对陈蝶仙来说，这些都是无需成本的，两者都是一整套策略的
组成部分：他想借此对灭火器（抑或更多）的制造知识宣示所有权；在当
时，鉴定专业技术的资格证明以及"独占"思想和物件的渠道尚付阙如。

　　陈蝶仙推广自己在制造灭火器方面的权威性和专业性最有效的
方法之一，就是文本生产。他尝试系统性地推荐并分享灭火器的生产
使用知识，不仅利用"家庭新识"栏目，还借助了至少两种20年代的出
版物：《申报》"家庭常识"栏目（1916—1927）和《工商业尺牍偶存》

---

① 陈蝶仙成功制造灭火器的记载，见陈蝶仙［1955］1967, 192。关于他申请专利的记载，见时任工
商部长孔祥熙关于专利申请的一系列命令，包括1928年9月11日的指令（208号），《工商公报》第1
卷第5期（1928）：29—30; 1928年9月23日的指令（275号），《工商公报》第1卷第6期（1928）：26—
27; 以及1928年9月23日的指令（370号），《工商公报》第1卷第7期（1928）：29—30。

122　（1928）。这两种出版物不仅刊登关于灭火器的各种词条, 还涵盖了很多其他内容。正是通过这些文本, 陈蝶仙把自己呈现为一个致力于传播 "常识" 的通才——包括怎样制作和使用灭火器, 以帮助塑造一种现代生活方式——**以及一名初露头角的专家, 亦即成为新式实业家**。在后来的职位上, 他感兴趣的是和其他新兴实业家分享自己在制造业及工业方面的经验与技术。最后, 在担任职业编辑和汇编者的时候, 他还竭尽所能地运用计谋战胜竞争刊物——这些刊物试图宣称对当时所谓的常识拥有所有权, 以作为其权威性的基础。

陈蝶仙的泡沫灭火器

化学泡沫灭火器在陈蝶仙的事业中占有特殊位置。在记叙父亲为开发灭火器奉献了一生时, 陈蝶仙的儿子陈定山写道:

> 我在七八岁的时候, 就看见父亲发明了灭火药水,[1]他亲自到城隍山上搭架草屋, 聚集了杭州城里的人山人海, 去看他的救火。但是那一次, 他是失败了, 他从此研究不辍, 到民国十四年, 他发明无敌牌灭火机。但他任何发明, 从不请求专利, 不但不, 而且要把自己的经过和制造的方法, 详详细细地写出来, 好让人家去仿造。(陈定山 [1955] 1967, 192)

这段话赞颂陈蝶仙毕生致力于制造化学泡沫灭火器。文中叙述了他调动杭州百姓来测试产品, 哪怕经历最初的失败仍然坚持研究; 还讲到
123　他经过几年研究终获成功。在一则回忆录里, 陈蝶仙的女儿陈小翠呼应了兄长的话, 她回想陈蝶仙花费了20年时间制造灭火器, 经过四次

---

[1]　陈蝶仙的儿子陈定山生于1897年, 所以他在这里描述的事件可能发生在1905年前后。

改良才生产出自觉可以媲美国内市场上法国灭火器的产品（陈小翠，范烟桥，周瘦鹃1982，221）。

陈蝶仙对泡沫灭火器的迷恋，说明他终其一生都是个上瘾的玩创家。而在追求这份事业的道路上，他并不孤独。那个时代里，玩创家和发明家力图在全世界创造各种各样的设备和机器。在一项关于中文打字机的研究中，墨磊宁（Thomas Mullaney, 2017）考察了中外语言学家、工程师和办事员如何改造和尝试制造中文打字机所需的字盘和键盘。和这些打字机实验一样，陈蝶仙沉迷于新鲜事物。他花了大量时间与精力对各种设备的制造方法进行研究和测试，包括手提式复印机、平面胶印机和打盖机等（陈小翠，范烟桥，周瘦鹃1982，221—222）。陈蝶仙挑选出来改造的设备和机器几乎从来不是随意的，往往和规模更大的工业和制造业趋势有关。例如，他对胶印机的兴趣便契合了20世纪10年代到30年代印刷机器制造业的发展。尤其随着中国香烟制造商的崛起，亟须胶印机打印广告图片，中国的机械商店便迎难而上，特别是在20世纪20年代（Reed 2004, 141—143）。

陈蝶仙致力于制造化学泡沫灭火器，也具有类似的策略性和即时性。到19世纪，消防已成为世界范围内一项重要而迫切的议题。就中国而言，城市火灾在10世纪就已构成威胁，包括监控瞭望塔在内的消防体系已经建立（Gernet 1962, 34—38）。到17世纪，随着世界其他地区人口密集型城市的出现，都市大火造成的毁坏刺激了技术投资以对抗火灾，并将其可能造成的破坏降到最低程度（Bankoff, Lübken, and Sand 2012, 6—7）。除了消防员和警察的职业化，资金也源源不断地涌入，用于开发更多防火建筑和有效的灭火技术。[①]18世纪末，中国杭州

124

[①] 17世纪的荷兰高度重视开发此类技术（包括配备一位极富创新精神和技术知识的阿姆斯特丹消防队长——扬·凡·德·海登［Jan van der Heyden］），18世纪彼得大帝的首都圣彼得堡的国家机关也一样。关于荷兰的情况，见Kuretsky（2012）；俄国的例子，见Frierson（2012）。

引进手制水龙，"灭火技术发生了（一场）革命"（Rowe 1992, 164）。整个19世纪，对这些技术的兴趣不断增长，且影响广泛。由新教传教士傅兰雅（John Fryer, 1839—1928）出版的传教士月刊《格致汇编》，隶属上海格致书院（Shanghai Polytechnic）——一个致力于向中国读者推广西方制造活动和科学技术的传教士机构和阅览场所，该刊物把关于灭火器的文章译成中文，还用中文打广告。[①]《实用水龙说》一文刊于1876年，《灭火器说略》则在大约一年后发表。[②] 两篇文章都展示了相同的手动灭火器图片（图3.1）。这幅图来源于国外，又出现了两次，说

图3.1 《格致汇编》文章所配灭火器图片。来源：《便用水龙说》（1876, 7），纽约哥伦比亚大学东亚系图书馆。

---

① 关于上海格致书院及其刊物的更多资料，见Wright（1996）和Elman（2005, 308—319）。
② 《便用水龙说》（1876）和《灭火器说略》（1877），后一篇文章中的图片见该期第5页。

明此类材料在世界范围内广为流传,而且被频繁地分享。

当时, 灭火器作为一种真正的商品, 也越来越为人所熟知。在《格致汇编》中, 有一则"上海丰裕洋行"(the China and Japan Trading Company) 的广告, 推销包括泡沫灭火器在内的一系列洋货。[1] 作为一家在上海、伦敦和日本多个城市都有分行的公司, 丰裕洋行专门销售汽机和轮船所需的相关材料: 火油灯、灯芯、灯头、玻璃器皿(各种尺寸)、装松香油的箱子、硼砂、棉麻船帆、铁锚、缆绳、铁钉和铜钉、时钟(自鸣款)、锉子、锯子、肥皂、火柴, 以及船坞上用的铜铁器。药水水龙是广告里最突出的内容, 其中包括一张醒目的灭火器图片(见图3.2),

图3.2 《格致汇编》(1876—1877) 所载上海丰裕洋行广告中的便携式灭火器图片。来源: 纽约哥伦比亚大学东亚系图书馆。

————————————

[1] 广告见《格致汇编》1 (4) (1876): 12。

还有一整段话详细介绍该设备。[①]广告文字向潜在的消费者保证, 化学品对人无害。文中表示, 灭火器"虽最大之火, 无不能灭", 当然也能扑灭船上可能发生的火灾。图片有两部分: 一张圆柱形的灭火器图

125 画, 还有一个男人套着吊带、背着灭火器, 似乎正在灭火。

民国早期, 诸如"震旦机器铁工厂"(Aurora Company, 始建于1918年)之类的中国制造商在生产灭火器、水表和泵。[②]家庭工业社也开始在国内投资制造灭火器, 意图创造出可以和国内外产品竞争的设备(陈小翠, 范烟桥, 周瘦鹃1982, 221)。陈蝶仙的公司在市场上的竞争策略之一就是分享知识, 在各种各样的专栏和出版物上告诉人们怎样使用和制造灭火器。陈蝶仙的儿子陈定山称, 他的父亲不但没有申请专利独占知识, 反而很愿意跟别人分享自己的发现, 让他们去模仿和制造各种装置(陈定山[1955]1967, 192)。这番话显然是错的。陈蝶仙

126 1928年就申请过"无敌牌灭火机"的专利, 只是没成功。不过总体来说, 陈蝶仙致力于广泛分享自己的发现, 让其他人仿造和学习, 这是真实的, 也代表了陈蝶仙的民间工业主义。

"家庭常识"

1926年11月21日,《申报》"家庭常识"栏目刊出一则关于灭火器的词条, 题为《消防队用药水龙之计画书》。[③]文章认为所有社区都应配备

---

① 该图亦见于《灭火器略说》(1877)一文末页。

② 关于震旦机器铁工厂的信息, 见《中国出口工业一览》(*Handbook of Chinese Manufacturers* 1949, 247, 254)。1923年日本关东大地震后, 发生了一场大规模的城市火灾, 灭火器似乎成了整个亚洲的迫切需求。

③ 印行副刊的《申报》是上海最重要的日报之一。20世纪20年代早期, 其读者就已逐渐超出早先局限于文人士大夫、商人和工业家的晚清消费者群体, 从区域性的本地范围扩展到将全国读者都囊括进来, 不但进入农村地区, 还瞄准了女性。关于民国农村精英接触《申报》等现代报纸的讨论, 见Harrison (2005, 105)。关于女性读者, 见Mittler (2004, 245—311)。根据1935年的上海城市年鉴,《申报》1934年的发行量是153 000份, 其中40%在上海传播, 60%在沪外。但这些数据并不能准确反映读者的真实数量, 实际上读者要多得多, 因为将报纸置于公共阅读栏让人们公开阅读是很普遍的做法。

泡沫灭火器，还向读者逐项介绍使用灭火器的最佳方法。该词条向消防　　127
员提出建议，让他们直接朝燃烧物喷水，尽量扑灭火源："若向空际放射，
只浇火头，殊无实际。"文中警告说，不要过早混合药水和药粉，以避免
提前发生反应。最后，文章还指导乡市如何组建消防队，具体而言：

> 但有两组，……所需购置之费，不过百元之谱。应需十
> 人，……各置一龙，每一家备一警笛或锣，遇有失慎，即鸣锣
> 报警，则消防队可以立时到地，……相距二十五家，则左右及
> 两对面，可以顾及百五十家之多。每家出费，不过数角，即可
> 组成一集矣。(《申报》1926 年 11 月 21 日 17 版)

灭火器在这里的作用就是把各乡各市的社会组织整合起来，类似帝国
晚期的保甲体系——政府依靠社会各层次维持秩序、实施管控的居民
群体组织，而所用的官员相对较少。该词条呼应了本章题记——辑录
于"家庭新识"的一篇稿子，这个栏目接在《自由谈》副刊的"常识"后
面。两者都将灭火器标榜为"常识"，还把牙粉管和灭火器推作日常生
活必不可少的物品。在这样一副日常生活的图景里，每个房间、每个家
庭、每个社区都要有牙粉和灭火器。

陈蝶仙为"家庭常识"（以下简称"常识"）栏目写稿，早在1917年
就开始了，出任主编则是1918年到1927年。他自1916年始任《自由
谈》主编，直到1918年卸任，只负责专栏。作为最有影响力的栏目之
一，"常识"让陈蝶仙得以在中国新城市读者不断专业化的时代里，将
自己打造成一个饱学的业余爱好者。栏目内容涵盖一系列主题，从卫
生到医药，从工艺到民俗，都被描述为"常识"，以普通大众（而不是资　　128
深读者）能接受又容易理解的词条加以呈现。

有一组典型的"常识"词条刊于1917年4月13日，展示了该栏目所

容纳的广博知识。这种广博性反过来也说明读者知识面之广, 以及对各种话题的兴趣。这组词条是以如何制造喷雾器开始的:

> 喷雾器, 俗称"香水吹", 今理发匠所用之喷香水瓶即是。惟价甚昂而易坏。自制之法: 向仪器馆或西药房, 购最细之玻管一枝。用小锉刀锉其四周, 俟显白痕, 一拗即断。取长一尺, 于酒精灯上烧之(烧时须频频转动)即软, 可扯长之, 则中部必渐细。至细如灯芯时离火, 锉而断之, 成两个之尖锥形而中通。另以一段玻管, 长约二寸余, 两端均通, 如竹管状。乃以一个尖锥形之管, 用左手扶植水瓶中(尖头向上)。右手则拈竹管形之管, 作水平线, 向尖锥管之上端, 用力以口吹之, 则水即吸起, 从尖锥管上喷出, 细如尘雾。若用粗铜丝连而缀之, 成曲尺形, 则尤便于用。(天虚我生)(《申报》1917年4月13日14版)

后面还有几个较短的词条:

> 赤鼻……疗治方法甚多。而最简者, 莫如每朝洗面时, 以细食盐磨擦之。连行两月, 可得除根(但此法磨擦时有微痛)。……

> 霉蒸之衣, 以枇杷核研洗为末, 洗之, 则其斑自去。

> 豆酱之类, 一至天热, 每生细虫。若以芥子或川椒研碎入酱, 则不生虫。

> 弹琴指甲不厚, 则声不清亮, ……若以僵蚕烧烟, 频频熏之则厚。音乐家宜试之。

> 花树有虫孔, 以硫黄末塞之, 则虫自毙。

> 咸肉倘有臭味, 当煮之时, 用胡桃十余枚, 壳上钻多孔, 同

煮,则臭味自灭。(杨醒华)[1]

> 皮肤上有起结核而未溃烂者,不论何处,可用松香末和烧酒涂之,一日夜必散。如栗子疬、乳岩等之未见溃烂者,皆可以此法施之。昔余左腋下起一核,用澳酒涂之无效。月余渐见红肿,左膊不能动。有一长者赐此方,试之果验。后试诸他人,亦无不验。

> (《申报》1917 年 4 月 13 日 14 版)

从内容的选择上, 我们可以看出该栏目的风格及其涵盖的话题范围。词条一般较短,喷雾器一例算比较长的。有些很实用,可以当作家用小窍门。还有一些又好玩又古怪,所传递的信息也很精妙,哪怕不是必需的。所开列的大部分技巧可以直接参照操作。为了消除赤鼻, 所需要的只是简简单单按时使用细盐。为了治疗脓肿, 松香末和烧酒——都是家用品——就够了。许多此类词条与帝国晚期的日用百科全书或长期以来口耳相传的秘方类似。

130

其他词条则包含了全新的信息, 需要更庞大的资金投入。第一条制造喷雾器的技巧, 和陈蝶仙1915年"制造库"栏目里关于化妆品制造的词条异曲同工, 关注的都是制造方面的技术知识。正如早先在专栏里所做的那样, 陈蝶仙塑造了一个无所不知的形象, 词条则预设了一群有知识、有能力的受众。读者要能理解陈蝶仙提到的矩尺——按理说是一种家用仪器或工具, 但在中国家庭显然远未普及。他（她）还要能去科学仪器商店和西洋药房。就像"制造库"里的某些词条一样,"常识"里的词条需要实践者用手和嘴,靠身体从事制造; 还要有足够的技术和巧劲, 按照提供的步骤一步一步用酒精灯加热玻璃管。当时, 香水喷瓶被视作现代卫生用品, 代表"日常现代性", 值得展示和推广。例如, 1925

---

[1] 词条撰写者的名字一般署于词条最后。这里我们看到一位名叫杨醒华的撰稿人。陈蝶仙撰写词条时会署上笔名"天虚我生", 比如喷雾器词条。

年"台北州警察卫生展览会"卫生馆的理发师协会展位上, 它和其他一大堆卫生用品被展示出来, 作为日本殖民政府在台湾致力于建设卫生现代性的物质体现 (Tsai 2014, 21—23)。显而易见, 喷雾器在展览会上完好无缺地展出, 而陈蝶仙栏目里的物品却是拆而散之、"逆向分析"的, 因为它是制造成品的一系列指南, 而不仅仅是购买一件展品的契机。

影响陈蝶仙栏目的, 不仅有民国时期的新式认识论, 还有对科学的关注, 但后者保留了宽泛的、不成体系的议题范围和相当重要的多元主义认识论。学者们已然把民国时期新认识论的出现描述为现代民族国家的基础, 这种认识论首推经验、实证主义以及报刊出版语境下的世俗生活 (Judge 2015)。另一些人则注意到, 科学或对科学的诉求可以在这一时期致力于宣传"常识"的栏目里见到。比如, 20世纪早期的粤语报纸开设过刊登"社会常识"的新版面, 介绍日常生活中的科学变化, 突出经过科学验证的、新的饮食方式, 与以往那种浪费的、奢侈的、不卫生的饮食相对 (S. Lee 2011, 121)。"常识"里的词条, 尤其是那些关注轻工业的词条, 必然从现代科学领域获得了权威。

然而, 该栏目的总体特色是认识论的多元主义。数年后, 1933年至1941年间, 陈蝶仙把初版栏目中的词条汇编起来组成专题:"服用""饮食""人体""动物"和"植物"。"服用"专题包括"珍玩""金属""衣服""洗染""玻璃""灯镜""木器""磁器""文房"和"杂具"。关于"人体"的词条, 包括"头面""眼目""耳鼻""口齿""咽喉""手足""肠胃""皮肤""妇孺"和"急救"方面的实用知识。但在实际操作中, "常识"不是以整齐的方式组成的, 主题的呈现没有明显或明确的秩序: 化学知识和来自中药学传统的词条并行不悖; 家庭卫生方面的知识, 接在制造技术后面; 治疗身体肿痛的词条, 推荐了一个老人用松香末代替碘酒的方子, 与之并列的是直接援引物理法则的词条。有些词条搜集自本地材料, 包括日常百科全书或本土草药纲要。有些则混杂了各种形式的知识，包括向撰稿人口述或通过书信写给编辑的民间传闻。可能和你在那个时代的新式教科书上看到的不同，这些词条里译自国外的化工知识，并非对立或优于任何形式的"本土"或"固有"知识。更确切地说，"西方"和"本土"是不相干的，知识的等级消失了。翻译过来的工业技术与仰赖传统中药的民间知识并驾齐驱。本土的条件、实践、多元认识论以及表面上的无序，造就了知识的重塑与重估。对读者而言，这样的安排提供了真正的知识盛宴，任君挑选。

　　"常识"的驳杂感，其实和它所属的更大体量的《自由谈》副刊很相似。孟悦（Meng 1994）探讨了《自由谈》何以具有引人赏玩的高度文学性和文化性，哪怕是处于更严肃、更政治化的运作状态。这种风格暗示存在一个相当特殊的读者群，其中包括有学问的城市人，比如商人、知识分子和实业家。孟悦指出，刊题中的"自由"一词并非自由民主意义上的自由，而更多地是指游戏和休闲，读者们可以借此游走于不同文风（Meng 1994, 14）。这份副刊之所以出名，不仅因为包括诗歌在内的文学内容，还因为其中刊登的对联、歌谣、地方戏解说、规章和法令、法律合同和诉状、外交书信和电报公文、游记、广告和谜语。驳杂的内容，意味着副刊可以严肃阅读，**也**可以游戏其中。即便在承担娱乐功能时，也可以引起人们的政治兴趣。通过这种方式，它延续了陈蝶仙曾经供稿的晚清《游戏报》（1897—1910）以及第二章讨论过的与《女子世界》相关的游戏传统。

　　值得注意的是，《申报》的栏目标题"家庭常识"，突出"常识"一词，并明确地将它和描述现代家庭的词——"家庭"组合起来。在陈蝶仙的"制造库"栏目里，被突出的家庭领域是极为雅致的。在"制造库"停办仅一年之后开设的"常识"栏目中，陈蝶仙改变了策略，不再把知识呈现为适合闺阁女子的东西，而是强调新的、性别中立的（即便不是男性气质的）家庭内部空间。这种改变，在某种程度上最有可能是因为闺阁空间已经越来越被当作落后的女性空间。"新文化运动"
（1915—1919）中的男性改革家攻击大家庭观念, 视其为传统儒家把控
中国的标志, 取而代之的是提倡小家庭（核心家庭）、"新"式婚姻、自
由恋爱和女性解放。[①]家庭, 将成为国家现代化的重要改革场所。即
便是追逐利益的企业家, 比如牛奶生产商尤怀皋（1889—?）, 也致力于
向核心家庭兜售产品以谋利, 或是向中国现代家庭宣传现代商品以改
革家庭领域（Glosser 2003, 134—166）。类似地, 陈蝶仙也把家庭既当
作改革场所, 也当作推销场所。家庭不再是专门按性别划分、制造化妆
品和塑造美德的女性化空间。它所代表的空间, 确定其规范的即便不
是专业活动也是文化活动, 以及一系列兼容并蓄的知识和实践投入。
《申报》专栏有助于建构这个新领域, 其方式便是向中国的新兴市民读
者和现代家庭成员, 提供治己疗人、保持食材新鲜、养成良好卫生习惯
以及制造物件的诀窍。

　　表面上, 我们可以把陈蝶仙的"常识"栏目视作一种业余主义。在
英语中, "amateur"（业余爱好者）一词的词源可以追溯到法语, 指的是
"喜欢某事物之人"或"某事物的爱好者", 反映在词根中就是"amare"
（喜爱）的过去分词。随着后工业时期现代休闲活动的盛行, 与生产活
动或职业活动形成相比, 该词便显得格外重要。例如, 在20世纪早期
的日本, 大众消费主义和中产阶级的兴起, 受薪员工有钱也有闲去做业
余摄影师, 他们把摄影当作消遣或爱好（Ross 2015）。不过, 这一描述
并不能完全体现该词在20世纪早期中国的复杂性和政治性, 也不能体

---

① 可以参考《妇女杂志》上和家庭有关文章, 其主题跨越家政、婚姻和家庭改革。20世纪10年代后
期关于家庭改革的迫切性, 直接来自改革派知识分子和作家目睹大家庭衰落的真实体验。族兄族弟
及其核心家庭单元, 一度在大家族中组合到一起, 致力于通过科举考试绵延不绝; 而今他们却被迫从
事新职业, 并在家庭策略（比如怎样教育孩子）还动荡不定的时候临时上阵。很多人认为, 替改革派
报刊写稿是支持小型家庭的一种方式。因此, 现代家庭的改革对于在世纪之交成年的许多人具有重
大意义, 它主导了关于社会改革和重塑民族国家的讨论（周叙琪 2005, 136—37）。

现本土的博物传统。到清代,博物传统成了掌握各类知识的基础。在
女性生殖健康领域,博物学以及对相关宇宙论的理解标志着业余爱好
者学术观点的道德涵养,他们试图让自己区别于影响力日增的内科医
生——后者被他们说成唯利是图、机械粗鲁(Y. Wu 2010)。

只有在后科举时代,新的职业资格证明和专业身份才会兴起,专业
化的理念日益深入人心。在专业化兴起的背景下,"常识"栏目虽然常 134
常笔调戏谑,但并非只是纯粹的鉴赏把玩或业余爱好。其功能是关注
专门的知识,哪怕同时保持博通、古怪的风格。栏目刊登的知识涉及工
业、制造和现代科学的各个学科,还有一些实用信息,尤其针对有学问
又有闲暇的中国读者,**以及**新式专家、家庭实践者和中国现代市民的一
系列关切。完全有可能的是: 那些有兴趣将"常识"应用于工业场景
的人,或者试图在家里如法炮制的人,无论是出于实用目的还是为了培
养兴趣,都会阅读该栏目。有些词条,比如用僵蚕烧烟把指甲熏厚以
提高弹奏乐器的水平,可能很容易让有教养的读者产生共鸣。与此同
时,也有大量证据表明,该栏目还吸引了初露头角的专家和工业家。有
一段摘要陈述了如何放大手写字体:"放大字迹: 预书方寸之字于玻璃
上,夜间以灯映字影于壁上。依影描之,可得任意之大字。"(《申报》
1917年6月23日14版)这样的"诀窍"迎合了埋头于书法的读者,只要
他(她)能理解让光线透过玻璃以放大图像的基础物理学。它或许也
迎合了对制造店铺招牌感兴趣的人。

受到化学物理和制造技术影响的词条,在栏目运作过程中始终占
有重要位置。例如:

> 日用木器,如盆桶等,其箍天干则易脱落。如重行箍上,而
> 欲使之紧切,可先将铁箍置火中热之,俟微红,加上。冷后缩小,
> 则异常紧切。盖五金具热伸冷缩之性,故铁路轨道每条相接处,

135　　　必空少许，即预防磨擦生热而伸长也。其伸长之多寡，可用物理
　　　　中公式，用代数法代入即知。（《申报》1917年6月23日14版）

这里分享了把铁箍箍紧的方法，同样也有金属热胀冷缩的知识。提到
铁轨以及要在不同位置留下空当，是因为火车摩擦导致金属升温时轨
道会膨胀；紧接着又提到代数和物理这两个现代学科，用来测算金属
膨胀（或收缩）的精确量。基础物理学被引介为一种权威来源。很多
家庭或许就有这样的桶，佣人或许就需要这条信息把桶箍紧，但这样的
知识非常容易移植到工业或制造业场景，其中很多便以家庭为基地。
从一件具体的家用物什——铁箍——转移到金属热胀冷缩的抽象物理
原则，该词条所阐述的内容属于对国家至关重要又明显具有现代吸引
力的东西——铁路。结尾处则指出了可以测算家用物什——桶箍热胀
冷缩的知识形式。具体的和抽象的，外国的和本国的，家庭的和国家
的，在栏目里被密不可分地绑到一起，犹如那些紧紧缠绕的箍子。
　　　陈蝶仙和他的供稿者，同样利用新式专业技术宣传轻型制造业常
识。仔细看1918年12月27日专栏最后的一封读者来信：

　　　　附来书：顷阅贵报，十二月二十三日之第四张，载有惜红
　　君所述菌之简便试验法一则，类皆摭拾之谈，不可为据。……
　　骕在美国加利福尼亚大学专研究植物有年，于研究菌类尤为详
136　尽。曾在中国科学社《科学》杂志第一卷第八期登载《菌类鉴
　　别法》一文，即本……之文而作者，其可恃当无疑义。今节述
　　之于上，请即将函稿从速声明，并乞于编家庭常识时，勿将惜红
　　君所述登入为祷。事关公益，不忍默视，非必欲非议他人也。
　　　　　　　　　　　　　　　　　　　美国加州大学植物学学士、
　　　　　　　　　　　　　　　南京高等师范园艺学教员胡先骕谨启

通过展示胡先骕写给编辑的信，陈蝶仙营造出读者和编辑之间可能会反复交流的感觉；他还强化了这样的感觉，即读者被卷入到学者型读者的半私人网络中。在信里，胡先骕要求作为主编的陈蝶仙不要收入惜红君的"撷拾之谈"。为了质疑惜红君先前的词条，胡先骕将他得自加州大学的文凭引为权威。加州大学位于国外，但不在前代知识分子留学的日本，而是在美国——更多当代知识分子正从那里回来。他还提到自己目前的工作是南京高等师范园艺学教员，以及他之前出版过一部著作。胡先骕代表了可以凭一己之长界定哪些"常识"有价值的人。他的资质，包括了国外学历、著作以及直接和主编沟通的能力。

　　这些词条由于重视"小工艺"（轻工业），令该栏目声名鹊起。陈蝶仙的女儿陈小翠谈到，这个栏目刊载日用品制造技术，而此类知识成为当时的各种刊物中陈蝶仙独树一帜的特色（陈小翠，范烟桥，周瘦鹃1982, 217）。类似地，陈蝶仙的儿子也称，该栏目是他父亲向中国市民普及常识的举措之一，尤应注意其在支持中国工艺化学方面的贡献。确实，栏目摘编的小工艺知识推广了除尘器械和煤油手表，还指导读者用酒精让拍摄的照片在镀铂的纸上显影（《申报》1917年6月23日14版）。题为《制火柴法》《漂白法》《镀金法》《制樟脑法》《制酱油法》之类的文章，似乎直接迎合了制造商的需求（陈定山［1955］1967, 182）。而那些投身小型企业的人或许读的就是《雕刻铜版法》《钢精接焊法》或《彩色照相法》，以寻求有用的诀窍。

137

　　陈蝶仙还直接为自己树立了小工艺推广者的形象。他声称想把小工艺知识当作"常识"来发表，以扭转据说是中国制造界由来已久的、对制造和科学配方秘而不宣的惯习，并将这些信息公之于众而非独享。有好几次，他写到把制造业知识同时分享给新兴的和资深的中国实业家为什么可以支持中国本土工业。在1933年出版、译自日语的手册《薄荷工业》的序言里，陈蝶仙把薄荷制造业的繁荣归功于家庭工业社的一位股东萧先生："关于选种提脑之法，力为宣传，俾成常识。……不但日本薄荷已无侵入内地之可能，而且销出外洋亦已能与欧美竞争。"（陈蝶仙1933a: 2）陈蝶仙明确宣称，中国本土工业在全球市场上的成功，其至关重要的依凭便是知识的生成及其广泛的传播和流通——理想情况下就是通过陈蝶仙自己的商品化出版物。

虽然把"小工艺"当作"常识"，但栏目最终还是摆出一副博学而非专业的姿态。作为主编，陈蝶仙在更大程度上是兼容并蓄的调和者，而不仅是工业相关或专业性质的期刊编辑者。该栏目里的知识广而杂。他推崇实践和基本常识（往往通过实际经验来完成），而且正如我们在桶箍的例子中看到的，他把抽象的、理论的和专业的东西带进家庭以及商业领域和大众传媒。这些配方可以充当鉴赏的对象，被当作休闲消费品，以游戏的姿态去阅读，但"小工艺"词条被描绘成对国家工业实力至关重要的东西。陈蝶仙的常识以及他对工业的全方位接触，**不仅**源于文人博学多识的传统，**而且**受到专业化趋向的刺激。在某些方面，陈蝶仙发表的作品类似早先清代文人中的业余爱好者使用的某些手册——其预设了任何有教养的学者都具备行医的基本资质，只要他们能正确使用医学文献（Y. Wu 2010）。他的文章里包含了一种彬彬有礼的专家派头，一直区别于更专业的工业期刊和现代教科书所倡导的职业主义，这些期刊和教材（作为与之竞争的印刷商品）在当时的出版市场上出现得更频繁。不过，陈蝶仙文章里的"常识"显然已经与时俱进，以满足现代市民读者的需求——对他们来说，此类知识是与国家壮大相关联的。他的儿子陈定山在一篇传记中指出，陈蝶仙"学不厌博，而事必专精"（陈定山

[1955] 1967, 192）。陈定山接着表示，他父亲并不是各种无用知识的老派鉴赏家；相反，他广博的学识是有价值的，是属于现代的，因其展示了从事专业研究的能力，以及出于种种目的对实用知识的关注，其中就包括发展中国工业。

《工商业尺牍偶存》与士绅专长

到20世纪20年代晚期，陈蝶仙还一直在发表"常识"，但不再局限于"常识"之类博采众长的知识性栏目。他试图激励那些踌躇满志的实业家和青年学子，其方式便是重组和加深（使之更技术化）以前栏目刊出的那些"小工艺"信息，因此他编纂了《工商业尺牍偶存》（1928）。这部出版物不是新式工业期刊或现代科学教科书，它继承的是历史悠久的"尺牍"传统，汇集了真实的私人书信。其中收入了陈蝶仙执掌家庭工业社时撰写的商业函件，覆盖范围相当广泛，包含陈蝶仙创办家庭工业社时遇到的一系列问题：生产牙粉，制造薄荷油，用海水制铝，评估中国原材料的状况，制作外包装，准备店铺招牌，以及打击仿冒商标，全部囊括在内。其他话题还有：生产化妆品的原料、化妆品瓶、仿制人造丝、制造香水的方法、改良外包装、印刷品上光和去除香皂异味的方法。

这部书收录了陈蝶仙专门撰写的关于制造泡沫灭火器的一封信。例如1922年的《为试验灭火药水事》：

> 灭火药水，本于物理化学作用。系乘热化汽，夺去燃烧体所生之养气，于是遂熄，并不赖其水力。在初起火时，燃烧之处，必不十分扩大，故能一浇即熄。前次双轮牙刷厂失慎，系从楼下起火，烧穿楼板，冒出屋顶。……故药水到处，立即熄灭。……但使每房均有一瓶。……

　　　　前年敝社以火酒失慎，飞火满屋，床铺尽焚，亦赖此水浇

灌得熄。……

　　　　敝社发行此水，志在普及，故价极廉。如荷推行，至所欢

迎。附奉说明书及价目各一纸，至希察核。另有灭火器一种，

即药水龙，专备注射高屋之用。……其横射可三丈，直射可高

一丈半，只须一人已足。每具实洋二十四元正，并无折扣。因

其成本过高，故须售现。惟对特约，得减九五扣佣。

140　　　　（陈蝶仙1928，壬戌年：24—25）

　　他在信的其余部分告诉收信人——可能是潜在的批发商：每箱装十打药水瓶，假如他愿意经销，只要付五百元定金，家庭工业社会立即发去二十箱。收信人卖不出去的药水可以退还，唯独药水龙不行。

　　和题记一样，这封信也提到了陈蝶仙自称经历过的那场火灾（他的权威性部分来源于此）。信中暗示，工厂和工业用地、家庭和宴席场合经常发生火灾。在"家庭新识"的词条里，陈蝶仙说自己用含有碳酸镁的筒装牙粉灭火；而在这里，他描述了自己怎样用家庭工业社生产的药水龙扑灭了公司发生的火灾。此外，这封信看上去像是一种推销，信里说明要多少瓶药水才能满足购买者的预期使用目的，还声称可以打折。《尺牍》出版于1928年，这个特定的交易安排显然已不复成立。但作为范本，信中展示了陈蝶仙怎样巧妙地做生意，怎样熟练地实现传播信息和谋取利润的目的。

　　《尺牍》发表于家庭工业社的内部刊物，用的是"天虚我生"这个笔名，就定位而言并非面面俱到，但很明显是要给工人和青年学生提供信函模板，陈蝶仙也借此分享了自己在制造业和商业方面的看法。在一篇传记里，陈蝶仙的儿子陈定山回忆了父亲如何全身心地致力于帮助青年实业家：

> （父亲）每日清晨五时半起身，即为公司一切营业筹划，
> 直至夜分十一时半不辍。……其办室门外，坐客常满，都向他
> 老人家求生活计划者。父亲……乃就其材而为之工业设计，
> 若可做一小工业的胰造厂，若可做一小规模的机械厂，大率资
> 本不巨而易于施行的。资本缺少的即资助之，从不向人取利。
> （陈定山 [1955] 1967,168）

141

《尺牍》应已成为他助力新兴企业和青年实业家这项浩大工程的一
部分。

陈蝶仙在《尺牍》的序言里就讲述了他是如何帮助青年实业家的：

> 栩自戊午创设家庭工业社以来，所费笔墨多在信稿簿
> 中。……因念坊间所刊尺牍，大都一时虚构，无裨实济。惟我
> 所作信札，悉就当时事实，以纸笔代喉舌，绝无虚饰套语。凡
> 心中所欲言，目光所能到处，莫不信手直书。虽系文言，无异
> 白话。……其有制造工程上之种种方法，完全不守秘密，悉举
> 以告，使能明了其原理，而收良好之结果。……择其堪为工商
> 业学生或办事员作为借鉴者，……十年心血，成此结晶。……
> 惟此一编，似较《曾文正〔公〕家书》尤有益于青年。盖青年
> 人欲为社会服务，即不能不有种种之经验。顾从何处而得经
> 验？则舍读书习业外无他法。（陈蝶仙 1928,n.p.）

在这里，陈蝶仙从几方面担保了这部汇编的权威性。首先，他将自己
的著作与坊间售卖的通俗读物作了区分：他的著作是优质产品。然
后他拿自己的文本和一些高谈阔论作比较，后者或许在影射"五四"
新文化运动。他点明了对"虚饰套语"（即文言）的焦虑，但还是为自

己选择文言做了辩解, 声明自己的语言风格和新的白话国语没有区别 ("虽系文言, 无异白话")。最后, 和那些私藏配方的人不同, 他是个毫无保留的利他主义者。他认为, 中国年轻人要成功, 需要多种多样的经验, 而为了实现这种多样性, 阅读并从事工业实践是至关重要的。其言外之意显而易见: 人们很有必要阅读这部汇编以保证生产效142 率——它售价公道, 以新式文言著成, 负责提供容易理解的 "常识"。

这些信件的内容包含了相当可观的技术信息, 应该会吸引到《尺牍》的目标受众: 未来的制造商和青年工人。1924年一封题为《炭酸镁能灭火之理由》的信, 解释了碳酸镁的化学特性, 并介绍了碳酸镁灭火器的工作原理:

> 炭酸镁能灭火, 固已尽人皆知。寻常灭火药龙, 即以重炭酸钠溶化于水, 加入硫酸或盐酸, 使成硫酸钠或绿化钠。因而逐出炭酸气, 利用其气压力, 压出所贮之水, 激射使高。一经遇热, 炭酸与水分离, 是以能夺取燃烧之养, 而火以熄。此定理也。普通学校试验, 以炭酸钙钠入玻瓶, 注以盐酸, 即有炭酸气发出。如以火近瓶口, 其火立熄。……其理与上述者同。
>
> 今以炭酸镁注入盐酸或硫酸, 使成硫酸镁……因而逐出炭酸, 其效用亦正相同, ……而炭酸镁尤有一种特性, 为上述各种炭酸盐类所无者, 试举如左: 一、试以炭酸镁入铁瓶中, 加以强热烧瑕, 铁锅虽已成红炽, 然以手指试探锅中, 并不觉其灼烫。(陈蝶仙1928, 甲子年: 46—47)

鉴于原信是写给外国制药公司 "薛鲁敦洋行" (Schloten, H.) 的, 这些技术信息就不令人意外了。信中继续列举了更多理由, 说明为什么碳143 酸镁可以发挥如此巨大的作用, 并解释了为什么它远比其他碳酸盐具有更强的灭火能力。这封信明确指出其中所需要的技术知识水平与高中生相差无几，不过和"常识"里的词条相比，还是传达出了丰富得多的技术细节、化学知识和物理学。[1]

　　在致力于传播工业制造知识的出版物迅速增加的时期，流传中的《尺牍》因其收录的书信而引人注目。[2]出版尺牍在帝国晚期到民国时代是很普遍的，所收信件从家书到情书不一而足。[3]男女文人将书信写作视为一种向公众展示的艺术形式，所以他们写信时常常期待出版（陈平原2010, 181—194）。陈蝶仙刻意选择以书信范本汇编的形式出版制造业建议和专业知识，说明他或许一开始写信时就在考虑出版。

　　在序言里，陈蝶仙提到了19世纪晚期出版的《曾文正公家书》，借此指出这是一个历史悠久的文类。"文正"是晚清政治家曾国藩（1811—1872）的谥号，《曾文正公家书》则是他写给家里的书信集，在他身后集结而成。在清帝国的危急时刻，搜集曾国藩这样一个在太平天国起义后为挽救帝国发挥过重要作用的著名将领的书信，着实引人注目。读者通过这些信所了解到的，不仅是曾国藩如何治家，还能引申到他如何治理一个分崩离析的帝国。这些信，有助于展现曾国藩具有典范意义的道德准则。虽然陈蝶仙没有曾国藩那样的名望和影响，但他显然试图和这位晚清政治家建立谱系上的连续性，而且他还（极其大胆地）把自己塑造成与之类似的、某些领域的权威——于他而言便是工商业，并具有差相仿佛的道德立场。其商业化的古典风格源自由来已久的文类，熟悉（即便不是追怀）帝国晚期书面文化的中等水平读者会心有戚戚，便可能成

---

[1]　另一个例子是《为救火药水及灭火砂事》，见陈蝶仙（1928, 癸亥年: 36—38）。

[2]　魏爱莲（Ellen Widmer, 1989）讨论过著名的书信范文集《尺牍新语》，该书流传于17世纪中国女性的书信圈。

[3]　关于"尺牍"一词的更多讨论，见Richter（2013, 35—36）。关于晚清和民国时期尺牍范本的更多讨论，见Cai（即出）。

为购买者。不过，即使《尺牍》借曾国藩刻意激发帝国晚期的感伤情绪，144 它最终要实现的还是明确的现代目的。尺牍的功能已更新为一种简便的使用手册——关于如何做生意和建设工业。[1]

乍看起来，《尺牍》和"常识"栏目迥然不同。"常识"并没有把制造业知识当作针对专业人员的职业技术来展示，而是当作兼容并蓄、面面俱到的信息，让有学识的城镇读者去品味和鉴赏。其中的"常识"，不是某个专门领域或学科的基础。不过有些人或许并不区分专业界限，却仍投身工业和制造业，他们可能会很重视和"小工艺"有关的词条。为青年学生和新兴实业家提供技术知识的这种可能性，在《尺牍》中便显得尤为突出。它的出版标志着陈蝶仙形象的转变：他出版自己的信札，并想要通过自己的商业书信汇编分享知识，从而为未来的实业家和年轻企业家树立榜样——这时的他已然成为一位经验老到的实业领袖。然而，即便《尺牍》最终的明确意图就是帮助年轻制造商，因为它继承的是书信汇编这一文类，但其中还是充满了士绅做派的博学氛围，而没有明确的专业分类。就此而言，它仍然不同于市场上与之竞争的出版物，比如专业化的工业期刊和教科书。

多年后的1982年，陈蝶仙的女儿陈小翠指出："天虚我生每天除了忙于实验、仿制之外，还花很多时间回答工商职工、青年学生的来信。……这些短篇……出版《工商尺牍》四卷，属于小工艺……"（陈小翠，范烟桥，周瘦鹃1982，222）这段引文中，陈小翠清楚地表达了给工人和青年学生回信、实验与仿制（后二者将在第四章讨论）之类的知识性工作，在陈蝶仙的民间工业主义中是何等重要的部分。此外，《尺牍》和"常识"一起塑造了工业主义的梦想。和考试制度很像，这

---

[1]　陈蝶仙在他出版的《机联会刊》（97［1934：9］）上的一则广告里宣传过《尺牍》。四卷《尺牍》都以一元一卷的价格出售。广告里还有陈蝶仙的其他书目，包括第四章要讨论的《薄荷工业》（陈蝶仙1933a），合订单行本售价五角一册。

些"小工艺"文章引发了新式的社会抱负, 有助于把化学、物理和制造　145
企业转变成一种激励性的憧憬。这两大主题或许因此共享了一组重
合的读者群: 化学和化妆品制造的某些业余爱好者, 他们读过陈蝶仙
1915年的"制造库"栏目, 此时可能被劝离家庭实验室以及志趣相投的
实践者组成的私人社会网络, 为的是在20年代新兴的学术场所或现代
工业领域谋求利益; 与此同时, 有些人可能还在继续品读陈蝶仙更新
的出版物, 读"常识"是为了获得更多的休闲娱乐, 读《尺牍》则为了具
体的见解和信息。

"常识"与专利竞争

在专业化和工业形态方兴未艾的时代, 新式工业出版物和专业杂
志不断涌现于中国出版市场。值得注意的是, 其中一些专业出版物收
录的文章将专业知识乃至商标生产过程都判定为"常识"。把制造业
知识视为"常识"的同时, 这些专业刊物将此类知识当作专门针对正
规生产、专业人士或科学工业的专业知识来呈现, 与"常识"栏目和
《尺牍》都背道而驰。"上海化学工艺专门学校"出版的《化学工艺》就
是这类刊物, 把化学和工业方面的"常识"展现为新兴专业知识的基
础。这所学校是典型的职业教育机构, 一开始出现于上海等大城市,
关注工商业, 培训和教育的是下层中产阶级青年 (W. Yeh 2007, 36—
40)。期刊指出, 该机构的明确宗旨就是促进化学工业, 教育未来的实
业家。只要上一两年中学, 有扎实的学术背景就可以录取。如要修读
更多专业选修课, 则学生至少要有高中文凭。[1]基础课程包括"化妆
品全部""原料制造法"和"日用卫生品"。[2]虽然这份刊物由学校出　146

---

[1]　关于"上海化学工艺专门学校"的宗旨、课目和入学资格, 见《化学工艺》第一卷第二期 (1922年
10月) 封面背页上的学校广告。

[2]　原广告此条后还有"学校用品"。——译注

版，而且针对的是学生，但一般读者也能获得。每期三千份，免费分给工业机构、学校、工厂、药店，以及所有主要的报纸代销处。所载文章明确了新的职业身份，比如现代化学家，还提供了一条成为技术专家的不同途径。人们不再是手工作坊或匠人世家的学徒，而是以完全现代的方式接受教育，训练学生的方式就包括阅读刊物这种更为隐匿的形式。

《化学工艺》刊登的文章主要涉及化学和制造业知识，这些知识被描述为"常识"，意在充作某种资本之用，让学生得以巩固自己的职业资质。《化学家应有之常识》（俞自明1923）一文，声称译自《美国科学》杂志，精确阐述了必需的"常识"。[①]要达到同样目的的还有《用化妆品应具之常识》（卢恒1922），文章描述了学生所应具备的生产化妆品的基本知识，包括怎样制造肥皂、雪花膏、牙粉、香粉、发油和香水。掌握这些知识，直接关系到对中国化工之未来的基础投入。在《劝国人设立化学研究所》中，法常把化学和工商业的发展直接关联起来，称："化学者，实业之母也。"（1922，5）

《化学工艺》似乎没有对那些被称为"常识"的制造业知识或特定公式和配方，表现出专属所有权意识。刊物上可以公开发表关于大规模生产流程的文章、工厂企业的调查报告，还有关于化学研究的文章，其中一些包括了著名品牌和企业生产流程的特定信息。每期都有一整个版面用来考察制造业方法，代表性文章包括《洋烛制造法》《肥皂试验之常识》和《广西制造桂油之概况》，还有《化学工艺与卫生的关系》和《油脂类工业》。在商标和专利保护尚未出现的时代，一些文章描述了怎样制造大牌化妆品以及知名工厂的运作方式。有一份

147

---

① 所参考的《美国科学》上的文章似乎并不存在，至少《化学家应有之常识》（俞自明1923）发表前后的1922年或1923年没有。所以，这篇文章可能有其他来源，或是作者自己写的而不是翻译的，尽管参考了《美国科学》。

学生实习报告考察了产品成分, 还一步一步指导读者制造"祥茂牌"肥皂——一款很畅销的英国肥皂, 英语名为"Honey Soap"(蜜糖皂)(方朝珩1922)。[①]紧随其后的是《中英药房所售之冬青油, 是天然品, 抑是人造品?》, 文中巨细靡遗地介绍了这种油的化学成分(郭上宝1922)。还有一份考察"五洲固本肥皂厂"的调研, 详细描述了厂里使用的机器种类, 包括压榨过滤器、干燥室、轮转搅混机和压缩机。[②]

　　值得注意的是, 有一篇文章详细考察了家庭工业社——陈蝶仙当时刚创办的化妆品企业。通过这份报告, 读者可以了解家庭工业社旗下的十家工厂、企业采用的运营策略, 以及股权利益的具体分配。其中还透露了厂里配制碳酸镁的精确步骤:

> 其制法有二: 第一, 用菱苦土矿(其成分即炭酸镁, 质杂而不纯, 故不能用以制牙粉), 碎之成粉, 加硫酸, 分解而成硫酸镁, 能溶于水。滤过之, 以所得滤液加炭酸钠溶液, 则得一种白色沉淀。干燥之, 即成轻镁炭养。其反应次序如下:
>
> 1. $MgCO_3 + H_2SO_4 = MgSO_4 + CO_2 + H_2O$
>   菱苦土
>
> 2. $4MgSO_4 + 4Na_2CO_3 + XH_2O = (3MgCO_3 + Mg[OH]_2 + XH_2O) + CO_2 + 2Na_2SO_4$
>
> 第二, 用制食盐之废液为原料。盖海水中含绿化钠(即食盐)最多, 其次为绿化镁($MgCl_2$)。蒸发海水, 绿化钠即成

---

① 到30年代, 中国对祥茂品牌的仿冒遭到了英国外交部的抗议。然而在1922年, 公布祥茂牌肥皂的生产配方显然不成问题。

② 见《化学工艺》1(1)(1922年5月): 49—52。其他例子见第二章讨论的刊物文章上的一些词条, 如沈瑞清(1915), 其中公开分享了夏士莲雪花膏的制造配方, 那是宝威公司的一款面霜。

148　　　结晶析出，绿化镁则仍存于废液中。若以炭酸钠溶液加入之，
　　　　　亦得不溶于水之盐基性炭酸镁，……其反应如下：

$$4MgCl_2 + 4Na_2CO_3 + XH_2O = [\ 3MgCO_3 + Mg(OH)_2 + XH_2O\ ] + CO_2 + 8NaCl$$

　　　　　（《化学工艺》1［2］［1922年10月］，42—43）

这份报告没有把化学反应和生产流程当成陈蝶仙新企业独有的商业机密，而是作为可以公开分享的常识，为的是发展民族工业。

　　这段用文字陈述的知识，其凸显的权威性不同于第二章讨论的"制造库"配方所展现的化学制造知识。虽然进入了闺房，但早期栏目里的技术知识仍然呈现为一种外国奇观，纳入各种成分的西方译名则强化了这种效果。然而在这里，制造业配方不再成为奇观，化学名称仿佛是固定的、权威的，由此预设了一种超出先前那些文章的确定性。没有西语注释，反应式和化学名称被当作自明的。不过当时还是很缺少统一规范，这就体现在引文中用来代表化合物的汉字。[1]最终用来指称"gas"的汉字是用得越来越多的词根"气"，至迟到1936年又确定了"氯化钠"（sodium chloride）的标准写法。不过在这里，氯化钠写作"绿化钠"，第一个字是"绿"而不是同音的"氯"——"氯"后来才成为标准用字。[2]类似的，术语"碳酸镁"（magnesium carbonate）这里写作"轻镁炭养"，后来改成"氢镁炭氧"："轻"被"氢"取代，而后者正是前者的同音字，和部首"气"合成；最后一个字"养"，则被"氧"取代。

_____

① 科学术语的规范化在中国始于1915年，由科学名词审查会主持。该会隶属位于上海的非官方组织——江苏省教育会，由致力于中国医学和科学体制化的本地精英组成的松散网络运作，一直延续到1927年。1915年时，名词审查会并非由化学入手，而是先统一解剖学术语。关于术语规范化的更多资料，见Luesink（2015）。

② 关于术语"氯化钠"，见《辞海》（1936年版）。

因此，1922年写下这段话的时候，化学名称在中国（甚至可以说全世界）尚未固定下来。[①] 但除了术语不固定，这篇文章要表达的意思并不含糊。知识的传达使用了一种权威的语气，呼应了当时流行的新式教科书里呈现知识的方式。文章不再刻意把科学描绘成外国奇观，而是正规、严肃地展示制造方法以及化学方程式，让读者去掌握。

　　《化学工艺》里的"常识"针对的是成长中的学生和专业人士，包含了制造流程、厂房的详细描述和中外药企及其品牌信息。出现在这里的"常识"可能透露出一种与该刊物的专业理想构成的紧张关系：一方面是它服务的全体学生，另一方面是强调和普通百姓分享的"寻常"知识。不过，认为"常识"对于培养专业技能有益，则或许全无抵悟。相反，为了助力中国工业，该刊物力图尽可能广泛地传播知识和研究，以期为本地工业的发展奠定基础。此外，将这些工业配方与成功的品牌及企业——包括西方的（比如冬青油）和中国的（比如家庭工业社）——直接联系起来，对编辑和读者来说并不算侵犯知识产权，反倒有利于分享中国工业的"常识"。

　　不过对陈蝶仙来说，《化学工艺》这类刊物借助权威性传播了他和其他制造商的生产流程，而他自己的常识类出版物试图挑战的恰恰是这种权威性。虽然知识产权这一法律观念在当时的中国刚刚萌生，而且很少付诸实践，但制造业游戏的玩家还是热衷于对特定形式的知识主张所有权，以彰显自己的权威性和专业性。为了应对四处传播的生

---

① 根据当今使用的化学符号，反应式中的等号（=）应改作箭头（→）。当然，有些化学反应式没有配平。第二个反应式原文写作"$4MgSO_4 + 4Na_2CO_3 + XH_2O = (3MgCO_3 + Mg[OH]_2 + XH_2O) + CO_2 + 2Na_2SO_4$"，没有配平。配平后的反应式是：$3MgSO_4 + 3Na_2CO_3 + 2H_2O \rightarrow 3MgCO_3 + Mg[OH]_2 + 1H_2O + 1CO_2 + 3Na_2SO_4$。第三个反应式"$4MgCl_2 + 4Na_2CO_3 + XH_2O = [3MgCO_3 + Mg(OH)_2 + XH_2O] + CO_2 + 8NaCl$"也没有配平，应该是：$3MgCl_2 + 3Na_2CO_3 + 2H_2O \rightarrow 2MgCO_3 + Mg(OH)_2 + 1H_2O + 1CO_2 + 6NaCl$。配平之后，这些反应式在化学上才算准确。感谢哥伦比亚大学化学系助理教授约瑟夫·乌里奇尼（Joseph Ulichny）帮我检查这些反应式。

产配方——其中包括陈蝶仙自己企业的创造，他决定把生产配方和信息当作"常识"发表在"常识"栏目以及相关出版物上，这或许可以视作一种彻底公开化的行为。在出版市场上，他的身份就像一个集聚智慧和士绅专长的多面手，与之相对的是专业更局限的职业主义工业出版物。通过让生产流程变得"寻常"，超越那些满足于竞争刊物、偏于一隅的专业读者，陈蝶仙试图挫败与之抗衡的专业出版物，对技术知识主张权利，同时对"常识"类出版物以及用此类知识生产的物品进行销售控制。他试图用更高效的做法让知识变得寻常，从而在面对其他刊物时占得先机。他的"常识"类出版物因此巩固了他的声望，并打压了对手。

结论：20世纪20年代中国的常识政治

20世纪20年代这一时期，五花八门的制造实践和知识生产实践同时存在。关于"工业"到底是什么，到底谁拥有、生产和授权工业相关的知识，也有多样化的主张。20世纪初，教育改革推动了从化学到物理等相关学术领域的崛起。起初在教会学校和公立大学，最后进入现代风格的中学和高中，这些领域开始通过培训和学历来认定专业技能，而晚清文人采用的博物学方法很快就淘汰了。民国时代，医学、法律和新闻学的专业边界纷纷确立，并通过上海执业律师和新闻记者协会等依据职业划分专业人士的组织加以厘定（X. Xu 2000）。这些变化催生了新式专业人士，他们的出现迥异于帝国晚期非专业化的士绅典范——后者的古典教养标志了他们的社会地位，而且是顺利通过科举考试的基础。专业技能，则不再属于官僚体制中一边奉职一边学习专业知识的个体。"实业家"和"化学家"之类的新职业身份逐渐成形，并经过大学院系、工厂、从事工业的新兴企业以及专业协会的认定。由于这种专业化和职业认定大部分发生在中央政府十分疲弱的时代，正

式专业行当的建立一般由精英人士运作的区域性网络孵化培育。有一 151
篇关于1924年"上海化学工艺展览会"(Shanghai Industrial Arts Expo)
的文章, 作者吴承洛在概括中国化学制造业状况时对上述趋势作了描
述。他指出私营企业如何引领本土制造业的发展, 以及当时的实业家
如何不得不自我推销, 因为内战频仍导致政府无力为之 (1924, 7)。

　　不过, 即便专业出版和正规职业开始涌现, 且每每在地方精英的影
响范围内, 但所谓非专业人士参与的工业生产和科学活动仍在继续。
在实践领域, 轻型制造业商品的"非正规"生产经常在厂房外进行, 尽
管有越来越多的机械化工业用地正在建设。"英美烟草集团"(British
American Tobacco) 把工厂和机械化制造方法引进到中国, 用来生产卷
烟; 但与此同时, 手工作坊忽然出现, 它们回收烟草和手卷烟, 拿到二
级市场贩卖 (Benedict 2011)。而且直到20世纪30至40年代, 由企业
或国民党政府资助的现代实验室才开始建立。20世纪20年代, 化学实
验在各种空间里开展——从冲洗照片的临时暗房到家庭实验室和文人
读书会。[1]在知识领域, 虽然科学学科正规化的趋势清晰可辨, 但"科
学"很难说是独一无二的专业学术领域。新的科学规则正在北京大学
建立。不过, "新文化"知识分子在《新青年》之类的刊物和新成立的
科学社团里, 将科学知识 (更确切地说是"赛先生"这个口号) 宣传为
世界主义知识分子和感兴趣的市民都应普遍追求的东西, 而不论他们
从事何种职业。

　　如果说"常识"这个词今天一般翻成"common sense", 亦即大家
心知肚明的东西, 但在20世纪20年代, 这是一个来自日本的新名词, 在

---

[1] 关于20世纪30年代中国正规化学实验室及其他科学实验室的兴建, 更多资料见Wright (2000);
关于法医实验室, 见Asen (2016)。关于临时暗房的更多资料, 见Y. Gu (2013, 129) 对摄影倡导者和
先行者杜就田的考察。

专门行业和专业化还没有彻底稳固时获得了重要意义。[1]职业专长和专业身份只能通过文凭和证书得以确立，但并不总能一以贯之。其结果便是：不同行为者争相界定"常识"。例如20世纪早期的法医行业，司法官员试图通过小说、期刊文章、法医方面的入门读物以及科学杂志上的问答栏目获取医学"常识"，从而具备足够的知识以便雇佣法医和相关专家（Asen 2016）。"常识"是非专业的知识，但法学家要掌握这些知识去巩固自己的专业资质。

　　陈蝶仙的"常识"就是类似形式的普通本土技术知识，通过大众传媒供人们学习并广泛传播，让中国新兴的市民读者来阅读并付诸实践，哪怕是成长中的专家也会去接触此类知识。陈蝶仙的"常识"栏目，让市民读者和有文化的都市人普遍可以获得"常识"——这些"常识"以普通的、非专业的形式呈现，有助于涵养品位，塑造社会身份，以及培育中国的现代公民。他汇编的《尺牍》对很多信息做了重新包装和目的改造，视为他本人的士绅专长和工业声望的基础，同时也为读者奠定了成为专家的基础。以上两种出版物，因而最终代表了通向工业和科学的混杂途径。对陈蝶仙来说，它们表达了一种固执的坚持：虽然学习制造和工业的知识有助于开拓他和读者的技术专长，但这些知识并不完全属于狭隘的专业主义或政府资助的工业建设的范围。陈蝶仙的出版物暗中指涉的是：掌握工业"常识"在20世纪早期可以让有学问的读者、有教养的市民和新兴专业人士，建立起一种先进的现代日常生活。这种常识或许还被用于上海都市游戏场中的自我塑型或新民国公民性的养成，而且肯定迥异于同时存在但其实是从相对新兴的发展领域获得重要性的专业知识。最后，与其日渐清晰的轮廓形成对比的乃是专业化趋势的涌现，随着以工厂为基础的正规制造业和新兴学术学科的成长，它的轮廓

---

[1]　关于新名词"常识"的更多资料，见L. Liu（1995, app. B, 285）。

在与这种涌现的专业化趋势的对比中变得更加清晰。

　　"常识"栏目中的非专业知识和士绅专长的高雅性，进一步凸显了
《尺牍》的基调，并服务于其商业目的。它是公开的文本知识，明码标　　153
价；而且正是通过购买陈蝶仙权威性的印刷商品，这种知识才成为"寻
常"。从这方面看，陈蝶仙与那些同样提倡以非专业的世界主义姿态
支持科学和新家庭的"新文化"作家截然不同。他不仅把通过工业知
识进行家庭改革和救亡图存这样的大议题联系起来，也和追逐利润联
系起来。这两种出版物的背后暗藏着不可否认的商业潜流。此外，上
述出版物的功能还包括推广陈蝶仙的设备、贩卖原材料（其中许多产
自家庭工业社）、出售商品。这些文章展现了陈蝶仙的个人规划，包括
泡沫灭火器以及各种原料，比如他的制药公司生产的碳酸镁。[①]文中
透露了制造机密和技术，即便是为了生产知识并为陈蝶仙出售的产品
和设备激发购买欲。最后，知识本身是可以购买的。比如，《尺牍》就
被聪明地包装成了"尺牍"这一文类，将商业信函汇总起来，有点像在
怀旧，像文人的非专业主义。因此这就显然不同于现代的专业指导、新
式教科书，以及当时充斥于中国出版市场的工业期刊。

　　为了具体说明这些出版物如何推动商业活动，以及实际上又如何
重构了日常生活，让我们回到陈蝶仙对灭火器的推广。到20世纪30
年代，陈蝶仙依旧热衷于实践他长期以来在栏目中宣扬的——亦即把
"常识"类出版物上刊登的"无敌牌灭火机"和其他物品整合到日常领
域。1935年，家庭工业社派代表去学校和其他地方作演示，以相当壮观
的场面展现了"无敌牌灭火机"完美的实用性和必要性。[②]例如，江西

---

①　陈蝶仙的女儿回忆了他在"常识"栏目里的文章和广告如何发挥支持国货运动的功能，并帮助家
庭工业社招揽生意（陈小翠，范烟桥，周瘦鹃1982，219）。

②　一战和二战之间，该民族国家正在利用资源提升防空体系，培训当地城市人口抵御轰炸。这样的
氛围或许促进了20世纪20年代"无敌牌灭火机"的推广。

省县政人员训练所便接待了一位家庭工业社的代表, 他在机构门口的空地演示"无敌牌灭火机"如何操作。该机构的教育长要求学员和教职员围成一圈, 代表在中间放置一个盛有煤油的金属火盆, 然后用灭火器在短短几秒之内就扑灭了熊熊烈焰。这壮观的场面很有新闻价值, 登在机构周刊上(《家庭工业社表演灭火机》, 1935)。正如文中指出的, 该机构举办这次表演, 是为了让所有学员能够掌握灭火的"常识", 还买了两具灭火器以防患于未然。这场演示以及家庭工业社顺利卖出灭火器并传播"常识", 展现了陈蝶仙自1905年第一次动员朋友到杭州的一座山上看他用自制灭火器尝试扑灭燃烧的草垛而告失败后, 取得了多大的进步。1935年, 陈蝶仙作为泡沫灭火器领头制造商的地位, 是他经年累月勤奋工作的结果。而这里讨论的把轻型制造业知识当作"常识"来普及, 以及将商业智慧以出版物的形式加以展示, 在其中起到了关键作用, 是陈蝶仙民间工业主义的标志。余则亦然。改造和实验, 翻译与改写, 改良现有技术, 以及谋划激进的营销策略, 对于陈蝶仙成为中国工业的领头羊都是锦上添花的重要助力。

第三部
物品制造：1913—1942

19世纪下半叶到20世纪早期，随着通商口岸的出现和轻工业的兴起，中国的物质景观不仅表现为量产化现代商品的激增，而且出现了各种层级的市场和货物种类。国内外制造的量产货物，渗透到生活的方方面面——正式的和日常的，都市的和乡村的。商业市场和消费文化日趋复杂，不同层级的物品和商业交换开始涌现（Dikötter 2007; Benedict 2011）。随着货物急剧增多，待售商品不胜其数，日常用品的不同分类方法应运而生。有些被认为是国产货，与进口货相对。有些是名牌商品或"仿冒"品，或介于循环利用和重新改造之间的货品。这些分类范畴，也会随着时间以及在不同生产商和消费者中变化。到底什么是"真货"和"假货"？什么是"国货"和"敌货"？热火朝天的辩论持续不断，个中关键便是变幻莫测的定义。正是在这样的背景下，陈蝶仙以及和他类似的制造商，便致力于将自己的产品界定为真正的本土品牌，与之相对的则是骗人的敌货或假货以及仿冒品（第六章）。

与这种愈发复杂的消费文化相关联的，是生产制造形式的重构。"洋务运动"早期曾聚焦重工业和建造军工厂，而到后期——即19世纪80年代至90年代，则转移到政府支持启动的重要轻工业，比如纺织和制药。运动的第二阶段，还特别关注和鼓励官商合办企业。世纪之交后的民国早期，政治动荡和内战导致所有大规模的政府投资都停滞下来。当然，促进中国轻工业的小规模政府投资还在继续，时值1915年农商部设立工业试验所，专门分析本土产品，包括化妆品和染料。但由于疲弱的政府无力将资源投注于发展重工业，这一时期最终转向了轻工业，因其无需大量的资金投入、运营费用、精深的专业技能或大型设施。此外，这时还出现了官办企业向私有、私营企业的转向（Köll 2003, 36）。有一些批量化生产的大型工业企业，包括"英美烟草集团"之类的海外跨国公司和"大生第一纱厂"之类的国内地方巨头（Köll 2003;

Benedict 2011）。然而在轻工业领域, 大多数以工厂为基础的企业却是
小规模的, 机械化程度一般, 而且常常是家族企业。还有数不胜数的手
工作坊。作为世纪初中国现代工业景观非常重要的组成部分, 这些作
坊经常对物品进行循环利用和重新改造, 针对的是负担不起名牌的较
低层次的消费者（Benedict 2011）。

正是在这种复杂多变的环境中, 陈蝶仙注意到了不断升级的社会
矛盾心理——关乎新的物质性和中国工业的现代性。作为杭州的一名
文人, 后来又到上海成为作家兼编辑, 陈蝶仙运用各式各样的文本策略
从事知识生产, 对进口货物和新技术进行本土化改造, 同时打消新的物
质现象可能加诸社会秩序和文化敏感性的一切可知威胁。成长为一名
实业家后, 他仍然意识到要转移关于中国工业物质性的焦虑。这种焦
虑, 大部分直接源自批量化生产——大量涌现的商品鱼龙混杂, 很多仿
冒品和假货以其低廉的价格威胁到了品牌企业的市场优势。外国货的
涌入也引发了严重的危机, 刺激了"国货运动"的出现。民国期间, 这
场运动的商界领袖试图将19世纪晚期已被视作"洋货"的产品, 重新
定义为典型的"国货"。陈蝶仙就是这些商业活动家中的一分子。通
过考察陈蝶仙如何建设自己的国货工厂、推销自己的产品, 本部分将展
现他怎样应对工业现代性造成的新的挑战和焦虑, 尽管同时他也在利
用它们。

从陈蝶仙创办家庭工业社开始, 他便顺应时势将其建设成小规模
的本土化企业, 尽管事实上它的建立依赖信息和物质的全球化传播, 而
且实际上公司最终成为工业集团。他经常标榜自己的公司立足于玩创
活动, 又是家族企业, 以区别于密集型投资的研究开发活动——这些活
动通常和政府资助的重工业项目或世界各地的企业集团相关。显然,
陈蝶仙最初的工业活动确实很低端。就像在编辑、文字工作中复制粘
贴、辑录改编一样, 他同样在物质世界中进行着"复制—粘贴"式的创

新。他用来制造化妆品和日用品的技术, 往往依赖组装与混合等相对直接的方式。他并非凭空发明制造秘方, 而是翻译改编外国配方。到1920年早期, 家庭工业社迅速扩大规模, 成为垂直一体化的复合型企业。可是, 即便公司成为原材料 (比如碳酸镁) 和成品 (比如牙粉和其他药品及日用品) 的制造商, 并跻身为中国和东南亚市场中全球品牌的主动竞争者, 陈蝶仙自力更生的本土主义声誉以及根据需要塑造美德的能力依然不可估量。在一个热烈的经济爱国主义时代, 这样的声誉成为一种强有力的营销工具 (第四章)。

　　除了为自己的公司正名, 陈蝶仙还意识到要在市场竞争中保证商品质量。当时充斥着假货、仿冒品和骗人的"敌"货, 他动用各种各样的手段去证明自己的产品确实是"国产"的、可信的。为了达到目的, 他开始去了解所有权的全球法律框架和商业营销策略——它们的出现和发展因应了广泛分布、基于工业的批量化生产。陈蝶仙欣然翻译并辑录了相关的商业法律知识, 其中的规则和实践涉及物品买卖, 每每包括与其小工艺文章类似的文本。这些文本提供商业技术知识, 涵盖了怎样经营一家联合有限公司, 怎样选择最好的商标, 以及其他各种内容。他还翻译出版法律论著, 让自己和中国的制造商伙伴们迅速而有选择地了解最新的法律知识和刚刚确立的国际商标法律制度。

　　到20世纪30年代, 普遍的经济焦虑以及对包括国货和洋货在内的物资过剩的关注达到了新的高度。文化生产者惶惶不安, 担心泛滥的资本主义, 担心陌生的工业化影响上海之类大城市的生活。左翼作家茅盾 (1896—1981) 在他的小说《子夜》中, 便对上海庸俗的物质主义提出了批评。包括国民党领袖在内的右翼思想家, 比如戴季陶 (1891—1949), 倡导用军事纪律、美学和精神升华来抵制城市的腐朽、贪婪和堕落。对假货和仿冒品的担忧表现在各种广告里, 这些广告警

158

告消费者小心买到不可靠的商品。第一次世界大战后, 对物质过剩日益增长的忧虑, 也部分来自对工业主义愿景的质疑以及不断持续的经济帝国主义压力。最后, 全球大背景下的经济萧条从多个方面影响到中国, 比如生机市场①对外出口的减少。国货运动的拥护者对购买敌货发出了严厉警告。

在这样的背景下, 陈蝶仙宣传自己的商品和公司时显得尤为精明。就像他在杭州开始试验新事物时, 从文字命名的实践中吸收经验, 塑造了庄子式的形象; 成为一名成熟的企业家后, 他采取了领先的品牌营销策略, 让自己公司的商品在批量化生产的一众化妆品中脱颖而出 (第五章)。例如, 他充分利用自己"鸳蝴派"小说家的声望, 为自己的工业和资本主义活动正名, 包括巩固"无敌牌"商标的地位。家庭工业社及其东南亚分社, 轻而易举便适应了"联合利华"(Unilever) 等跨国公司发起的抢占市场的广告战, 尽管当时他还把"无敌牌"商品定位为中国侨民社群的国货。他动用了一系列手段, 阻止别人盗用"无敌"品牌。他在法庭上威胁被指控的剽窃者, 在报纸上点名羞辱那些出售假"无敌牌"产品的公司和商店。最后, 陈蝶仙在他职业生涯的最后十年, 一直在编纂小工艺方面的文献资料。20世纪30年代他出版了几部汇编, 为的是帮助读者在这个物质丰足、应接不暇的时代找到方向。在经济帝国主义无孔不入的时代, 作为曾经的营销人员, 他采用了精巧的策略去鉴定国货, 其中就包括他自己的产品。

---

① 生机市场 (viable markets), 指稳定和波动演化共存的市场。——译注

第四章　中国乌贼与全球流通：家庭工业社

　　陈蝶仙生平记录中的工业活动有一桩著名的轶事，见于其子陈定山（1897—1989）撰写的回忆录。这部传记1955年在台湾出版，1967年重印，其中记叙了陈蝶仙1913年的一个故事。当时的他是个县官和业余小说家，也涉足化学，他发现乌贼骨可以充当制造牙粉的重要原料（182—183）。[①]文章指出，意识到个中关联对陈蝶仙创办"家庭工业社股份联合公司"（Association for Household Industries Co., Ltd.）至关重要，[②]公司后来多年生产出售"无敌牌"牙粉，大获成功。这桩轶事始

---

①　他儿子的另一部回忆性著作，见陈定山（1964）。关于乌贼还有另一个版本的记叙，见陈蝶仙《年谱》（《天虚我生纪念刊1940, 3》）。关于陈蝶仙使用乌贼骨的其他回忆性文字，见郑逸梅（1992）和顾颖（2009）。同时代的记录，见章亦敏（1936）。陈小翠、范烟桥和周瘦鹃提过，陈蝶仙急于找到比西方药房售价更低的原材料来源（1982, 218）。

②　"家庭工业社"这个名字，当时的官方译法是"Association for Domestic Industry"。在 *China Educational Supply Association*（1933）中，该公司便列于此名下。这个名字还经常用在每年出版的《上海国货厂商名录》里，收录于一年一期的《中国国货调查册1934—1947》化妆品部分，比如1947年《名录》里的公司名称和广告（Y9-1-95-59，上海市档案馆，30, 36）。英文名把"家庭"这个词翻成"domestic"，在当时这是个很好的选择，因为公司产品在两个意义上符合"domestic"：一则商品供家用，二则迎合"国货运动"。不过，汉语中的"家庭"并不能真正传达"domestic"所包含的（转下页）

于陈蝶仙拜访以前的杭州同僚、慈溪知事何公旦——慈溪是浙江省宁波府的一个县, 毗邻陈蝶仙赴任的镇海。两人坐在县治后面的文昌阁打发时间, 一边饮酒赋诗, 一边欣赏海景。就在那时, 陈蝶仙注意到面前蜿蜒的海滩白皑皑的。何公旦告诉他, 每当初冬潮落, 海水便会把乌贼卷打到岸上。一旦鱼肉腐烂, 剩下的全是白色的乌贼骨, 这些骨头绵延数十里。故事继续道, 陈蝶仙听了这一趣事, 意识到他找到了可以随意取用又丰富、天然——最重要的是属于本土资源的碳酸镁。碳酸镁不但是很多海洋生物的壳和骨骼的主要成分, 而且是生产牙粉和其他粉类盥洗用品常用的重要原料。

陈蝶仙偶然发现的那片布满骨头的沿海区域属于镇海, 确实是乌贼产地。穆盛博 (Micah Muscolino) 研究过镇海对面的舟山群岛的渔业, 他指出舟山诸岛和镇海所在海岸的自然环境造就了理想的生态环境, 其混合水系可以养育各式各样的海洋生物, 中国最重要的乌贼种群之一便在其列 (2009, 15—16)。陈蝶仙碰巧看见遍布乌贼骨的海滩时, 意识到自然产物的丰富性, 却恰恰掩盖了那是个危机时刻: 到20世纪, 这片区域的鱼类种群已然承受了巨大压力。正如穆盛博所揭示的, 尽管帝国晚期实施了相对成功的捕捞法规, 旨在减少渔民间的冲突, 但步入现代后, 随着这一地区自然鱼类种群的衰竭, 此种人为干预并不能持续解决问题, 消除对自然界产生的永久性伤害。

不管自然环境的实际情况如何, 从陈蝶仙的角度看, 一片满是乌贼骨的中国海滩似乎提供了一种自给自足的方法, 可以获取生产牙粉的

(接上页)"本国"(national) 或 "本土"(native) 意涵, 而更接近 "home" 的意思。有鉴于此, 本书使用的名称是 "Association for Household Industries" 或其简称 "Household Industries"。这个译名更贴切, 能体现出 "家庭" 和 "本土"(在隐喻层面) 的双重含义。也有人将其译作 "Family Industries Ltd."(如 H. Lee 2001, n. 11) 和 "Household Enterprises"(如 Gerth 2004, 11)。

原材料。乌贼骨长期以来是重要的传统中药材。[①]这一点，陈蝶仙是不会不知道的——他早年就开始接触中医药，当时曾如饥似渴地读阅读父亲的医药工具书。[②]对陈定山来说，讲述偶然发现乌贼骨的经过是很有吸引力的，因为这有助于证明他父亲的艰苦卓绝、自力更生，以及为了建设中国工业而进行创新的能力。他以这桩轶事开始父亲的生平，并不令人意外。在传记中，他引用父亲的话，强调其致力于从本地获取原材料，确立中国的工业自主权：

> 中国的工业，要发达，现在还谈不到机器，而是原料。原料不解决，一切成本都是不能解决的。你看，中国最大的工业，纱——棉花总算自己富有出产了，但一部分还是仰给美棉，而纱价就受了舶来品的牵制。我们无敌牌牙粉，能够打倒日本金刚狮子，便是一切原料，能够自给自足。日本碳酸在卖二十八元一担，而我们自己设厂制镁，成本要核到三十六元时，谁不说我是呆子，但现在如何，日本货卖到四十块了，我们还是站在三十六元不动。你不要以为爱用国货仅仅靠宣传可以成功，第一还是需要货真价实。（引自陈定山［1955］1967，188）

163

不过忽然出现的乌贼最终还是没派上用场。正如陈蝶仙在他翻译的日文书《薄荷工业》（陈蝶仙1933a）的序言里所指出的，虽然他原本确实打算用乌贼制造牙粉，但他几乎立刻意识到鱼类的碳酸钙含

---

① 关于乌贼骨在中药里的使用，参见"常用中药"（日期不详）。

② 即《梅氏验方新编》，家庭常备的工具书，初版于1846年，编者鲍相璈是一名湖南籍官员和医药知识汇编者。该书是陈蝶仙年轻时接触的代表性文献。见《重刊梅氏验方新编·弁言》（陈蝶仙［1934］1937）。陈蝶仙重新整理《梅氏验方新编》，并说明了这部文献如何流传于杭州士绅家庭，其中就包括他自己家。

量太少, 所以很快改用化学方法生产碳酸钙。[①] 其实乌贼骨从来不是碳酸钙的主要来源, 而乌贼的"发现"在回忆录中却被大书特书, 这便很值得注意了。对这一发现的过度强调, 更多是为了证明该事件在维持陈蝶仙特定形象方面的作用。此举意在表明: 陈蝶仙致力于发展中国本土工业, 争取自给自足, 不依赖外国原料进行生产——这是他在20世纪二三十年代作为"国货运动"领袖时就开始建立的声望。

　　不过, 即使关于乌贼的记述在某种程度上不足为凭, 但陈蝶仙确实极力在本地寻取关键原料, 并成为中国领先的镁制造商。此外, 他试图建设本土主义工业, 清清楚楚地证明自己的货物不是洋货, 而是使用国产原料的地道国货。那么, 剩下的问题便是: 陈蝶仙的工业活动在多大程度上真正做到了自给自足、就地取材? 他过世时拥有42家工厂 (Link 1981, 158—59), 在他一生的事业中, 制造的高端化妆品和居家用品包括: 各种香味的儿童牙膏、洁白牙膏、雪齿粉、红色洗牙水、蓝盒和黄盒面粉、乳粉、香水粉、西冷霜、西冷油、女儿霜、无敌油、润发油、花露水、十滴水 (应对夏季不适的常用药)、葡萄汁、葡萄酒等商品 (陈小翠, 范烟桥, 周瘦鹃 1982, 222—223)。以这个国家的状况, 我们便不免有此疑问: 这些物品真的主要依靠本土主义者的聪明才智和本地的丰富资源, 就像乌贼骨故事所暗示的那样浪漫吗? 陈蝶仙有没有利用化学知识、机器和技术的全球传播, 并最终借助市场营销和法律资源, 尽管他享有"民间工业主义"的声誉? 若确实如此, 那他是怎么做的? 在他的职业生涯中有没有失败的地方?

　　为了回答这些问题, 本章从传记中提取了部分材料, 包括他儿子陈定山写乌贼骨故事的那篇, 还有中华人民共和国《文史资料选辑》中的

---

① 陈定山也指出, 当他父亲意识到乌贼骨的碳酸钙含量不够, 不值得下工夫提取时, 用乌贼生产碳酸钙的计划便破产了 ([1955] 1967, 183)。

记载——其内容部分基于对陈蝶仙女儿陈小翠的访谈。我知道，将这些回忆录和回忆性传记当作原始资料会招来质疑。无论是在他儿子的回忆录里，还是在《文史资料选辑》的记述里，形容陈蝶仙的词语不外乎富有同情心、品德高尚，甚至英勇，意在强调他的爱国动机、对"土生土长"的敏感性、老谋深算的智计，以及作为独立开拓者、不依靠外国或政府帮助而从事创新和制造的能力。他们编织了一个典型的创业家故事，故事里年轻的陈蝶仙被描绘成除了创新别无他法，比如把乌贼骨当作碳酸钙的来源。不过尽管如此，他还是完全凭借自己的决心和智慧缔造了一个工业帝国。此外，他儿子在叙述中将父亲誉为"国货之隐者"。文中回忆道，陈蝶仙的象牙印章上刻的就是这几个字；还引用了赠他外号的前司法部次长谢铸陈（1883—1960）的话："提倡国货是人人有责，而要在成功后做一个隐者，是千古不可及的。"（引自陈定山［1955］1967, 179）这段描述不加掩饰地塑造了帝国晚期的"隐者"形象——自外于官场，即便受道家影响而退隐，却过着高尚的生活。这里的信息若隐若现：就像从前的隐士一样，陈蝶仙之所以受推崇，是因为他在政府鲜予资助或无力资助的情况下依然投身工业建设——不为名利，也不求认可，只是出于真正的崇高理想。与上述形象若合符契的是陈蝶仙自己选的笔名和外号所营造的浪漫想象，强调超越政商界俗务的道家理想。

165

　　虽然这些传记资料很可能被当作主观的，而且常常带有明显的偶像化色彩，但我还是不愿意不假思索地无视其史料价值。尽管有明显偏好，但传记里的叙述还是提供了陈蝶仙怎样创办公司和制造产品的资料。剔除修辞性的夸耀，我们还是可以从中检出大量信息。除了注意细枝末节（而非大而化之），我利用其他类型的资料来补充回忆录的信息：家庭工业社内部的一份公司史料手稿，成文于1957年；《薄荷工业》（陈蝶仙1933a），陈蝶仙翻译的关于生产薄荷油的日文书，完成于1923年的家庭工业社调查报告，还有行业公告以及关于该公司的当代研究。应当注意的是, 这些来自其他渠道的论述仍然试图以某种特定方式描绘这家公司和陈蝶仙, 哪怕没有那么明显的偶像化色彩。通过罗列这些资料, 同时谨记每类资料背后的社会功能和政治意图, 便有可能鉴别出哪些信息对我们来说是可靠的。

　　总的来看, 这些资料让我们得以考察陈蝶仙如何从尝试改造镇海沿岸的乌贼骨转向创办自己的公司——家庭工业社。他的改造活动需要进行研究, 需要对外国技术加以调整和仿制, 需要试验并改良原创技术, 使其适应本地条件。这种仿制和改良 (而非重新发明) 商品或生产线的方法, 会影响陈蝶仙和其他人如何理解他在工业上的巨大成功, 而且建构了一条更普遍的途径, 让人们明白中国工业面对外国列强可以怎样获得成功。最后, 虽然这种渐进的、缓和的改良方法以及对技术的本土化调整, 是家庭工业社成为制药巨头的关键因素, 但陈蝶仙还是给这些特性打上了自己的烙印, 将其精心培育成低调的本土主义和民间工业声望的基础。此种声望呼应了自力更生以及——引申开去——工业上自给自足的品质, 这在20世纪二三十年代的中国受到普遍赞赏。为了回应中国境内海量的外国货物, "国货运动"的出现伴随着抗议以及"购买国货"和"抵制洋货"的口号, 其主要目的便是渴望建成中国制造业以及引申开去的民族自足与自强。正是在这样的背景下, 陈蝶仙培育的名声最终得以行稳致远。这样的名声, 还有助于掩盖其职业生涯中陷入失败与挫折的时刻。

创办公司: 家庭工业社

　　民国前十年, 化妆品和日用品行业开始在中国勃兴。中外企业纷纷开厂生产, 比如肥皂和化妆品。欧洲企业这时不仅深入东亚市场, 还在当地进行生产。英国的"利华兄弟"(Lever Brothers), 中文称作"利华有限公司", 起初想把日本当作东方的基地, 便在日本开设了"日本利华兄弟"（Japan Lever Brothers）以促进肥皂在远东的销售（Wilson 1954, 140—141, 192）。1911年, 又在香港成立"中国肥皂股份有限公司"。然而, 欧洲爆发第一次世界大战, 延缓了利华公司在中国本土的拓展, 直到1923年才有能力在上海开设分公司。[①]欧洲企业式微, 而日用品的需求不断增长, 推动价格急剧上涨, 东亚制造商前所未有的机遇来临了。对于像日本那样雄心勃勃的帝国主义政权, 中国成为越来越有吸引力的重要市场, 而商贸往来很快又和日本的帝国主义野心纠缠在一起。日本制药商的产量从1914年的1 990万日元增长到1920年的5 120万日元（T. Yang 2013, 168）, 其中很多企业气势汹汹地开进中国, 而欧洲制造商却被战争绊住了。

167

西方货物——尤其是日货的突然涌入, 在本国制造商之间激起了强烈的爱国热情, 其中就包括陈蝶仙。20世纪10年代, 当外国货物大量流入中国市场, 中国的商人和工业家开始注意发展国内的轻型制造业, 尤其是纺织工业。牙粉起初并没有引起多大关注, 尽管其生产流程极其简单（陈小翠, 范烟桥, 周瘦鹃1982, 217—218）。[②]只有少数几家中国企业生产化妆品或牙粉。1910年, 江苏省创办了一家早期肥皂厂——南洋烛皂厂。[③]紧随其后的是1911年成立的"中国化学工业社", 也开在江苏地区。正是在这相对真空的环境里, 日本人凭借"狮牌"和"金刚石牌"迅速称霸20世纪10年代的牙粉市场, 击败了许多西方产品（Link 1981, 158—159）。

大约就在此时, 陈蝶仙决定专门制造牙粉和广义的化妆品。有一篇传记指出, 陈蝶仙之所以投身中国工业建设, 是为了回应民国总统袁世

---

① 完整的"联合利华"经营史, 见Wilson（1954）。"联合利华"的海外通史, 见Fieldhouse（1978）。

② 按照陈蝶仙女儿的说法, 陈蝶仙并非以牙粉起家。他起初尝试生产冻疮膏——跟牙粉类似, 也是启动资金耗费较少、技术相对简单的产品（陈小翠, 范烟桥, 周瘦鹃1982, 217—218）。

③ 关于该公司的更多资料, 见*China Industrial Handbooks*（1933, 498）。

凯被迫接受1915年日本提出的丧权辱国的"二十一条"（陈小翠, 范烟桥, 周瘦鹃1982, 217）。无论事实是否如此, 1918年5月陈蝶仙正式组建了制药兼日用品公司——家庭工业社, 作为一家合资有限责任公司。[①]他办公司的钱是写小说和做编辑赚来的（Hanan 1999, 4）。[②]家庭工业社后来成为中国最成功的化妆品和日用品公司之一, 其产品远销中国各地和东南亚。[③]到1933年, 工业部外贸局汇编出版的《中国工业手册: 江苏》（*China Industrial Handbooks Kiangsu*）把家庭工业社归入中国最著名的化妆品公司之一（508）。陈蝶仙意识到可以利用日益增长的反帝情绪, 于是把家庭制造社描述成支持"国货运动"的企业, 把他的商品描述成国货, 他大胆宣称可以阻挡日本和西方品牌的入侵。久而久之, 公司生产了几百种消费品。除了双效的无敌牙粉, 还有纸张和日用化学品以及其他日常用品, 比如蚊香和薄荷油（《家庭工业社》1935, 115）。

　　然而, 家庭工业社起初是典型的小规模项目。它始于一个密切合作的家庭, 并以家作为操作场地, 以手工生产为核心。[④]有一份作于1957年、讲述该公司历史的手稿提到: 家庭工业社正式创办的时候, 除去家人只请了10个工人, 并在最初几年增加到30个（上海市统计局1957, 134—136）。刚起步的那段时间, 几乎所有的生产活动都靠手工完成, 仅仅借助几样简单的生产工具。1982年汇编的《文史资料选辑》中, 陈蝶

---

① 见上海市统计局（1957, 134）, 一份题为《公司合营家庭工业社历史资料》的报告手稿, 上海市统计局编（见B31-2-271文档, 上海市档案馆）。

② 启动资金一开始是10 000元。1919年2月, 家庭工业社增资到20 000元, 1920年总计100 000元。见上海市统计局（1957, 134）。

③ 家庭工业社历史上搬迁过几次, 在上海时搬过, 战时还搬到过内地。1933年, 公司位于上海国货路（《中国国货调查册》1934, 235, Y9-1-92-307文档, 上海市档案馆）。该公司更多的一般性资料, 见 *China Industrial Handbooks*（1933, 508）;《家庭工业社》（1935, 115）;《中国国货工厂史略》（1935, 23—24, 117—118, 127—128）; 章亦敏（1936）。

④ 研究中国商业史的学者早就注意到, 工商企业在现代中国占主导地位的形式就是家族企业（往往由一名强大的家长领导）。近来关于大型家族企业的研究, 见Cochran and Hsieh（2013）。

仙的女儿陈小翠进一步证实了上述记载。她谈到陈蝶仙和家人在家里从事生产以作为副业, 就像全家人一起帮他干编辑和翻译的活儿一样 (陈小翠, 范烟桥, 周瘦鹃1982, 217)。他妻子负责为公司最初的产品制香, 包括牙粉和面霜; 女儿则负责晒粉 (《天虚我生纪念刊》1940, 3)。

家庭工业社几乎立刻就发现收益飙升, 企业规模随即扩张。"中国国际贸易协会" (Foreign Trade Association of China) 1949出版的《中国出口工业一览》(Handbook of Chinese Manufacturers) 里有一篇化妆品工业简史, 根据其中的记载, 家庭工业社利用"五四"运动以及随之兴起的爱国热潮, 声称国产牙粉优于日本竞争对手生产的牙粉 (57)。国内唯一无法打破日本牙粉垄断的是东北地区, 那里的日本帝国主义很强势, 日本商人占主导地位 (陈小翠, 范烟桥, 周瘦鹃1982, 221)。随着公司的迅速壮大, 1920年就开始了机械化生产; 同时他又增加资本, 创办了"中国第一制镁厂"——中国第一家同类工厂 (叶明东1923, 46)。1921年, 公司租用了更多厂房来扩充生产设施, 以便提升机械化程度, 增加的设备包括自主设计的晒粉机和搅拌机, 皆得自上海本地工厂。

虽然这时中国已有大型的工业联合体 (主要在东北和长江流域, 包括先前提到的军工厂), 但在20世纪初, 大部分中国工业还是小规模的。到1930年, 这些小型工厂绝大多数集中在上海、南京、广州、宁波等城市, 包括火柴厂、烛皂厂、针织厂、香烟厂、化工厂、造纸厂、丝厂、水厂、毛纺厂, 等等。[1]正如冯客 (Frank Dikötter) 所指出的, 大部分此类工厂雇佣的工人不超过30名。他们一般只从事生产流程中的一个环节, 每个工人制造一个标准化配件, 然后组合到一起。冯客还指出, 低端机械到处可见 (2007, 115—121)。大多数工厂使用小机器进行小规

169

---

[1]　关于浙江省小型企业的综合情况, 见 China Industrial Handbook Kiangsu (1933)。关于小型烟草厂和香烟厂的讨论, 见Benedict (2011)。

模的劳动密集型工作，这些小机器包括相对廉价的手动机器，比如缝纫机和纺织机；更精密的机器包括染色设备和轧棉机。最后，当低端的机械化成为常态，本地生产的机器便开始逐渐取代进口机器。

在这样的背景下，家庭工业社到1923年达到了中型企业的水平。在此之前，公司早已不再只有家族成员参与生产，而是雇了80名男性、280名女性，共计360名工人（叶明东1923，45）。牙粉厂大部分工人都是女性，具有当时大部分轻型制造业工厂的特征，特别是纺织业；由一名女性管理者来负责，这也很典型。男性工人则在牙刷厂和玻璃厂工作。根据对该公司的一份调查，雇佣男性对于玻璃厂比较重要，因为玻璃吹制和切割需要更多力气（叶明东1923，43—44）。工资每月总计3000元左右，工厂的广告支出大约是4000元，总资本二万元。

公司得以相对较快地实现了较高程度的垂直一体化。[1]陈蝶仙用盐卤制造出了镁的关键原材料，于1921年创办"中国第一制镁厂"。他很快又办了另几家厂。到1923年，就有太仓的无敌牌薄荷厂、营口的滑石粉厂、无锡的家庭利用造纸厂、家庭制盒厂、印刷厂、牙刷厂，当然还有牙粉厂（叶明东1923，46）。还有几家同类工厂，包括惠泉汽水厂和杭州的一家织物厂，生产无敌牌丝袜。[2]1924年他创办了一家玻璃厂，1926年又办了造纸厂（《天虚我生纪念刊》1940，4）。有了这些工厂，陈蝶仙几乎可以控制生产的方方面面，家庭工业社的产品也迅速超出最初的"无敌牙粉"，广泛涵盖了十个不同种类的牙粉、一大批其他化妆品和医药品，还有牙刷。家庭工业社的产品出现在上海、汉口、镇江、长沙、天津和成都的市场上，还进入了新加坡、马来西亚和菲律宾的

---

[1]　家庭工业社很难说是孤例。比如靠家族信托实现垂直一体化的就有四川自贡的盐厂（Zelin 2005）。

[2]　见《化学工艺》1（2）（1922年10月）：41。

市场（叶明东1923, 43）。^①

　　到20世纪20年代晚期, 家庭工业社显然不再是低端的家族企业。它已成长为一股重要力量, 在国内的主要化妆品公司中排行第三, 直到第二次世界大战期间陷入困境。1923年时, 许多基本工业设施业已完备, 20年代晚期主要是公司规模的不断壮大（上海市统计局1957, 134—135）。这时, 陈蝶仙把公司分成两块: 一块专注于粉类产品, 另一块则生产化妆品。家庭工业社的机械化程度也提升了, 还从海外购买机器。公司购得了制作盒子和归整玻璃瓶的机器, 作封装之用; 还买了一台商标印刷机, 用于营销; 1929年又引进了印刷设备, 用于发行内刊, 其中有一台双色胶印机是从一个中国外商那里买来的（上海市统计局1957, 135）。滑石粉厂则配备了碾粉机; 薄荷厂有两座自制复式蒸馏锅炉; 印刷机用的是美国印墨和瑞典纸张（叶明东1923, 45）。

171

　　30年代, 公司新总部在上海成立, 并涉足新的（虽然是相关的）行业, 由此可以看出它已成长为一家大型企业。公司的成功使其得以在1930年购置了车站路（后改称"国货路"）华界的一栋西式建筑, 作为总部所在。陈蝶仙随后买下隔壁的一块地, 又建了一家牙粉厂和一家制盒厂, 并用进口的印刷设备发行内刊。家庭工业社还拓展到了其他相关行业: 先是用制镁的废料——排放出去的蒸馏水——生产汽水; 然后由汽水而生产葡萄酒、白兰地、威士忌, 甚至无敌牌绍兴米酒（陈定山［1955］1967, 190）; 最后, 公司试验生产纸浆, 制造纸张, 并尝试涉足造纸业, 但做得很不成功。

　　1934年, 家庭工业社的员工总数激增到峰值——420人（上海市统

---

① 无敌牌在东南亚报纸上的推销实例, 见《总汇新报》（新加坡）1932年2月15日第二张第一版的"蝶霜"广告。另见1934年3月和4月《总汇新报》上完整的无敌牌牙粉广告活动, 以及电影明星的代言, 比如1934年4月2日第二张第四版和1934年4月6日第一张第四版。

计局1957, 136）。当年的年产值总计2 438 706元, 为历年最高产值之一。[1]巅峰时期的家庭工业社是中国第二大化妆品和日用品制造商, 仅次于"中国化学工业社"。它也是牙膏、牙粉、擦脸粉和面霜的制造商之一, 被誉为化妆品行业内国货公司的领头羊。[2]然而到20世纪30年代中期, 公司产量进入平台期, 尤其是那些畅销的商品, 比如最早的"无敌牙粉"以及一款名为"蝶霜"的面霜。1935年到1937年战争前夕, 家庭工业社更严格地筛选投产商品, 意在减少开支, 维持稳定运作。[3]公司因而添置了机器, 并在广州、重庆和南昌增开分社, 但第二次世界大战导致增长势头戛然而止, 尽管其试图将工厂生产迁往内地。各分社都遭到了轰炸和破坏（《家庭工业社迁回原址营业》1942, 70）。虽然公司坚持到了1949年之后, 一直运营到50年代中期, 但再也没有达到30年代中期的巅峰水平（上海市统计局1957, 138）。

172

低端形象的塑造和一个品牌的诞生

　　虽然家庭工业社在民国时期成为中国制药工业的一股重要力量, 但显然从一开始它就致力于将自己展现为一家规模小而简陋、机械化程度又低的公司, 目标只是自给自足。然而政府认为这是一家用机器生产洋式货物的大型制造商, 因而给予免税待遇——这样一来, 上面的

---

① 有一张表格用1918年—1956年的产品总值和盈利描述了公司的年增长情况, 见上海市统计局编纂的报告手稿《公司合营家庭工业社历史资料》（1957, 137）。其中还登了一张表格, 列出每种商品的年产值, 包括发油、香粉、胭脂、牙膏等（138—140）。

② 家庭工业社作为国货公司的资料, 见《中国国货调查册》（1934, 235, Y9-1-95-59文档, 上海市档案馆）。它在制造牙刷、牙粉等方面的领先地位, 见《中国国货调查册》（1934, 237—40）。到1931年, 中国共有50家化妆品制造商（*China Industrial Handbooks* 1933, 499—501, 509—511）。"中国化学工业社"是最成功的一家, 尤其是"三星牌"产品, 大部分顾客来自四川和长三角地区。其他著名的公司还有"永和实业公司""先施化妆品公司""美星公司""华南化学工业社""中国兄弟工业社"和"孔雀化工社"。

③ 公司在"二战"之前、战争期间以及直到1956年的详细状况, 见上海市统计局（1957, 135—136）。

描述或许就有些令人意外了。不过, 考虑到日益强势的"国货运动"话语推崇本土手工劳动胜过机械化生产, 因为后者和外国紧密相关, 那就更有意思了 (Fernsebner 2003)。正是在这样的背景下, 对本土制造业的热情不断增长, 陈蝶仙推出了凸显民间工业主义的品牌。

民国政府对家庭工业社的理解, 显然不同于陈蝶仙描绘的那个低端的家族企业。早期民国政府致力于建设一个现代的机械化工业部门, 因而为机器制造西式货物的公司提供免税待遇。陈蝶仙的无敌牌产品早就获得了免税资格。1919年的《江苏省公报》里, 省府官员胡翔林表示同意农商部和税务处的意见, 认为无敌牌属于现代机器生产的洋式货物, 只要缴一次税:

> 复经规定, 凡机制洋式货品应征之出口正税, ……（余）概改照新税则征税。……今上海家庭工业社所出之无敌牌擦牙粉, 经本处验明, 系属仿照洋式制成, 应准援案办理。所有前项牙粉出口时, 应由经过第一关照章证一正税, 给予运单, ……其沿途所经关卡, 只验明单货相符, 并无夹带、影射、漏税等情敝, 即予放行, 不再征收税厘。[1]

1919年底, 同样的政策适用于家庭工业社的碳酸镁; 1922年是"媚梨霜"。[2]政府显然把家庭工业社视作一家依靠机器生产洋式货品的现代公司。

在本土制造的时代, 或许是为了反驳政府把公司当作生产洋式货品的机械化制造商, 家庭工业社努力塑造一种土生土长的、低端的、自

173

---

[1] 见第204号训令,《江苏省公报》第1834期 (1919年1月): 9—10。

[2] 关于碳酸镁的公告, 见《安徽公报》第557期 (1919年12月): 5—6; 媚梨霜, 见第3344号训令,《江苏省公报》第3200期 (1922年11月): 3—4。

给自足的形象。例如, 1923年《经济汇报》发表了一份针对家庭工业社的调查报告。文章表示, 公司规模较小而且看起来很低端, 尽管配备了让人印象深刻的卫生设施 (但制粉过程中仍不免粉尘飞扬) (叶明东1923, 43—44)。据报告描述, 公司的设施中有一些新式的时髦机器, 包括一台电动的碾粉机、一台人力砌纸机, 还有一台电力发动的机器用来给牙刷打孔。不过, 调查报告也明确点出, 这些机器虽然摹制外国机器, 但都是国内——甚至公司自己制造的 (叶明东1923, 47)。报告还指出, 工厂里的许多工具是改造过的, 而且是自制的。[①]

　　陈蝶仙似乎用行动影响了报告的撰写, 这份调查透露出他是如何施加影响的: 为了准备这份报告, 作者叶明东参观了家庭工业社的三家工厂, 包括牙粉厂、牙刷厂和玻璃厂。他还亲自拜访了陈蝶仙。在面对面的交谈中, 陈蝶仙显然给他留下了深刻的印象。叶明东在报告里作总结时, 表达了对陈蝶仙的魅力和个人作风的高度赞赏。他指出, 陈蝶仙"自行招待, 解释特详。观其裁画苦心, 不愧为实业钜子。且彼于爱国之道、漏卮之塞, 犹有远见。以放怀诗酒之雅人, 而居然奋而从事实业, 极力发明制造, 则又足为国人楷模也" (叶明东1923, 44)。对陈蝶仙的这段描述热情洋溢, 可以想象得出, 由厂主陈蝶仙亲自接待、引领参观, 叶明东欣喜万分, 而且被陈蝶仙展示的家族式工厂和低级机械化程度说服了。

　　不过, 有时候公司也会被描绘成现代性的符号。到20世纪30年代, 公司成为领先的国内制造商, 上海的英文报纸 *China Press* (《大陆报》) 刊出文章 "Association for Domestic Industry Startles Shanghai with Modernity" (《"家庭工业社"现代化程度轰动上海》) (October 10, 1933,

---

① 公司内部自制机器罕见。中国的工厂往往更愿意买便宜的国产仿制机器, 哪怕质量比进口的差 (Dikötter 2007, 119)。国内对进口机器的仿制很多是通过维修工作实现的, 负责车间运作的工头和学徒们后来常常会开设本地机器厂和新机器商店 (Reed 2004, 138—141)。

B57), 强调该企业的现代性、产品的纯正性和商标的可信度。文章在描述公司位于上海南京路的新总部时, 指出:"这栋建筑的一切都是最新、最现代的。"("Everything about the building is up-to-the-minute in modernity.") 文章介绍了一系列产品, 从女性化妆品到针对男性消费者的酒精饮料, 随后称赞"无敌牌"是"纯正和优质的保证"("a guarantee of purity and quality")。文中描述了每一件商品如何经过"严格的实验室测试"("severe laboratory test"), 因而"'无敌'就是高品质的同义词"("word Butterfly is synonymous with superiority"); 还专门提到无敌牙粉的主要原料是怎样"用化学品制成, 又通过机械化生产的"("made with chemicals and the mechanical process")。尤其令作者印象深刻的是, 成品碳酸镁经过上海化学实验室杜普雷先生 (Mr. L. W. Dupre) 的分析鉴别, 堪称"至纯之选"("the purest of its kind")。他还引述道, 公司得过政府奖励, 是"其洁牙产品的质量保证"("as a proof of the superiority of this dentifrice")。文章的主要关注点——产品在实验室中测得的化学纯度、公司生产流程的机械化优越性以及政府的正式认可——与1923年那份报告的重点背道而驰。诚然, 两篇文章都强调公司的现代性, 但处理方式不同。如果说早先那篇突出的是公司的低级规模和自制机器, 那么后面那篇则强调公司产品的纯净度得到了实验室测试的保障。后一篇文章发表在英文期刊上, 所展示的内容似乎是在迎合国际受众——他们珍视这样的现代性, 而不是自说自话的小规模和本土主义特质。

　　显而易见, 对家庭工业社的描绘是有一定弹性的, 取决于想象中的观察者是谁。然而有证据显示, 最先那篇对初创公司的描述中显示出的低端、简陋的机械化印象, 随着时间的推移, 对中国读者来说成了不变的特征。比如, 后来的传记性叙述仍把家庭工业社展现为一个低端项目。陈定山写的传记, 清楚详细地讲述了他父亲对待机械化的矛盾心理。陈定山不无自豪地写道，因为"无敌牙粉"最初系手工制作，根据政策一度**没有**得到关税豁免（不过正如前文所述，此言不实）。他还引用了父亲的话："我不是不会造机器，只是我们不愿机器来压迫我们的工人，使他失业。尤其是我们家庭工业社，20年来，每一个工人，大都成家生子，他们父母子女都在我家庭工业社里做工。"（引自陈定山〔1955〕1967, 187）然而我们知道，结合1923年那份描述工厂大规模机械化的报告，这样的表述不太可能是真的。陈定山后来在同一篇文章里承认，他父亲最终在"国货运动"中得到了政府的关税豁免——政府当时意在刺激工厂生产；但他仿佛辩解似的指出，父亲凭借的是自制机器。①

陈定山的回忆录出版于战后的台湾地区，他不甚准确地强调公司是小规模的、土生土长的，又把陈蝶仙说成致力于手工劳动而非机械化生产——这些明显呼应了延安时期自力更生的理念，以及20世纪50年代晚期中国大陆对中国工业理想的描绘。②尤其是将人工充作中国的实力和资源，应和了毛泽东在"大跃进"期间（1958—1960）提出的那个著名观点，即在保卫自给自足的道路和进行着的工业化中，中国的人口是这个国家最伟大的资源。由于陈定山写的传记是在台湾地区而不是中国大陆出版的，其读者本身未必热衷于倾向自给自足和手工劳动的想法。但强调低水平的、土生土长的工业却更能呼应台湾地区资助小规模制造业的运动，比如严重依赖女性劳动力（往往重视不够、薪

---

① 据载，国民党上台前的民国政府已开始对机械化生产实施免税政策，而家庭工业社早在1919年就已受惠。陈定山在传记中宣称，该政策到1927年国民党上台后才出台，当时的政府对机器生产工业品的公司给予免税，借此提倡中国工业采用机械化生产。他把时间延后了很多年（〔1955〕1967, 187）。

② 关于延安时期"自力更生搞科学"的革命根源，更多资料见Schmalzer（2015, 6）。舒喜乐（Sigrid Schmalzer）还探讨了"大跃进"如何强调自力更生、本土主义以及发动集体劳动，而且论证了自力更生的美德一直持续到"文革"后和后冷战时代（8—16）。新时期开始更积极地进行国际科学交流的中国科学家，强调中国在科学方面是独一无二的，其他（第三世界）国家可以从中学习。

酬不足）的"客厅即工厂"运动，被认为是战后台湾经济发展的基础。① 　176
不过，即便这段叙述并不和中国大陆自力更生的理想直接相关，但它和
这种理想都反映了战后亚洲不同地区的后殖民趋势——这些地方的普
通市民被动员起来参与本土主义工业。此外，战后的台湾地区和1949
年后的中国大陆不约而同地强调工业上的自给自足，这在"国货运动"
中表现出很明显的倾向。陈蝶仙早期民间工业主义中的自我营销和政
治文化缓冲，因而或许可以视作后续路径的预兆。

从事玩创的企业：碳酸镁和海滩盐卤

如果说低程度的自建机械化对于树立家庭工业社的本土主义声望
很重要，那么公司竭尽全力寻找本地原材料也同样重要。虽然乌贼骨
的故事总体上很可疑，但我们还是不能低估陈蝶仙为获得国产原料苦
心孤诣的程度，以及他又是何等神通广大地寻求各种手段以达到目的。
再说，抛开偶像化叙述中陈蝶仙自力更生的开拓者形象所显示的表面
价值，我们还是能认识到陈蝶仙展现出的非凡才智，他在原材料生产方
面取得了如此大的成就——哪怕是在20世纪20年代相对恶劣的环境
中。确切地说，他善于将各种技能运用到工业工作中去，那些是早在世
纪之交的杭州和20世纪早期的上海，他作为新式文人在不断变化的文
化圈中就已开始打磨的技能。陈蝶仙展现出的才华和意志，还表现在
调整制造程序，使其适应当地的条件和困境。结果，他成功地从以失败
告终的乌贼骨实验抽身，成为国内领先的碳酸镁制造商，顺利地为化妆
品生产找了关键的本地原料。

1918年，陈蝶仙创办家庭工业社时，中国的工业还很不正规。孕
育商业和资本主义的机制处于不断变化中；各种成分、原材料、机器和

---

① 　关于"客厅即工厂"及相关运动的更多资料，见Hsiung（1996，47—63）。

177　　工业生产的基础设施，或难以购得，或价格高企。帝国主义制造商垄断了中国内地（以及海外）市场。正如第一章所指出的，1900年代早期陈蝶仙（和其他人）开始从事化学实验时，唯一能买到化学原料的地方就是西方人开的药房和上海科学仪器馆之类的特定商店。这些商店出售的很多商品都是日本进口的，奇贵无比。结果，中国工厂开始自主生产其中某些商品。1929年，科学仪器馆开了一家内部工厂，制造物理化学仪器、博物学标本和仿制品，还有乐器、文具以及药品和化学品，售价合理得多，能买到碳酸镁、碳酸钙和一系列生产化妆品需要的化学原料。一瓶碳酸钙卖7角钱，一瓶碳酸镁5角，一瓶硼砂5角，一瓶硫酸4角。[①]

　　家庭工业社还开始制造自己需要的材料，在为化妆品工业寻找原料方面发挥了重要作用。此类工作包括：制造和销售滑石粉、薄荷油、人造麝香、碳酸钙以及某些香精。最值得注意的是，该社成为镁和碳酸镁的制造商和供应商，在上海、无锡和晋江开了好几个厂（*China Industrial Handbooks* 1933, 512）。不过，家庭工业社亦非孤例。其他中国厂商也在制造生产化妆品的重要原料：中国化学工业社生产碳酸镁和淀粉；创办于1924年的顺昌机制石粉厂，和家庭工业社一道，出产了中国化妆品工业所需的绝大部分滑石粉（*Handbook of Chinese Manufacturers* 1949, 237）；江苏周围的小工厂则制造薄荷油，因为薄荷在那儿很常见；南阳烛皂厂和五洲大药房则生产了不少凡士林。到20世纪30年代，只有个别关键原料还要从海外购买，其中包括麝香和硼砂。

　　陈蝶仙的努力，展现了20世纪前二十多年里，中国制造商如何把
178　握机遇，主动建设制造原材料的本地工厂。例如，在传记性的记述中，我们窥见他用当地盐卤生产镁的机智策略。根据他儿子的回忆录，陈

---

① 售价见《家庭工业用品》，载科学仪器馆（1928, 55—58）。

蝶仙用宁波和岱山附近的田野和海滩上找到的废弃盐卤做实验, 提取出镁, 生产碳酸镁。他起初去找当地盐商购买"废"料, 然后转换成获取镁的原材料。为了办这件事, 他在蒸汽船上建了一座小型"工厂", 把船上的水汀当作烘箱, 从盐卤中提取镁。当本地商人风闻他的计划继而提高废品价格时, 陈蝶仙去了邻近的舟山、柴桥、硖石, 找到海岸上的散户商人, 说服他们交出废弃的盐卤。作为回报, 他以批发价卖给他们无敌牙粉, 然后这些商人再去附近的村庄兜售谋利。然而, 据说当地竞争者后来买断了本地出产的镁, 极力打压陈蝶仙, 于是这种双赢的操作便无法持续了。买卖机遇的转换造成的结果便是: 1921 年陈蝶仙设法取得了将盐卤运往无锡的执照, 他在无锡创办了中国第一制镁厂, 用马达驱动的锅炉和煤将镁烘干 (陈定山 [1955] 1967, 190)。

以上叙述和乌贼骨的故事异曲同工, 歌颂陈蝶仙在寻找本土方案时的足智多谋、对于帮助小商人和推动本地商业的不遗余力、把汽船水汀当作烘箱生产镁的大胆创新, 以及排除艰难险阻直至功成的坚定信念。陈定山仿佛也意识到自己叙述中的修辞性意义和将父亲偶像化内涵, 他直言不讳地表示之所以如此详细地描述镁的生产过程, 是为了证明父亲的奉献精神和对成功的坚定信念:

> 上文我已说过是"原料自给"。而原料自给, 也并不是一句话可以把它来做底的。我们到底为什么从制镁而到造纸, 由造纸而自造纸浆, 这里边便有二三十年奋斗史, 失败、成功——成功、失败, 互相因果, 而我父亲却用百折不挠的精神, 去抵抗一切失败, 而达到每个的成功。除了造纸浆因为中日战起, 战祸牵连到人事的失败, 其他, 凡是他所做的事业, 都是从失败中而得到成功的。现在, 我先说一件制造"碳酸镁"的经过, 便知一件事业成功的不易。(陈定山 [1955] 1967, 188)

179

　　撇开对陈蝶仙的偶像化描绘——包括无私推动本地经济以及用汽船水汀巧妙创新, 叙述中的细节还是有一定可信度的, 因为它给人一种感觉, 好像陈蝶仙最初就是在这样的条件下尝试制镁的。陈蝶仙和本地商人确实是在船上提取镁的。镁在海水中通常是一种可溶性矿物质, 而镁的传统来源是海洋里的矿床, 常常用卤井来从海水中提取镁。要做到这一点, 可以把含盐的海水和氧化钙 (即石灰) 混合到一起, 使溶液碱化, 形成浆液; 再将浆液静置, 让固体沉到底部, 清水升到顶部; 去除固体, 过滤, 然后洗掉残留的氯化物; 最后形成一块质地松散的原料"饼", 在窑中烘干后就得到了镁。

　　诚然, 这些回忆性叙述也存在不同的解读方式。例如, 其中暗指陈蝶仙的行为可能属于赤裸裸的机会主义。如果仔细体会言外之意, 我们便会明白陈定山传记里的暗示: 一旦当地盐商有能力组织起来, 将陈蝶仙想要弄到的"废弃"的制盐副产品抬高价格, 陈蝶仙就被迫远赴内陆, 避开这些本地刁民, 并把工厂搬到更便宜且不那么开化的地方, 以便剥削那里的小商人。在后来的《文史资料选辑》中, 陈蝶仙女儿提供的叙述指出: 他利用当地盐场的手段就包括压低盐卤的价格, 从而以远低于竞争对手的成本生产碳酸镁直至牙粉。这样反过来为他自己带来了丰厚的利润 (陈小翠, 范烟桥, 周瘦鹃1982, 219)。阅读上述记载, 似乎可以证明陈蝶仙如何无情地对待当地盐商, 以尽可能低的价格拿到尽可能便宜的货源, 而几乎不为当地经济做贡献。因此, 尽管这种不合常规的解读证明陈蝶仙通过实验和改造实践生产出了具有竞争力的牙粉, 但还是表明他的行为并非如其后人在回忆录中宣称的那样高尚。

　　最重要的是, 和失败的乌贼实验不同, 陈蝶仙试验盐卤取得了实实在在的成果。他开设了中国第一家本土制镁工厂, 最终为中国迅猛发展的化妆品工业提供了国产碳酸镁。他女儿参与编纂的回忆录称, 陈蝶仙的牙粉之所以具有竞争力——即便质量并不优于外国品牌——碳酸镁发挥了至关重要的作用（陈小翠，范烟桥，周瘦鹃1982，218）。她的叙述呼应了陈蝶仙儿子的回忆录，后者以类似的方式描述了陈蝶仙走到这一步的过程：他是如何经历种种失败而最终靠盐卤和碱获得成功，如何增加蒸发这个步骤，又如何生产出镁（219—220）。陈蝶仙成功制成镁和碳酸镁，还有一部分原因是他十分乐意分享自己的制造业知识以及用碳酸镁制作牙粉的知识。例如，他在"制造库"栏目公开了做牙粉的配方（见匡予1915年第3期［3月］，1—2）。技术知识所推广的不仅是最终成品牙粉，还有各种原料，其中就包括碳酸镁，而陈蝶仙当时恰恰还不是国内领先的碳酸镁制造商。此外，他对生产原材料的专注，最终证明不仅是一项精明的商业活动，而且有利于巩固他力图培育的本土声望。到20世纪20年代晚期，起草"国货标准"的工作在激烈的争论中进行，围绕着应该用什么样的标准确定到底什么样的东西才算国货。[①]例如，有人质疑：商品是中国制造的，但用的是日本布料，算不算国货？抑或原材料也必须是国产的？对陈蝶仙来说，成品尽可能多用国产原材料，就能保证他的商品可以称作真正的国货，即便政府已经按照洋式货品确定征税估值。

181

最后，近来对陈蝶仙牙粉的化学分析已经确认，他确实使用了碳酸镁作为自产化妆品的重要成分。伊克赛尔实验室（Excel Laboratory Services）对陈蝶仙装牙粉的一个容器（见本书英文版封面）进行了红外线光谱分析，确定了牙粉的主要成分有碳酸镁、碳酸钙和滑石粉（硅酸镁）。[②]虽然我们可以质疑陈蝶仙执意在本地寻找这些原料的动机，

① 关于标准化工作的更多资料，见Gerth（2004，192—200）。

② 见"Columbia University Job 2019-018 Dental Powder Analysis"报告，2019年4月6日，泰德·罗伊斯（Ted Reuss）出具，伊克赛尔实验室埃德加·莱昂内（Edgar Leone）审核。无敌牌牙粉的容器于2019年1月21日购自在线拍卖行"旧货商城"（http://7788.com/pr/detail_5622_61218716.html）。

也可以怀疑后人的偶像化叙述美化了他的决策, 但很明显的是: 就其
生产所用的实际原料而言, 陈蝶仙对自己的配方毫无保留, 令人刮目相
看, 而碳酸镁也的的确确就是他使用的主要成分。

从事翻译的企业: 中国医书与全球知识

陈蝶仙起初之所以能得到生产碳酸镁和碳酸钙的知识, 以便更广
泛地在本地进行原材料的生产, 乃是受益于中国医书里的本土知识和
全球知识的传播。陈蝶仙翻译了制造原材料的外国技术和配方, 但都
做了调整, 使其适应本地条件。他每每根据本地资源因地制宜, 充分
利用行医经验和医书 (包括配置混合药剂) ——他小时候在行医的家
庭中成长时便浸淫其中。在中国药学史上, 对外国材料和新奇物产的
应用由来已久。[①]20世纪早期, 陈蝶仙掌握了外国知识, 并对海外配方
加以调整。他毕生与药理学和化学知识为伍, 处理得十分巧妙, 这些
知识都是通过翻译以及身体力行的实验和测试获得的。为了达到目
的, 他充分吸收了成为职业作家、翻译家和编辑的各种技巧、资源和知
识。他把这些技巧照搬到翻译和编纂活动中, 用以传播信息。但他所
做的还不止于此。他介入翻译, 调整和改造配方, 使之适合本地环境。
在原材料生产方面, 他也实现了从本地获取资源并自给自足。当陈蝶
仙意识到没法在当地获取碳酸钙时, 他改用碳酸镁作为替代, 并确保
自己拥有本地原料来生产所需的镁。就像他以迎合中国读者的方式
翻译小说和其他文类一样, 对于配方他也如法炮制, 为编好的配方加
入前言, 营造出特定的呈现方式, 使这些重要知识适合本地人的口味
和关切。

182

---

① 关于异域新奇物产在清代进入中草药典籍的资料, 见Bian (2017, esp. 313—316)。当然, 中国人对
外来事物的热衷远早于清朝。见Schafer (1985)。

陈蝶仙翻译制造配方所采取的主动策略, 属于世纪之交一种大文化的组成部分——翻译便是其中一种形式的脑力劳动, 其重要性几乎不亚于创作。从"洋务运动"开始, 翻译就被认为是建设中国及其工业技术领域, 以及保证文化和思想的活力所必不可少的。探讨过江南机器制造总局、福州造船厂和其他军工厂的学者, 早就注意到严复 (1854—1921) 等中国知识分子、傅兰雅 (John Fryer) 等西方传教士以及皈依基督教的中国人的重要性: 他们翻译技术、法律和科学方面的文本, 为的就是建设中国军备和大清海军——更笼统地说, 就是让中国重归富强 (Meng 1999; Elman 2005)。在晚清, 翻译一直是脑力劳动的重要形式, 是参与文学和文化生活的关键途径, 同时也是丰厚利润和启蒙的来源。晚近有一本关于福建译者林纾的研究专著, 作者韩嵩文 (Michael G. Hill 2013) 谈道: 在世纪之生生机勃勃的上海文化市场上, 林纾不仅将古典知识商品化, 而且十分重视翻译活动。林纾从事翻译有一个完整的译者队伍, 所进行的是"对译"之类的集体活动。他用古文和旧式散文翻译现代外国小说, 同时为他翻译的小说以及他本人作为文化领袖人物的名声赋予权威性。正如韩嵩文所揭示的, 林纾强势的翻译策略还为他提供了一条途径, 去批判他所翻译的特定形式的"西学"。[①]

　　陈蝶仙就是那一辈的文人, 他们将翻译视作强大的文学工具和宝贵、正统的脑力劳动。陈蝶仙早年在上海时曾短暂协助过林纾, 和林纾类似, 他也完全不懂外语。[②] 但他显然不认为这有什么问题, 因为1913

183

---

① 这种协作性的翻译活动在早期近代世界也是常规做法 (汉斯昆 [Harun Küçük] 与林郁沁的私下交流, 2015年5月8日)。译者们往往通晓译出语和译入语, 便把白话程度较低的版本转换成古典版本。这种翻译行为于是在上述过程中创造出了原典。此类工作通常是为了赚钱, 但并不以牺牲创造性为代价, 而且对于我们理解脑力劳动有一定意义。

② 陈蝶仙参与过林纾的很多营利性文化活动, 比如担任古典文学函授课程的"教员" (Hill 2013, 176—179)。

年他在上海创办了一个五人翻译馆。[1]翻译馆开到1918年，共译长短篇文本73种，约300万字，全部都是文言。文本包括英国、美国和法国出版物，种类繁多，涵盖社会、言情和侦探小说，也有家庭、教育、历史和科学作品。陈蝶仙认为，翻译工作本质上就是协作性的，缺少外语能力不成问题。译馆里有他的朋友李长觉和另一个同事吴觉迷，一起参与的还有他18岁的儿子陈定山和13岁的女儿陈小翠。

陈蝶仙的翻译方式呈现出高效性和介入性的特点。在回忆录里，陈蝶仙的女儿陈小翠指出，他们的翻译方法就是"流水作业"（陈小翠，范烟桥，周瘦鹃1982, 213）。这种"流水作业"的方法需要如下分工：李长觉——团队中唯一懂外语的人——选择要译的书或文本并口译成白话，另外三人中的一人记录译文。李长觉译完一本书就开始下一本，由另一人记录。与此同时，第一个笔录者就专注于把记录的白话译文转写成文言。然后李长觉按同样的步骤译第三个文本，由第三人记录。然后整个团队再重复同样的流程，由李长觉和第一名笔录者合作，李长觉不停口译，记录亦然。所以全流程又顺畅又迅速，行云流水一般。每当译文记录好并转写成文言，陈蝶仙就进行订正、润色和修饰。[2]修订好的译文随后便送去印刷。陈蝶仙的名字在著作人中排第一，通常使用笔名"太常仙蝶"。[3]

陈蝶仙的翻译理论背后有一个重要的预设：翻译是脑力劳动的一种形式，为了支持对翻译行为的主动介入，不一定要把忠于原著当作主要目标。据他女儿说，陈蝶仙把自己的翻译活动形容为"意译"。

184

---

[1]　关于陈蝶仙的翻译工作，详见陈小翠、范烟桥和周瘦鹃（1982, 213—214）。

[2]　这样的方式让人想起由来已久的文学工作形式。大型汇编工作——比如清代四库全书修《四库全书》，就是大规模的合作劳动，有大量誊录人员处理编纂工作，主编只负责修饰、编辑并撰写序言。

[3]　陈蝶仙的翻译馆也是一项商业活动。他拿到的稿费即使不算高，也在平均水平。他会把稿费分给整个团队（陈小翠，范烟桥，周瘦鹃1982, 213—214）。

他的目的是吸收西方文学的创作技巧，使其迎合中国读者的口味。为了达到目的，陈蝶仙很喜欢修改文本，包括大段删节以及增加评论来表达自己的想法。陈小翠解释说，他的目的不是作出和原著一样的文本，而是用中国读者熟悉和喜爱的方式讲故事（陈小翠，范烟桥，周瘦鹃1982,213）。

就像陈蝶仙在孩提时代浸淫于见机施治的家族传统一样，通过对翻译进行介入性实践，他得以获取来自海外的生产知识和配方。作为一名编辑，陈蝶仙致力于开设工艺栏目，所以化学、药学和制造方面的翻译资料为他的栏目提供了素材。在工商业活动中，他还相当依赖政府资助的出版物，其中很多文本也是官方翻译的。20世纪10年代，由政府资助、旨在传播制造业和工业知识的工业刊物开始出现，成为未来的制造商以及陈蝶仙这类新兴制造商的资源。农商部出版的《实业浅说》发行于1915年至1925年间，是陈蝶仙经常利用的素材。[①]这份刊物上登过一系列文章，涉及股份制和有限责任机构的优点（家庭工业社即属此类）、怎样给公司取名、怎样制造牙粉，以及怎样仿制外国产品而非造假。省级出版物也致力于传播工业知识，比如《安徽实业杂志》就刊登了制造业和商业诀窍供大家分享。

然而对陈蝶仙来说，翻译不仅是输送知识的渠道，还是创新和改良的场域。[②]我们可以从配方翻译的角度去看待这种理解方式：陈蝶仙非常喜欢介入和调整译自海外的制造配方。而对配方和医学处方进行调整与阐释的意愿，长期以来便是中国医疗实践的关键所在。早在　　185

---

① 该刊的出版是农商部推动中国轻型制造业发展的举措之一。还有1915年在北京开设的工业试验所，负责分析包括化妆品和染料在内的国货，在促进本土工业建设方面扮演了重要角色。

② 还有与之相关的思考方式，把翻译当作协调不同认识论传统的复杂场域，见刘禾（Lydia Liu 1995）的奠基性著作《跨语际实践》（*Translingual Practice*）和罗芙芸（Ruth Rogaski 2004）的《卫生的现代性》（*Hygienic Modernity*），二书利用翻译实践思考20世纪早期天津的技术翻译和卫生科学。

宋代（960—1279）就出现了"儒医"，他们之所以广为人知，乃因其医德高尚，能因时制宜地疗愈病患，并提供个性化的治疗方案，而不只是按部就班地开具处方。[1]这种以学识为基础的随机应变，还影响了草药的混合配伍以及粉剂药物与调制品，就像根据病人的实际情况调整处方一样。陈蝶仙的父亲就是一名儒医，在他成长的家庭里，中药典籍资料相当丰富，而见机施治被认为是美德。陈蝶仙对待中国的药理传统非常严肃：一份传记性叙述指出，他能记住自己家里收藏的医书，其中包括经典的《本草纲目》(1578年成书)；他还能根据自己熟悉的藏书诊断疾病，开具处方，"开方子也是诗句"(陈小翠，范烟桥，周瘦鹃1982, 210)。[2]在他的专栏和出版物中，他把中国医书里的知识宣传为"常识"，与翻译过来的工业、制造业知识等而视之。开处方的经验以及广义上作为文字工作者的技巧，使陈蝶仙得以从容调整生产的工业流程以适应本地环境和资源（比如生产牙粉），就像他在翻译、编纂等文字工作中重组和调整文本一样。

采用介入性翻译策略以获取海外制造业、化学知识的，并非陈蝶仙一人。全中国学化学的学生都不得不进行介入性的翻译行为，根据既有知识和本地状况把错误或低劣的译文改得通顺易懂又合乎时宜。《一个在中国的化学家》（"A Chemist in China"）一文中，传教士徐维理（W. G. Sewell）说：鉴于学生的语言能力，化学教材在正规的化学教育中很成问题，而且唯一能获得的教材是日译英美教材的中译本。这样的版本错误百出，而且都是毫无意义的音译词。化学术语多半无从索解，所以中国学生意识到他们得用中文编写自己的教材，包括无机化学、有机化学和物理化学，还有实验室指南以及染色和皮革制造的技术

---

① 张杲（1149—1227）是体现该特点的一个典型，相关讨论见 Hinrichs（2013, esp. 66）。

② 陈蝶仙的女儿和另两位编纂者表示，陈蝶仙除了能开处方，还会编医书——既有中医和西医书，他甚至写过占卜书和菜谱，种类繁多（陈小翠，范烟桥，周瘦鹃1982, 210）。

手册。徐维理指出,翻译教材的补充并非在真空中发生:"我们与古代工业密不可分,比如造纸、染丝、天然气和制盐,基督纪元前就在四川广为人知。还有一些更新的,比如制造碱、硫酸(铅室法)、水泥、硫酸铵、硫化染料、鞣革以及墨水和丝绸等日常必需品。"(1972, 531)学生改编外国教材依靠的是长期以来就存在的制造知识, 而这些知识与现代化学呼应、重叠。

对陈蝶仙来说,和翻译行为同样重要的是配方翻译完成后的应用与研究, 其步骤包括欣然接受误译并从试验和错误中学习。根据陈定山的说法,"他并不习英文或其他外国文字, 但一经研究, 便能旁求侧悟"([1955] 1967, 182)。陈蝶仙的独特做法是: 通过合作, 翻译外国配方和制造流程, 研究本地原料, 反复测试以改进生产流程。最后一步包括从失败中吸取教训——正如乌贼实验所揭示的。这种集翻译、实验和测试于一体的多维度方法, 在陈蝶仙处理牙粉的制造原料时尤为典型: 意识到当地的乌贼不管用后, 陈蝶仙转而参考其团队翻译的日本书, 随后几经测试, 终于制成并改良了碳酸镁(陈小翠, 范烟桥, 周瘦鹃1982, 219)。为了获得薄荷——牙粉的另一种重要原料, 陈蝶仙起初想从本地生产者那里购买国产薄荷, 却发现薄荷太熟, 气味也不够强烈。于是1919年他决定在太仓开设自己的薄荷厂, 而为了完善产品, 他十分仰赖自己团队翻译的关于日本薄荷工业的书。

陈蝶仙在为那本日文参考书的译本《薄荷工业》所作的序言里, 直接指出了翻译和工业生产的密切关系, 以及在国内环境中改造和模仿　187外国技术所需的实验。他写道:

> 曩在民国元年,拟用乌鲗骨制造牙粉。嗣以调查结果,乌鲗产量不多,乃用苦卤与纯碱,制造炭酸镁已告成功。惟于薄

荷一项，颇费踌躇。试由太仓、吉安两处，购办原油，自行提
脑。所得结果，殊不满意。爰向日本购求专书，译出一篇，用
资考镜。（陈蝶仙 1933a,1）

序言描述了家庭工业社如何着手自建薄荷厂，以及接下去的十年里中
国薄荷厂的数量如何增长，导致家庭工业社自己的专供厂被淘汰。到
1949 年，中国有好几家成功的薄荷与薄荷油生产公司，包括"大丰薄荷
公司"和"新华薄荷厂股份有限公司"。[①]建成中国薄荷工业，无疑还
得益于陈蝶仙通过出版译著《薄荷工业》所分享的"常识"。

　　陈蝶仙参考的配方和工业指南每每来自日本，这些日本文献很
可能译自美国或德国的配方和书籍，而它们又可能是从其他来源翻
译过来的。第二章探讨了《女子世界》陈蝶仙专栏所载《化妆品制造
库》中制作发油的配方。如前所述，文中开列的原料在中文名边上附
有拉丁文、德文和英文注释，所以这个配方（或其中一部分）很可能
译自海外。虽然我没能找到该配方的最初来源，但还是可以从 19 世
纪晚期到 20 世纪全球流通的西语报刊和文摘中查到原料相仿的类似
188 配方。1886 年 6 月 1 日，关注"制药业、化学、药学和相关科学"的半月
刊《制药记录与每周市场回顾》（*Pharmaceutical Record and Weekly
Market Review*），从尤金·迪特里克斯（Eugene Dietrichs）的《新药指
南》（*The New Pharmaceutical Manual*）里选登了打理头发和胡子的
化妆品配方。其中包括的原料就有"酒精""玫瑰水""玫瑰油"（虽然
不是"玫瑰精"）和甘油，而这些在"制造库"的配方里也可以看到。[②]
类似的刊物还有《美国药剂师与制药报告》（*American Druggist and*

<hr>

①　见《中国出口工业一览》（*Handbook of Chinese Manufacturers* 1949, 228 and 231）"大丰薄荷公司"
　　与"新华薄荷厂股份有限公司"词条。

②　*Pharmaceutical Record and Weekly Market Review* (New York) 6, no. 11 (June 1, 1886): 164.

Pharmaceutical Record), 那是世纪之交的一份插图刊物, 同样在纽约出版。因此, 陈蝶仙无法判断一个配方的明确"源头"不应被视作分析的阻碍, 而可能恰恰是关键所在: 根本没有"源头"。这些文章流传并穿越语言、地理和认识论的边界, 与此同时, 持续的更动与创新便在其中发生了。因此, 最重要的问题正是翻译环节中的创新和调整。

　　值得注意的是, 陈蝶仙的翻译馆译出的某些虚构性文本, 或许巩固了对其工业创新弥足珍贵的玩创理想和实证工作, 同时也增强了他对科学的好奇心。具体来说, 翻译馆编译了《福尔摩斯侦探案全集》。这是一个精明的商业选择, 侦探小说和英国犯罪小说当时极其流行 (Kinkley 2000, 26—28)。①《侦探世界》和《侦探月刊》等新兴杂志全都致力于推广该文类 (Hung 1998, 74)。外国犯罪小说有很大部分和晚清的中国文类"公案小说"相重合, 尤其是那些塑造了高尚又聪明的著名英雄包公的作品。但是, 福尔摩斯故事超越包公故事的地方在于其引入了对科学的鉴赏, 而且福尔摩斯这个神话般的形象还彰显了不可思议的观察力, 以及演绎、推理和基于经验线索得出结论的能力。中国的作家兼译者把福尔摩斯故事当作教育素材来欣赏, 其中一些人——包括著名诗人刘半农 (1891—1934)——宣称亚瑟·柯南·道尔爵士 (Sir Arthur Conan Doyle) 创作这些故事的目的就是用描写这一行当的艺术作品指导刚出道的侦探 (Hung 1998, 74)。作家们在译本的前言中指出, 科学的侦查手段值得称颂, 这说明中国作家兼译者赞许福尔摩斯故事以及更广义的犯罪小说的教学潜力。作为福尔摩斯系列在20世纪早期的重要译者之一, 陈蝶仙无疑会羡慕福尔摩斯和他的搭档华生 (Watson) 泰然自若地利用法医学和化学知识侦破案件的能力。虽然没有证据显示他把这些故事当作自学指

189

---

① 关于侦探小说的吸引力, 更多资料见Kinkley (2000, 180—194)。

南，但福尔摩斯和华生显然是陈蝶仙要实现并推广的自给自足式玩创实验的典范。

改良与模仿：一位化学实验大师

陈蝶仙的女儿陈小翠回忆道，陈蝶仙相信改进小规模制造业，尤其是生产实用产品，比白手起家好得多（陈小翠，范烟桥，周瘦鹃1982，221）。据其描述，他采用的方法是多维度的。陈蝶仙从集中研究外国制造业方面的化学和实验开始，自任"化验师"（陈小翠，范烟桥，周瘦鹃1982，219）。在此基础上，尝试改良产品、技术或小规模工业，而不是孤注于重大发现或重新发明。这种方式往往基于仿制和研究，其对象往往是外国的制造流程，抑或是对小器械的改造，将其优化到真正的创新水平——大概也可以说是"发明"。正是上述方式造成了模仿、调整和改良行为。

引发玩创和改良从而导致革新的路径，同时也影响了东亚的其他行动派理解自己行为的方式。例如20世纪20年代中期，殖民时代的朝鲜出现了白手起家的发明家，他们从事"研究"——通过长期的反复试验与试错，来改良某种小装置；或想出一些未必基于正规"科学"的小发明，但还是提交给了东京的"帝国专利局"（Imperial Patent Office）申请专利。李贞（2003）把这些有专利的发明描述成"不科学的发明"，以强调殖民时期朝鲜的发明观念完全不同于长期主导技术文献史的老套幻想：某个天才的发明引起了科学突破。而殖民时期朝鲜的发明观念要低端得多，不是在大型科学实验室里横空出世，而是在小规模的日常层面完成的。这也是那些名不见经传的发明家自力更生博得尊重和感谢以及提高政治经济地位的基础。

如同朝鲜的这些"不科学的发明"，陈蝶仙似乎也意识到此种观念的包容性对于创新的意义。"发明"一词就包含在陈蝶仙用来推广"无

敌牙粉"的商标里(见图4.1,容
器全貌见本书英文版封面)。商
标由一块鲜花簇拥的网球拍和一
只蝴蝶组成; 拍面是红色中文大
字"擦面牙粉","无敌牌"用小
字书于上方; 左侧为"家庭工业
社制",右侧为"天虚我生发明"
("无敌牌"直译应作"蝴蝶牌"
[Butterfly brand],而商标的英
文名是"Butterfly",见第五章的
讨论)。现代汉语中,"发明"的
意思就是"创造出新的事物或方
法"。而陈蝶仙"发明"牙粉, 是

图4.1 "无敌牌"牙粉彩色商标。来源: 黄彦
杰摄。

通过改造外国配方, 调整步骤以适应本地材料, 并不断试验直到生产出
高度改良的产品。他的无敌牙粉兼擦脸粉因而正符合李贞谈到的改良
流程和低端创新。[1]对陈蝶仙和朝鲜发明家来说, 通过实验进行仿制、
调整和改良产品的活动, 与创新是一回事。因此, 发明创造与改造、调
整并无不同, 关键是依靠自己。

陈蝶仙希望从牙粉走向更高端的化妆品, 所以他继续仿制和改良
外国产品。比如, 当家庭工业社的产品"女儿霜"卖得不好时, 陈蝶仙
立即停止生产, 让家庭工业社把资源都用于仿制畅销的"三花牌雪花
膏"(Three Flowers Vanishing Cream)(见图4.2), 该产品最初的制造者
是理查德·赫德诺特(Richard Hudnot)——最早在国际上获得成功的

---

[1] 按照陈定山的说法, 家庭工业社的商标图案于1917年在工商部注册, 沿用36年未变([1955]
1967, 185)。

192

图4.2 "三花牌"雪花膏（约20世纪20年代）。来源: Power of One Designs网站（https://www.powerofonedesigns.com/）。

图4.3 "蝶霜"包装盒（约20世纪20年代）。来源: Darmon（2004, 71）。

美国制药商和香料商。[①] "Three Flowers"以"三花牌雪花膏"这个中文名主导了中国面霜市场。陈蝶仙最终掌握了三花牌的制造配方，他试验原料，然后生产出了改良版——蝶霜（见图4.3），继续成为家庭工业社最畅销的产品之一。[②]他在事业上是一丝不苟的: 家庭工业社一开始制造的一万个瓶子质量太差，不受欢迎（陈小翠, 范烟桥, 周瘦鹃1982, 223），陈蝶仙就想改良产品——包括包装，于是订了三万个日本

193　玻璃厂制造的玻璃瓶，价廉物美，洁白无瑕。他研究了这些瓶子，三年后家庭工业社自己就能造了。结果公司实现了"本土"制造国货，在颜色、香味和外形方面都能做到和"三花牌"产品高度相似，而售价只有

---

① 关于赫德诺特，更多资料见Jones（2010, 29）以及"Richard Hudnot"（日期不详）。

② 其品牌英文名为"Butterfly Cream"，展示在产品包装上，见图4.3。"蝶霜"更好的英译名或许是直译的"Butterfly Frost Vanishing Cream"（蝴蝶牌面霜），体现了品牌中文名的多重含义: 面霜既冷（像霜）又白（像理想的女性肌肤）。这个名字的文学性再次显示了陈蝶仙将文学技巧用于商业资源的能力。

美国原版的一半。[①]凭借如此低廉的价格,"蝶霜"得以在中国市场压倒"三花牌"(左旭初2016, 169)。

　　没有证据表明陈蝶仙得到过"三花牌"的原始配方。他更有可能是他研究了面霜实物,对产品进行逆向分析,最后想出了家庭工业社有能力生产的版本。为了在本地生产商品,考察或研究外国产品的实物以及改造原料的实践活动,似乎在中国相当流行。第二章讨论的《妇女杂志》就有宝威公司畅销世界的"夏士莲"雪花膏的制造诀窍。《化妆品制造法》一文刊登了一个词条,介绍中国市场上可以买到的面霜制造方法。其中两个是中国品牌——"三星"和"双美墨",第三个就是"夏士莲"(见图4.4)。该词条载:

图4.4　1923年—1924年前后中国市场上销售的"正宗"宝威"夏士莲"雪花膏的罐子。来源: 伦敦卫尔康博物馆(Wellcome Collection)。

　　兹细考其各种性质:"三星牌"雪花粉不能耐久收藏,如遇夏令,即易为极流动之液质;[②]"双美墨"雪花粉虽不然,然嫌其过于油腻,施于面上,反生油光。以上二疵,虽"夏士莲"雪花粉无之,然迩来粉质亦不如前之佳矣。近人虽有穷究"夏士

————————

①　关于价格信息,见陈小翠,范烟桥,周瘦鹃(1982, 223)。亦见左旭初(2016, 169),其中指出"三花牌"售价一元,而陈蝶仙版的一开始卖七角,后来卖五角,只有一半价格。

②　面霜里金缕梅酊所含的酒精以及碳酸盐产生的二氧化碳气泡易蒸发,导致内容物流失("Hazeline Snow",日期未详)。这或许就是文中指出的问题。

莲"雪花粉内含有何质,然终未能发明。至其普通之配合质,
概不外乎下列诸质,如海士苓(Hazeliue)、肪酸(Stearic Acib)、
甘油、钠碳强矾(Sodii Bicarb)及汽水等是。至其制造法之如
何,因手续颇繁,难以明白,故不详。(沈瑞清1915,24—25)

194

上文指出,为了鉴定"夏士莲"雪花膏的原料,国内进行了深入研究。
这份刊物也很乐于推广这些原料。人们熟悉的原料先用中文列出,不
那么熟悉的原料后面提供西语注释: 英文名"Hazeline"印在中文音译
词"海士苓"后面; 硬脂酸先列中文,作"肪酸",后面跟"Stearic Adib"
(原文如此);[①]"Sodii Bicarb"(原文如此)接在碳酸氢钠的中文名后

195   面。[②]这篇文章充分证明,为了模仿品牌商品而进行考察研究活动是
完全可以接受的。

想要鉴定和分享"夏士莲"雪花膏以及其他流行商品原料与配方
的,不仅仅是中文杂志。到19世纪晚期,名牌商品在世界范围内流传,
配方、商业机密和制造流程亦然。世界各地的新兴制造商试图掌握已
获成功的知名商品的生产流程,但那些成功的制造企业愈发觉察到自
己的品牌配方在传播,还有可能存在我们今天所说的工业间谍。1892
年,宝威公司推出了第一款以营利为目的硬脂酸乳液——"夏士莲"雪
花膏; 到20世纪10年代,"夏士莲"雪花膏已成为畅销全球的面霜之
一,也是被仿制最多的面霜之一。[③]

19世纪晚期出现了现代知识产权法,制造流程比较简单的商品,
包括面霜和其他化妆品之类的日用品,通常**不受**专利保护。比如到19

---

① 硬脂酸是一种饱和脂肪酸,呈蜡状固体,化学式为$C_{17}H_{35}CO_2H$。

② 碳酸氢钠作为一种碱,在生产泡沫状雪白色黏稠乳液的过程中会释放二氧化碳。50%的乳液是
"夏士莲",即金缕梅提取液,据说有治疗作用("Hazeline Snow"日期不详),因此得名"夏士莲雪花膏"。

③ 见"Hazeline Snow"(日期不详)。关于仿制"夏士莲"雪花膏,以及宝威公司试图监管商标侵权
行为并查明世界范围内——尤其是中国的仿冒品,更多资料见Lean(2018)。

世纪80年代, 美国法院区分了简单的配方和特定产品的秘方: 前者的
原料虽与其他原料相混合, 但仍保持独立性质; 后者则在混合后产生
了新物质——只有后者享有专利保护。[①]宝威之类的大型制药公司,
因而不得不靠商标法对生产流程主张法律权利, 阻止其大肆传播。上
述策略最终发挥了效果。杂志社位于圣路易斯 (St. Louis) 的《国家
药剂师》(*National Druggist*) 1907年8月那一期发表了关于 "夏士莲"
雪花膏及其配方的一个词条 ("Hazeline Snow, a Toilet Cream" 1907,
272), 其内容译自比利时的《安特卫普药房杂志》(*Journal de
Pharmacie d'Anvers*), 该词条本身就表明此类信息在全球无远弗届。
但12月那一期的《国家药剂师》却发表了文章《"夏士莲雪花膏" 作为　　196
一个商标, 其品名不是公共财产》("Hazeline Snow a Trade-Mark, and
Name Not Public Property"), 文中引用了8月那期从《安特卫普药房杂
志》摘录的内容, 其实就是撤销并致歉, 公告说:

> 我们已注意到 "夏士莲雪花膏" 是宝威公司的商标, 因此
> 作为该司专有财产, 其他任何个人和企业皆不得使用。我们
> 乐于发表本通告, 望读者诸君注意, 不要将此名称用于宝威
> 公司以外任何公司或个人的配制品, 以免构成商标侵权, 以
> 及违反法令可能招致的诉讼和损害赔偿。("Hazeline Snow a
> Trade-Mark" 1907, 411)

---

① 美国内战后的数十年里, 以现代实验室为特征的制药工业以及临床医学的兴起, 促使化学品专
利成为对特定产品的生产流程主张所有权的合法途径。内战之前, 美国的内科医师和药剂师把医
学专利和药品制造商对商标的使用视作不道德的垄断行为。直到20世纪头十年, 知识产权体系承
担了鉴别 "真正的首个" 发明者的责任, 专利法才借此获得理解 (Gabriel 2014, 121—122)。类似的,
在19世纪晚期的英国, 专利法更多被视作仿佛能给予持有者短期的**垄断**权利, 而不是财产所有权
(Arapostathis and Gooday 2013, xii)。

　　早先配方曾被公布，宝威公司从中吸取了教训，用起诉进行威胁，迫使《国家药剂师》发表以上通告。[1]随着某些知名品牌商品的制造信息散布全球，大型药企开始打击此类知识的自由传播，提倡企业对思想观念的所有权，而这些做法是为了扶植正在形成的工业产权制度。[2]

　　虽然早在1905年宝威公司就已在美国采取了打击措施，但《妇女杂志》上的"夏士莲"雪花膏词条显示，通过翻译外国资料或在本地进行测试和研究（抑或兼而有之）所获得的品牌产品制造知识，至迟到1915年仍在中国公开印行，因为中国的出版市场对宝威公司来说或许更难监管。同时这也表明，陈蝶仙等中国译者和编纂者仍在参与全球网络中品牌产品制造信息的传播，他们对外国配方的调整不会被认为罪大恶极。相反，正如我们即将看到的，这种调整是改良和建设中国工业的基础，并被"国货运动"领袖和国民党政府赞许为民国时期重要的创新举措。

197

摆弄小装置：触类旁通的玩创、革新和本土工业水平的提升

　　陈蝶仙是个触类旁通的玩创家。他不满足于仅仅处理化妆品和化学配方，还把玩起了各式各样的小装置，有的是为了取乐，有的是为了制造。他进行这些活动，和调整外国配方、测试本地原料是同步的，最终都是为了进行本土化生产。举例来说，他曾尝试制造复印机（陈小翠，范烟桥，周瘦鹃1982，221）。为了自制一台复印机，他先找来一台法国生产的复印机，甚是轻巧灵便。摆弄一番之后，便对这台法国复印

---

[1]　早先关于制造"夏士莲"雪花膏的记述似乎并未遭遇类似审查。1897年12月4日的《化学家与药剂师》第884页上，刊登了一段改良"夏士莲"雪花膏的简短描述，似乎没有迹象表明这份信息的披露构成了法律或道德上的侵权。

[2]　现代工业产权制度意在使国际商标侵权争端中公司对品牌的专门所有权合法化，关于中国的所谓盗版者在这种制度的形成过程中扮演的角色，更多资料见Lean（2018）。

机做了改良: 他设法加了一层原本用来制作牙粉的圆筛细绢以便"筛"掉墨水, 这样多次复印后便不会损坏原印纸。试验平面胶印机时, 他从上海商业储蓄银行借来一台美国生产的胶印机。[①]为了仿制这种机器, 他仔细检查零部件, 还计算了卷筒和墨水的成本 (两者都要从英国进口) 以及需要更换的频次, 想以不那么高昂的成本在国内制成零件。对机器进行反复改造后, 他生产的墨水比进口墨水更能抵御高温。使用这种优质墨水, 他的机器可以印刷更多纸张。他还改良了起初因为表面黏滞而容易开裂的平版卷筒。他努力提高卷筒质量, 制造出一种更便宜的改良版国产机器, 称为"无敌牌平面胶印机"。为了生产汽水瓶盖, 这是他涉足汽水产业的一部分——他按同样步骤摆弄起了打盖机。一如既往, 陈蝶仙先买了一台外国机器, 然后进行逆向分析。在仿制机器的过程中, 他发现改良之后能以低得多的成本制造出来。外国机器需要机械师脚踏发动, 还很笨重, 使用不便。陈蝶仙于是重新设计为手扳式机器。经他改良的机器可以制造各种大小的瓶盖, 而且能让用过的盖子恢复原状, 进而重复使用 (陈小翠, 范烟桥, 周瘦鹃1982, 221—222)。 198

　　陈蝶仙善于利用国内外的技术和制造程序从事实验, 这是他得以在更大范围内对自己的公司进行建设和革新的关键。制镁和提炼薄荷油获得成功后, 陈蝶仙急于尝试制造汽水。1921年, 他开办了惠泉汽水厂, 想打破英国公司"屈臣氏"对汽水市场的垄断。他还转战造纸领域, 试验白桑、麻、竹和各种草, 改良白纸生产。他创办国货工厂, 制造本土纸张, 参与抵制外国制造的白纸。他还以同样的方式生

---

① 胶印机的特色就是"转印"技术, 亦即将墨水印染的图像从一块平版转移到一块橡胶上, 然后再到印刷平面上。有些胶印机将这种技术和平版印刷相结合, 后者基于对油和水的排斥。此例中, 平面图像载体 (待印图像之所在) 从墨辊中吸取墨水, 而非印刷区域吸引水性薄膜, 以确保非打印区域不会沾到墨水。

产驱蚊香。

当然, 并非陈蝶仙所有的努力都获得了成功。他用纸浆造纸和生产驱蚊剂, 就没能重复牙粉和化妆品的成就 (陈小翠, 范烟桥, 周瘦鹃 1982, 220)。此外, 用本土方式调整外国技术从而降低生产成本, 虽然是 "国货运动" 的一大特征, 但并非总能保障消费者的利益。中国消费者始终怀疑国货的质量, 即便这些产品能以较低的价格买到。[1] 陈蝶仙的女儿指出, 陈蝶仙懊恼于人们根深蒂固的观念: 国产商品不如外国品牌和进口货。她引述了陈蝶仙的愤慨:"国产品之不为社会信重, 岂以价廉, ……此种心理作用, 是诚我国取贫之道。"(引自陈小翠, 范烟桥, 周瘦鹃 1982, 222)

不过, 无论经过多少挫折, 陈蝶仙的创新方式愈发被认为是建设中国工业的正途。这时出现的是一种更为宽泛的话语, 关乎改良制造技术, 而非试图进行独创性的发明或发现。20世纪10年代, 农商部的出版物《实业浅说》(1915—1925) 是陈蝶仙了如指掌的文献, 后来又重新汇编出版, 其中有一条是 "改良国货宜先从寻常日用品入手"。文中呼吁, 要关注牙粉之类的日用品, 作为改良国货的关键。文章指出:"不必专注意于贵重之品, 先要从日用品改良入手, 就如上头所说牙粉、香水等类, 中国自己也能制造。……用的人多, 自然容易销了。销路既广, 国货自然发达, ……所以改良国货日用品是最要紧的。"(《实业浅说》1915—1925, 11: 12) 即如我们所见, 陈蝶仙建设家庭工业社便同时体现了改良以及对日用品的重视。

作为陈蝶仙成功的基础, 他多年来发展制造技术的方式是同时接受政府的支持和规约。工业部1936年的报告, 明确表扬陈蝶仙对原材料和制造技术进行实验测试的努力。上引《实业浅说》词条发表于1915年,

---

[1]　葛凯 (Karl Gerth) 指出, 使中国消费文化民族化往往并非易事 (2004, 31—32)。

二十多年后,《沪商陈蝶仙计划改良造纸原料》(1936)一文刊于《实业部月刊》。该文描述并称赞陈蝶仙在一场工业展览会上的活动, 当时他试图制造出具有竞争力的国产纸张。在此期间, 陈蝶仙是浙江省政府建设厅改良纸料设计专员, 在浙江协助建设省立改良造纸厂(《浙省改良纸料》1937, 48)。他在该厂采取的措施, 包括使用相对便宜的原材料来造纸, 比如稻草或茅草, 而不是竹子或桑树。《沪商陈蝶仙》一文, 把他的贡献概括为利用化学实验反复尝试, 改良了原材料的品质, 也增加了产量。这些关注点早在1918年就为他打开了步入工业的大门。

> 浙赣两省特产联合展览会, 定五月间, ……兹探悉本市家庭工业社陈蝶仙, 以浙省每年产纸为数甚钜, ……墨守成法, 加之外受工业国之打击, 以致手工业一蹶不振, 影响农村经济, 实非浅鲜。拟利特展机会, 征求浙各县制纸原料, 以嫩竹、树皮、麦干, 制成竹酱, ……加以化验。原料纯良者, 运用科学方法, 再加改良, 并设法使产量增加, 以供各厂家采用。……特展会认为极重要, ……或可得有便利云。(《沪商陈蝶仙》1936,107)

_200_

这段话着重强调用化学实验和科学方法提炼原材料, 改良成品——纸浆。这些稿件是公开的, 其他本地工厂和造纸厂都可以采用。发表在工业部的出版物上, 意味着陈蝶仙以及他对产品进行实验和改良的方式已得到政府支持。

然而, 如果说政府鼓励工业改造和化学实验以提高中国工业水平, 那么同时政府又在设法监管上述程序。20世纪前几十年, 当工业开始发展, 城镇、省市以及国家相关部门和测试中心每每以现代卫生的名义试图监督和规范各种各样的工业实践, 包括在生产商品时用化学品和原材料进行实验。当家庭工业社试验新产品——特别是需要进行化学实验时, 会向工业试验所提交样品申请批准。当公司用化学方法制造出以野草和花为原料的药片, 帮助吸烟者戒烟时, 便于1929年向中央卫生试验所提交了样品, 申请批准。[1]1933年, 公司提交了一份通过化学实验提炼的改良版食盐给河北省工业试验所。[2]两者都获得了批准。

201

政府对公司努力提升技术水平的褒奖, 使陈蝶仙这样的制造商得以对特定技术宣示所有权。工商部出版物《工商公报》于1930年通告, 部长孔祥熙准予发放七元和一纸奖状给"陈栩园"(陈蝶仙的另一个别号), 褒奖他的"改良印字器"("无敌笔"), 表彰他在提升技术水平方面的努力。[3]《实业杂志》上有一篇探讨制造书写工具的类似文章, 描述了陈蝶仙及其门人林履彬如何对普通笔杆进行改造: 他们在侧端挖孔, 以便插入"无敌牌"两用墨水(《无敌牌》1935)。文章赞叹道, 这样一来, 这支笔能写汉字多达三千以上。改良笔杆的程度写得很详细:"惟笔干之旁, 挖一指孔, 不免有失美观。爰由天虚我生设计改良, 将指孔填没, 改为撤钉, 并将笔干改为两节式, ……呈请实业部保留专利权在案, 定其名为'无敌牌经济笔', 简称'无敌笔'。"这段话一五一十地描述了陈蝶仙的改造步骤, 最终把一支普通钢笔变成了新式钢笔。此类改良行为是他谋求申请专利和注册商标的依据。改造以求改良, 成为他申明正式知识产权的基础。

结论: 盐卤 + 薄荷 + 试验 = 改良版牙粉

在一个资源稀缺、政府资助相对匮乏的时代, 陈蝶仙凭借聪明才智

---

① 见《卫生公报》(南京) 1 (4) (1929): 24。

② 见《河北实业公报》22 (1933): 21—23。

③ 见《工商公报》1 (1930): 10。

成就了自己的商业帝国，尽管不完全是以那些偶像化传记里描写的永不停歇、振奋人心的方式。陈蝶仙在工商业方面的成功，靠的是他愿意在非正规的空间、以非正规的方式进行试验，以及从一系列非工业实践中吸取经验的能力，比如翻译、编辑以及对海外产品的相关技术和知识进行调整。他改造生产技术的方法，呼应了"国货运动"所强调的"改良"技术和产品的目标，在20世纪30年代得到了民国政府的支持和管理。他所崇尚并试图付诸实践的想法——包括关注工业品的改良以及把改良当作创新的现场——是政府称赏和褒奖的重要理念。

　　与此同时，我们看到，虽然创办家庭工业社靠的是陈蝶仙能接触全球市场，但在展示公司品牌时，还是强调要"走向本土"（比如从本地取材）以及打造自给自足的民间工业主义声望。本章采用了关于陈蝶仙制造实践的传记资料以获取信息，但令人深感兴趣的还有这些资料的主观性，我们可以借此理解传记中带有偏向性的描绘如何在当时和后来回顾时帮助陈蝶仙获得名声和成就。换言之，本章不是简单地把这些传记文字中偶像化的夸饰当作无需理会的修辞，而是批判性地思考这些修辞策略，追问这些资料为何以此种方式描绘陈蝶仙和他的公司。[①]陈蝶仙致力于建设"土生土长"的民间主义工业，这几乎是家庭工业社甫一建成就展现出的形象，继而出现在后来的回忆录里。这样的描述有助于为特定形式的民间工业主义正名——那是一种精神特

202

---

① 　关于陈蝶仙生平主要有两种传记性叙述（陈定山［1955］1967；陈小翠，范烟桥，周瘦鹃1982），其议题构成是由不同政治决定的，尽管两者不约而同地宣扬其创业精神。《文史资料》的叙述是意识形态生产的重要场域，该书出版于1982年，政府有意倡导创业精神作为"中国特色社会主义"的组成部分。各省市各地方的编辑和汇编人员，以及所见所闻的提供者，将国家利益融入各自的议题中来阐述——比如，迁往东北的企业叙述（Fromm 2019, 45—95）。邓小平提倡创业精神的兴趣，可能是促使陈蝶仙女儿纪念父亲的文章被编纂出版的一个因素。关于20世纪30年代工商业创新的集体记忆，会和20世纪80年代早期发生强烈共鸣。陈蝶仙儿子的记述出版于1955年的台湾地区（20世纪60年代又多次重印）——时东亚制造业中心的热门地区，这同样使得陈蝶仙的传记扣人心弦。

质, 受到包括玩创和改造实践在内的DIY情结的影响, 同时也因深度沉浸于本土主义制造业而受其左右, 表面上不依赖外国材料和公开的政府援助。这些特征全都是陈蝶仙借助文字加以推广的, 其中一些还是他试图付诸实践的, 这使他克服重重阻碍——正如那些记述所说, 从资源匮乏到帝国主义制造商造成的恶劣政治环境, 以及明显缺乏国家的支持——尽管政府没有公开阻挠。最后, 同样是这些特征帮他将家庭工业社建成一家国货公司。

203 　虽然这些民间工业主义叙述把陈蝶仙的事业展现为自足主义的一种构成形式, 但不可否认的是: 对陈蝶仙来说, 工业生产流程的关键是调整外国技术和配方的能力。陈蝶仙所发挥的不是单纯的渠道作用, 既不属于直接的"技术转移"流程, 也不属于扩散主义模型——他的调整和翻译实践包括好几重"斡旋"。科学史家近来已开始专门关注译者作为"斡旋者"和中间人所发挥的重要作用, 以及翻译在技术转移中扮演的角色。[①] 陈蝶仙为我们提供了一个关于中间人的精彩视角。他是身处半殖民地 (而非彻底的殖民地) 环境的个人, 一门外语也不懂, 却能进入科学和化学的全球流通, 对起源于西方而已通过翻译进入日本的流动性知识进行调整和翻译, 还测试、摆弄外国产品以制造本土产品。他是个积极的"斡旋者"和中间人, 但他更是一个技术创新的实践者, 试图通过翻译、逆向分析和改良进行创造, 为了建设中国工业和制造业。

　最后, 陈蝶仙的玩创实践让我们关注到"斡旋"与创新的流程, 它们**同时**发生在"词"与"物"层面的技术转移: 在物质层面, 他改造生产配方, 调整翻译过来的配方和生产实践以适应本土条件, 进而实现取

① 卡皮尔·拉吉 (Kapil Raj) 在直面殖民遭遇以及"接触地带"存在的空间里看待本土知识的生产, 他写道:"各地不断自我改造, 依据的是流传于狭小的、地域性的或横贯大陆的, 以及真正的全球性空间的物品、技能、观念和实践。"(2007, 21; 亦见Schaffer et al. 2009)

材于本地的目标。在文本层面, 他靠合作翻译把西语配方的日译本翻成文言。但他的"斡旋"并不止于翻译和调整来自海外的制造配方。正如第三章所讨论的, 为了让调整后的知识被更广大的公共读者接触到, 陈蝶仙以高雅的方式在"常识"栏目中展示这些知识。正是在各种层次的"斡旋"中, 创造性的干预发生了: 这种干预包括生产知识、建设工业和创造新身份——无论是中国人的民族身份还是职业身份——比如爱国实业家, 陈蝶仙后来借此打造品牌并进行推广, 获得了巨大的成功。

第五章　名中玄妙：从书斋名到商标

此等［无敌牌］商标，平仄调和，易于称呼，而含意尤深蕴，宜乎其发达。盖商标贵美，贵深蕴，贵普通，而此图则兼有之。读者苟有须商标时，不能不再三考虑也。

——汪泰钧《工商学报》(1924)

这段题记中，评论者汪泰钧对著名的"无敌牌"商标赞誉有加。"无敌牌"直译即为"无可匹敌牌"，但更为人熟知的是其英文名以及方言名——"蝴蝶牌"。他专门指出，该商标易读而意深，通俗而美观；还补充说，这样的商标必定成功，堪为典范。"无敌牌"商标——更确切地说是系列商标——的重要性，不仅体现于家庭工业社化妆品的销售，还包括把陈蝶仙的形象塑造成实实在在的生意人，并为他的商业活动正名。其实，我们应该同时注意名字和图标的重要性：陈蝶仙巧妙地融合了文人的书斋名文化和他作为品牌作家多愁善感的名声，凭借法律保护的商标出售商品。在杭州时，他使用的笔名就是精挑细选过的，其中一些便围绕蝴蝶主题，营造出庄子式的氛围。当他搬到上海, 成为一名职业作家和实业家, 蝴蝶意象继续发挥作用。起初, 陈蝶仙一边利用在杭州的知名度, 一边开发新形象——一个为城市读者撰 205 写言情小说的痴情男人。以**真实**的深情男子作为作家品牌, 反过来又为他出售"词"与"物"谋利作掩护。

陈蝶仙的文学事业所造就的名望, 同样有助于让他的工商业形象显得真诚。"蝴蝶"出现在陈蝶仙的别号——即公开的名字"蝶仙"里, 也是他盛产的"鸳鸯蝴蝶派小说"的标志。蝴蝶还是他的系列商标最核心的意象和图案。这并非巧合, 该意象的功能就是融入陈蝶仙作为深情男子的形象——那是他利用公司商品的知名度, 通过文学创作成功塑造出来的。就像他的小说读者想要体验《黄金崇》的主人公珊和品牌作家天虚我生貌似真实的情感一样, 家庭工业社采用的营销策略, 其设计目的就是促成顾客对品牌的由衷依恋。最后, 文学品牌和商业品牌之间、形象塑造和工业建设之间, 这种双向成全的品牌策略终于大获成功。家庭工业社采取了大量措施, 捍卫自家产品以及代表陈蝶仙文雅形象的声望和名号。这些策略包括: 在工业刊物上推动商标制度化的施行, 利用法院打击盗版者, 邀请电影明星胡蝶加盟来打造以"蝴蝶"冠名的文化想象, 还有通过写作把仿造者的活动宣传为所有爱国市民都应知晓的基本"常识"。公司策略的关键就是意识到: 在批量化生产的新时代, 要在消费者和品牌之间促成一种由衷的依恋关系。

作为品牌的"蝴蝶"

在中国, 把商标推崇为可以维护公司声誉、保证利润的东西, 因而值得政府的法律保护——这种状况是在帝国主义和全球资本主义的支持下出现的。清政府一贯对商标名称和符号以及行会机构给予保护以捍卫品牌, 但这种流行的传统做法过去只适用于本 206

国商户。①19世纪进入中国市场的外国贸易商，发现他们的产品很快被中国制造商仿冒，却几乎得不到法律支持。为了保持竞争力，外国商人联合本国政府迫切要求中国改革商业法（Alford 1995，34—35）。19世纪晚期到20世纪早期，英国带头向历届中国政府施压，要求起草监管商标的法规。为了证明有必要制定正式的商标法，政府以往给予中国老字号的例行保护（这显然和西方列强试图让现代中国诉诸法律的情况很相似）备受质疑。中国的法律改革者在压力之下编纂了商标侵权法，造成一种和新兴的、强大的西方在法律上保持平等的感觉。第一个注册商标的是中国海关，但因为海关无法强制执行，英国外交部在关于义和团运动的协议谈判中予以推进。一系列旨在保护外国商标的贸易条约在20世纪到来之际陆续出台。②1904年，清政府按照英国要求，颁布了一系列暂行条例，名为《商标注册试办章程》（Heuser 1975）。③这些章程，后来成为民国时期英国和其他帝国主义列强要求制定的商标法规的基础。中国第一部完整的《商标法》起草于1923年，奠定了1930年国民政府的版本——当时的民族主义者提供了他们的修订版。④

① 即便清代的法规没有提供很多商业法方面的内容，帝国晚期的政府还是经常连同行会和地方当局，支持保护老字号的习俗。此类实践，为地方官治理或调停交易和商业的冲突与关系，保留了大量余地和弹性。见邱澎生（2009, 78—81）关于苏州和松江棉布市场中脱胎于惯例的度量衡商业规则的讨论。

② 1898年，英法两国首先就其在中国互相保护商标达成协议（Heuser 1975, 190）。1902年，《马凯条约》（Mackay Treaty）为英国商标正式提供保护（左旭初2003）。1903年，美日商标也得到了法律保护。

③ 在美国，对于使用虚假产地标识的防范早就是习惯法的一部分，但直到1905年颁布《商标法》（Trademark Act），才成为联邦成文法的组成部分。1946年的《商标法》（《兰哈姆法》[Lanham Act]）则对商标认证作了定义和保护。

④ 有些学者认为，西方干预中国编纂1923年的《商标法》很不正常，是西方帝国主义侵犯中国程度之深的又一例证（如左旭初2003, 51—56）。

　　尽管在法规层面进行了改革, 但法律的应用以及将执行过程制度化以巩固法律, 则每每有名无实。如火如荼的仿制行为始终持续着, 引发了处罚商标侵权的支持者——无论是中国人还是外国人——巨大的焦虑。一方面, 初生的商标规则捉摸不透; 另一方面, 商标在货物批量生产的市场中越发重要。在这样的背景下, 陈蝶仙和他的公司家庭工业社, 倾注了无穷无尽的精力和资源, 用于打造"无敌"品牌名及其(系列)商标, 继而不遗余力地主张所有权, 尽可能使其独一无二。

　　早在1924年, 年轻的家庭工业社就从国外买了一台商标打印机, 在家里打印商标(上海市统计局1957, 134)。公司从上海方兴未艾的广告界和商业美术界请来设计师。凭借这些资源, 公司精心设计多种语言的品牌名, 还运用了好几重语言游戏。这些做法使中文名"无敌牌"和英文名"Butterfly"(蝴蝶)成为广受欢迎的牌子。品牌名"无敌牌"的中文字面意思是"无可匹敌牌"或"无与伦比牌"。带有军事色彩的词语"无敌", 激发了"国货运动"热烈的武装召唤, 而陈蝶仙正是领头的参与者。该品牌牙粉包装盒上的标志性图案见第四章(图4.2), 亦见于此处1947年的"无敌牙粉"广告(图5.1)。[1]这个图标对政治背景的暗示并不含蓄: 其中的网球拍代表家庭工业社可以像打网球那样粉碎日本的太阳; 太阳则象征日货, 特别是中国市场上流行的日本"金刚石"和"狮子牌"(牙粉)。[2]图5.1中, 包装似乎就已成为标志, 包装盒显得比没有出现的实际产品更重要。包装上有四个字: "中""华""国""产"——强调是中国本土生产的商品。顶部加上的

207

208

---

① 这张图片来自上海机制国货工厂联合会(1947, 44)。亦见于每年一期的《中国国货调查册》(1947, 36)化妆品部分所收家庭工业社1947年的一则广告, 以及汪泰钧(1924)的文末附图。

② 见《家庭工业社》(1935, 114)。网球这项运动, 当时主要面对在中国享有特权、见过世面的阶层, 因此往往意味着闲适、奢华的生活方式。

图5.1 "无敌牙粉"的包装盒和图标。来源: 上海机制国货工厂联合会 (1947,44)。

"护齿圣品"四字和右侧的"无敌牙粉"字样, 整幅画面可能早已流传开来, 达到了广告的目的。图5.1中, 盒子的前面板被放大了——再次强调图标的重要性, 网球拍 (尽管这里没有球) 则被刻意突出, "擦面牙粉"这几个字从上到下写在球拍面上。

　　普通话让人感觉到激进的爱国意味, 方言里的"无敌牌"却巧妙诙谐得多。具体而言, "无敌牌"中"无敌"这两个字的普通话发音, 和上海话里的"蝴蝶"是同音的。"无敌牌"商标于1917年在商标局注册, 不仅包括汉字"无敌牌", 还包括英文名"BUTTERFLY" (蝴蝶)。因此, 该商标的作用很大程度上依靠地区方言和汉语普通话之间的相互作用。带着"无与伦比"或"无可匹敌"的意思, "无敌牌"对本国受众是有影响力的, 他们越发注意到"国货运动"中针对敌方的经济战。对上海本地人来说, 它也是一个引人注目的品牌名, 因为它把握住了方言"无敌"和方言"蝴蝶"在听觉上的双关效果。英文名"Butterfly"同样可以引发全球性的吸引力。

　　除了想象精巧, 陈蝶仙"无敌牌"商标名的听觉双关效果还暗示了当时中国东南方和南方地区的普世主义现代性, 其特征便是国际、

国内和区域性语音变化的无缝对接。在探讨上海的电影和娱乐文化

时，张真考察了"洋泾浜"这个词——或许可以笼统地译成"混杂语"（pidgin）。这个词一开始是指东西交汇的运河，买办、卖花姑娘和西方人杂处其间。从语言学层面看，"洋泾浜"往往是不顾语法的创造，混合了英语、汉语和区域性方言而流行于该地区。在张真看来，这个词可以引申开去指称更广义的上海土话，甚至普世性的娱乐文化（2005，44—52）。根据我们的需要，"洋泾浜"的语言风格和隐喻意义都很重要。这个词所包含的机巧，可以用来理解"无敌牌"商标的听觉性和地域性文字游戏。除了中文名"无敌牌"直接吸引区域受众的方言双关语，以及这个名字的普通话发音对国人爱国的吸引力，其英文名"Butterfly"还表明了商标的全球性或普世性风格。因此，恰如上海的电影和娱乐文化，以及当地的商业、消费和视觉／听觉文化，"无敌牌"商标既是普世性的，又兼具民间性和全国性的印记。

　　虽然同音的双关语很重要，但"无敌牌"商标（久而久之，视觉多元化的商标也为品牌所用）还混合了视觉和语言学元素，通过文字图案融入蝴蝶意象。作为品牌的核心理念，蝴蝶是该商标最关键的视觉图像。照此，家庭工业社必须将蝴蝶图案——位于"家庭工业社"名称下面——注册为独立商标（见图5.2）。[1]公司各式各样的图标全都围绕蝴蝶主题展开。在该品牌的彩色图标中，我们看到家庭工业社采用了紫罗兰、玫瑰花和蝴蝶等富有浪漫色彩的图案，再配上网球拍。中国当时著名的美术家、花花公子郑曼陀（1888—1961），经常为陈蝶仙创作图画，以其浪漫的意象和绘画风格为人所知。[2]

210

----

[1]　该商标见于上海机制国货工厂联合会（1947：44）。商标里的蝴蝶和"无敌牌"牙粉彩色标志里的稍有不同。

[2]　关于郑曼陀的风格，见Laing（2004，116—137）；关于郑曼陀为陈蝶仙画画的资料，见Laing（2004，126）。陈蝶仙的儿子陈定山跟郑曼陀相熟，很可能充当了这位美术家和家庭工业社的中间人。关于这层关系的更多资料，见陈定山（1964，20—22，117—119）。

图5.2 "无敌牌"注册商标。来源: 黄彦杰摄。

效果最好的"无敌牌"商标包含一种视觉上的双关: 蝴蝶图案和文字融为一体, 形成了一个极具感染力的标志。该商标注册于1933年, 同样试图在市场上重新树立传统文化的权威性。[1] 如图5.3所示, 篆书被选作家庭工业社名称的字体, 整合到蝴蝶图案里: 蝴蝶的右上翼是篆体的"家"字,[2] 右下翼是"庭"字, 一起组成复合词"家庭"; 构成蝴蝶触须和身体的是汉字"工"和"业", 即复合词"工业"; 组成左翼的汉字是"会"和"社", 合成复合词"会社"——这是来自日本的新词, 意为"协会"或"企业"。六个字拼到一起就是"家庭工业会社"。在商标中选用篆书很难说是偶然。这种字体历史悠久, 蕴含丰富的雕刻、收藏和玺印文化, 所以篆书为陈蝶仙的商品赋予了一种博学和古典文化的意味——这是陈蝶仙及其文化产品和工业制品都试图体现的东西。这种商业古典主义绝非倒退, 反而为公司赚取了丰厚的利润。[3]

211

---

[1] 在明清商业文化中, 许多高端商品的商标突出的是文字而非图案部分, 为的是迎合文人消费者的文学品味 (J. Wu and Lien 2013, 256—258)。这种"文学"遗产, 即偏重文字的商标, 一直持续到20世纪20年代, 尤其是针对高端消费者的商店和产品——这些消费者一直为自己的博学感到自豪, 即便是在日益白话化的时代 (J. Wu and Lien 2013, 262—264)。陈蝶仙的蝴蝶商标, 虽然不像其他广告一样偏重文字, 但很明显还是在玩文字和双关语的游戏, 迎合的也是欣赏中国古典文学文化的类似受众。

[2] 这是官方注册的"无敌牌"商标, 收于20世纪30年代题为《东亚之部商标汇刊》的出版物中 (实业部商标局1934, 30)。实业部商标局出版的这部汇刊收录了在中国注册的中日商标。关于这部出版物的更多资料, 见左旭初 (1999, 28—30)。

[3] 关于商业古典主义在20世纪早期的兴起, 更多资料见Hill (2013)。

同代人十分欣赏"无敌牌"商标的效果。在为《工商学报》撰写的《商标问题》一文中，作者汪泰钧为商标的使用提供了充分的理由：商标不像店号那么容易仿冒；中国社会识字率低，哪怕不识字的人也能辨认商标；商标可以保护商店信誉。在汪泰钧看来，一个有效的商标要和出售的商品相关，要有艺术性的画面，文字和图片的使用要恰当且平衡。一个有影响力的

图5.3　注册于1933年前后的"无敌牌"商标。来源：中国国货调查册（1934—1937，300）。

商标必定设计简单，因为越简单就越容易被顾客记住。他还提出了可能违反直觉的观点，比如简单的商标其实更难模仿；换言之，一个简单的、容易记住的商标，能保证和特定产品之间更强的联系，也就越难抄袭。最后，汪泰钧展示了几个有效的知名商标的例子，第一个就是陈蝶仙的无敌牙粉。他认为，这个商标是有效的，因为：可以替换为上海话里同音的名字；玫瑰花和紫罗兰暗示产品有香味；花和蝴蝶主题的组合，他觉得尤为巧妙合宜。果不其然，汪泰钧以本章开头那段题记做了总结："此等商标，平仄调和，易于称呼，而含意尤深蕴，宜乎其发达。盖商标贵美，贵深蕴，贵普通，而此图则兼有之。读者苟有须商标时，不能不再三考虑也。"（汪泰钧1924，18）

　　家庭工业社对商标给予的关注延伸到了产品包装。以"无敌牙粉"的容器为例：本书英文版封面上印了一张"无敌牙粉"容器原件的照片，容器上没有确切的日期，但有一些线索。盖子顶部有网球拍和玫瑰花图案的牙粉标志（见图4.1），是1917年的商标，汉字组成的

图5.4　无敌牌牙粉容器顶盖内部（约20世纪30年代）。来源：阿里安娜·金（Ariana King）摄。

蝴蝶标志（图5.3）注册于1933年前后。两个标志都印在容器上，所以该容器可能是20世纪30年代早期到中期用来装"无敌牙粉"的。购得该容器的在线拍卖行显示，是一家位于山东的店铺将该容器发布到网站上。[①]该容器呈圆形，直径约10厘米，高约3厘米，以木浆，即纸制成（换言之由纤维素构成）。其装饰相当精美。图4.1的彩色标志缀于盖顶，顶盖边缘有一圈丝带，上书"无敌牌擦面牙粉"，紧接着是"家庭工业社"字样。还印有小而清晰的三个英文单词"MADE IN CHINA"（中国制造）。每个汉字有浅黄色的圆盘围绕，字和字之间由重叠的浅蓝色和浅粉色圆盘隔开，这几种颜色取自盖顶标志中已然消退的颜色。容器底盒也有同样的带字丝带环绕边缘。容器顶盖和底盒边缘这些美观的文字所包含的精妙内容，强调的是该产品及品牌的文化感。盖子内侧不但有中文商标，还有大量文字；背景是一幅褪色的画面，有云雾和住着优雅男女的阁楼，让人想起中国古典绘画

213

---

① "无敌牙粉"容器的原件于2019年1月21日购自在线拍卖行"旧货商城"（http://7788.com/），商品页面为http://7788.com/pr/detail_5622_61218716.html。

（图5.4）。这段文字描述了牙粉令人惊异而近乎神奇的功效。文中承诺，除了当擦面粉和牙粉用，这些白色粉末还能处理被普通刀片划伤的皮肤、湿痒的脚以及腋臭。类似这样的容器有幸被保存了约一个世纪，说明它们在一定程度上是被当作纪念品的，因为包装和商标都很吸引人。①

"蝴蝶"的所有权

214

　　鉴于"无敌牌"商标获得的成功，陈蝶仙和家庭工业社不得不对陈蝶仙的名字和公司品牌加以保护，并尽可能对蝴蝶主题主张专属所有权。到处都是效仿的人，所谓的仿冒者越来越被视作威胁，会玷污"正宗"的"无敌牌"产品的声誉。班凯乐（Carol Benedict）（2011）探讨过英美烟草集团和其他成品烟的大量手工仿制品。很多仿制香烟的生产是在京沪周围的手工环境和小作坊里完成的，而不是在大型的机械化工厂。20世纪30年代早期，"假"烟销量飙升，几乎占据中国市场25%的份额。类似的趋势也存在于医药市场，中国的化妆品仿制者在仿造国内外知名化妆品方面取得了巨大成功。仿制者的成功和狡猾，促使英国公司以及联合利华和宝威等跨国公司与英国政府合作，对国民政府施加外交压力，打击中国的仿冒行为和商标侵权（Lean 2018）。不过，班凯乐指出的完全正确：虽然外国公司及其政府愤而采取行动，但讽刺的是，大型公司往往要为鼓励仿制行为负责。20世纪20至30年代到处涌现的手工卷烟作坊，不仅是工业化之前的手工时

---

① 在我找到这件拍品的拍卖行里，至少还有其他七种款式的同类容器在售，品相各有不同，有的很劣质。比如这件拍品，见 http://7788.com/pr/detail_auction_ 950_ 16733166 .html。其余容器都是用来装"无敌牙粉"的，其中一件作为拍品展示于 http://7788.com/pr/detail_825_36822302.html。这是个罐子而不是纸质容器，上有英文品牌名"Butterfly"以及人种莫辨的女性脸庞和身躯，说明这个罐子可能是用来吸引外国消费者的。

代遗留下来的产物, 而且是手工生产的新范式, 它的产生直接呼应了工业生产的兴起。大型制造商的大众营销刺激了对其品牌的欲望, 也在不经意间催生了制造廉价仿制品的强烈欲望, 让低端消费者也能买得起。

面对这种蓬勃的模仿文化, 国内的非政府实体常常不得不靠自己推动商标执法。这一时期, 打击所谓造假者的正规机构组织几乎尚未出现, 显然跟不上大型西方企业和国内企业期望的速度。商标法并不完美, 中央政府又被其他事情羁绊。在这样的背景下, 家庭工业社之类的国内公司加入了战斗。20世纪10年代晚期到20年代初期, 新创办的家庭工业社致力于抵制所谓造假者仿冒"无敌牌"商标的行为, 并开始努力推动商标执法, 特别是在本地层面。虽然没有系统性的机构支持和法律支持, 公司仍然显出其足智多谋, 运用了各种策略阻止仿冒者, 尽可能让"无敌牌"的名字和标志成为自己的专属物。

陈蝶仙采取的方法之一就是利用自己在全球出版业的渠道, 曝光所谓的造假者, 并施压地方当局采取行动打击欺诈行为。1921年, 江苏实业厅厅长张轶欧发布了一则无敌牌商标侵权案的公告, 登在《江苏实业月志》上。[①]公告 (张轶欧1921) 称, 陈栩园令该机构注意到, 湖北"和济公司"抄袭独一无二的蝴蝶、玫瑰、紫罗兰组合图案, 剽窃"无敌牌"牙粉商标以销售其自家产品——"进化牌"牙粉。这份公告试图达到多重目的: 首先, 它作为中央政府和省级政府办事机构 (包括江苏和湖北) 的声明, 使商标执法制度化。该文本为读者描述了监管商标所有权的新兴机构组织, 说明上海的家庭工业社已正式要求农商部

---

① 19世纪中叶开始, 中国政府建设并资助江南机器制造总局之类的机构或官方办事处, 专门管理工商业部门。到20世纪20年代, 为这些办事处和政府机构正名和授权的尝试一直在进行, 江苏实业厅便是此类省级机构之一。

调查侵权, 阻止进一步的违法行为。反过来, 文中指出农商部已令湖北实业厅调查并处理此事。该机构随后提交了一份报告, 称湖北"和济公司"所用"进化牌"商标的颜色、式样和家庭工业社商标完全相同。该机构因此责成武昌县知事, 查禁此类仿冒行为。据知事报告, 已派专员一名赴公司令其停用原商标, 公司也已同意改换。这份通告详细列举了对商标使用进行执法的办事机构, 专门为了替官方促进商标法规制度化所做的工作正名并加以提倡。文中总结道:"[本布告] 具见我政府官厅保护商标之至意。"(张轶欧 1921, 45)

216

　　这份通告还披露, 家庭工业社试图动员并劝导不情不愿的官僚们和办事机构采取行动, 贯彻商标所有权。文中提到陈蝶仙提交的另一个被控仿冒"无敌牌"商标的案例, 充分显示了地方当局迟疑不决的态度以及制止欺诈行为的难度。此例中, 家庭工业社指控常熟地区的"美大化学工业社"使用"无敌牌"牙粉商标图案里的蝴蝶、玫瑰和紫罗兰, 用以出售"花球牌"牙粉。家庭工业社很清楚, 保护其商标是地方公署实业科的责任, 因此准备了一封公函, 要求常熟知事公署调查被控的侵权事件。然而, 提出要求之后过了三个月仍然没有消息; 与此同时, 另一家公司——"恒昌厚洋货号"开始发行"顶上牌"擦面牙粉, 也用了蝴蝶、玫瑰和紫罗兰图案。家庭工业社声称这些图案构成了原版商标, 认为"恒昌厚洋货号"在欺骗顾客。这份通知陈述了家庭工业社有意要求泰县知事调查并禁止此类行为, 却担心泰县的办事机构像常熟知事公署那样, 对此诉求视而不见。因此, 印发这份通知, 有助于以白纸黑字指认那些陈蝶仙认为不配合的办事机构。该通知将省级政府机构当作掌握权力和承担责任的部门, 同样意在给这些机构施压。

　　这些通知向我们证明, 陈蝶仙早在20世纪20年代上半叶就已开始推动商标执法; 也让我们得以窥见, 地方办事机构一定很不情愿为商标法规的施行尽其所能。这种不情愿, 部分源于对商标滥用的监管确实仍属未经许可的领域; 另一个因素则是, 陈蝶仙之类的实业家可能还和省级地方利益形成了对峙; 第三, 发布这份通知, 或许是在回应陈蝶仙的诉求, 但也表明张轶欧试图展现其省级官僚机构的"现代性", 以及致力于倡导单一企业商标所有权的理念和制度化, 同时指出其他省级执行者的不作为。无论陈蝶仙还是张轶欧都很清楚报刊的力量, 他们希望动用这个舆论阵地, 宣示企业商标所有权的理念。实际上, 这份印发的公告专门指出, 陈蝶仙已经要求政府机构在报纸上公开宣布此例系侵权, 以防止其他剽窃商标的行为, 并强调该措施乃是为民众着想。

在法律措施反复无常的这段时期里, 陈蝶仙还要继续通过出版物与仿冒品作斗争。1928年, 在为家庭工业社出版的商业信函内刊《尺牍偶存》里, 他自豪地宣布家庭工业社站在追踪仿冒品的最前沿, 其中的书信记录了公司与仿冒者作斗争, 并投身于保护自家产品的经过。好几封公开的信件, 揭示了陈蝶仙到底怎样动用各种手段追踪和制止仿制者。比如, 有一封信谈到"锡成印刷公司"伪造"无敌牌"牙粉袋一事:

> 近来常州一带, 发现本牌伪品。闻其印刷纸袋, 系贵邑仓桥头锡成印刷公司承办。惟弟夙稔该公司印刷业, ……而经理吴君, 弟亦稔闻其为人, 想必无串同作伪之事。惟此项纸袋, 实为本社专用商标, 不论分社、支社及经理店家, 均无擅自印用之权。或者吴君未曾尽悉, 误以为本社所托, 则承接印件, 自系营业上正当行为, 本社亦不见怪。惟托印之人, 究为何家? 其姓名、住址或介绍人, ……我公近在咫尺, ……拜烦代向调查明确, 敝社决不与印局为难。但得伪造人主名, 以便直接诉讼, ……则于事理庶得其平。除一面已谓官厅并包探侦查证物

217

218

外,本区区忠厚之意,并有信函直接致询吴君。惟恐或有误会,
特再驰函奉托,乞为调查见复。(陈蝶仙 1928,戊午年: 19—20)

从这封信里, 我们可以看到家庭工业社不但采取了很多官方措施, 比如
用法律追索权进行威胁以应对侵权行为, 还动用了私人关系和社交规
劝。公司雇用侦探调查当前的案子, 还依靠私人关系——仲和先生协助
追查, 确保印局经理吴先生停止印制盗版纸袋。家庭工业社许诺, 不会
牵连印刷公司和品行端方的吴先生。看起来好像认为吴先生疑罪从无,
称其可能只是按照客户要求办事, 并未意识到个中危害, 而那个客户才
是罪魁祸首。不过, 尽管语气很礼貌, 但毫无疑问: 这些袋子是家庭工
业社的专属财产, 吴先生必须立即停止印刷, 即便不存在欺诈行为。

　　关于此事件还有一封后续信件, 详述了陈蝶仙如何进一步追踪
嫌犯:

　　　　弟赴锡山查办冒牌,经一星期,昨夜甫归。……伪品制于
　　　　无锡,发售于常州一带。……乃常州南洋药房所制,无锡锡成
　　　　公司代印,益丰广货店经售。现已一并诉之法律,请照刑律处
　　　　分。而正犯已在逃,南洋药房亦赁夜闭歇逃走,今益丰与锡成
　　　　受其累矣。……《申》《新》两报亦有新闻记载,似足稍寒伪
　　　　冒者之心。(陈蝶仙 1928,戊午年: 19—20)

219

　　通过自己的调查, 陈蝶仙确定了冒牌货在哪里制造、在哪里发售、
有哪些涉事方。除了吴先生的印刷公司印制冒牌纸袋以外, 涉事方还
有"南洋药房"——生产冒牌货的真正主犯, 以及销售违法商品的"益
丰广货店"。早先那封信保证吴先生不会被追究法律责任, 这里却指
明要起诉所有涉事方。由于罪魁祸首"南洋药房"在逃, 法律诉讼首当

其冲的就是广货店和吴先生的印刷公司。提到主要报纸报道此案，则表明把这桩新闻传达给广大普通读者是对这些公司继续造假的震慑。

这些信函还试图吸引爱国商人以及受认可的国货商人——尤其是反对不爱国的仿造行为的商人，动员他们一起支持针对冒牌货的斗争。还有一封信关注的是冒牌牙粉以及如何制止仿造者：

> 　　顷承手教，并示冒牌牙粉一包，至感热忱。吾国工业之不振，即由不道德之奸商太多。似此欺罔公众，实为公众之敌。依照中国法律，实犯刑事诈欺取财之律。无论何人，均可加以干涉，……所惜热心人不多，爱国而提倡国货者尤少。以为事不干己，……至可慨也。兹当呈请省公署咨请警厅查禁。惟如买主加以干涉，使店家不敢欺人，……除一面登报，一面呈禁外，敬由邮局奉赠本牌牙粉一箱，计六百包。请以分赠同人，借资识别。（陈蝶仙1928，丙寅年：5—6）

220

这封信同时向生产者和消费者发出呼吁，把追踪假货和拒绝购买假货都视作有道德的爱国行为。在商标侵权法还不成熟的时代，陈蝶仙多管齐下，阻击冒牌货，包括登报揭露违法行为、通知警察，还送了六百包真货以识别假货。他也试图通过在《尺牍偶存》里分享自己的经历，为其他人提供打击仿冒品的实用技巧。

胡蝶：一场代言与一场官司

陈蝶仙还采用了高调的手段来宣示对"无敌牌"品名的所有权，包括与民国时期最著名的影星之一——胡蝶（1908—1989）缔结公共层面的关系。陈蝶仙无疑很欣赏她的鼎鼎大名。在汉语中，"胡蝶"这个名字具有听觉上的双关性："胡蝶"与"蝴蝶"同音，她的名字也和当地方言里的"蝴蝶"一词同音："胡蝶"的"胡"在方言里读作"wu"，所以她的英文名叫"Butterfly Wu"。她的姓在当地方言里的读音也和"蝴蝶"的"蝴"字同音。[①]陈蝶仙和胡蝶都推动了民国时期代表感伤主义文化的蝴蝶主题的流行。陈蝶仙作为一个真情男子的品牌作家形象，是在言情小说里塑造出来的，而这些小说常常配有浪漫的蝴蝶图案；胡蝶作为一个富有真情实感的演员，其名声也在类似的通俗传奇片中树立起来。[②]

　　在某些方面，电影明星胡蝶和商业、文化名人陈蝶仙，将自己打造成品牌并用自己的声望为产品进行宣传的大众传媒机制，是十分相似的。不过，还是有关键的不同之处：虽然陈蝶仙先以作家出名，后来又成为实业家和民间领袖，胡蝶始于20世纪20年代的影星身份，其影响的深远程度却要大得多。陈蝶仙为自己的产品打广告，胡蝶则是为别人的商品做宣传。接触流行电影工业以期为产品代言，并让电影明星出席商业活动——这些都是中国常见的营销活动，世界范围内也一样。其中还有性别因素。当胡蝶成为中国著名的新秀，很多公司争相使用她的名字和容貌来代言和宣传。

221

　　为了和胡蝶缔结公共层面的关系以从中谋利，陈蝶仙请这位影星出面代言，利用她名字的谐音助力自己的事业。1930年，陈蝶仙父子决定开一家饭店，取名"蝶来"。在1929年的杭州博览会上，陈蝶仙展示了他的"无敌牌"产品，此后他们意识到杭州和西湖已成为旅游胜地和文化实在性的象征。他们决定在西泠桥边的博览会举办地后面

---

① "蝴"在上海话里也和陈蝶仙"无敌"牌的第一个字同音。不过，这位明星的名字——"胡蝶"，和陈蝶仙品牌名的一部分——"无敌"，虽然在上海话里和"蝴蝶"的读音重合，写出来却是完全不同的字，普通话发音也不完全重合。

② 关于在20世纪30年代——上海繁荣的电影工业中大量产出小明星的时代里，显得"真实"和"真诚"的重要性，更多资料见M.Chang（1999）。

开一家饭店。[①]陈蝶仙请来了中国当时最受欢迎的两个电影明星——胡蝶和徐来（1909—1973），出席1934年的动工仪式（顾颖2009，3）。[②]他之所以试图借助这两个明星的影响力，就因为她们的名字是"蝶"和"来"，合到一起就组成了"蝶来"，即饭店的名字。一如"无敌牌"商标显示出的才思，这里的文字游戏又成了陈蝶仙为饭店命名的关键。

　　蝴蝶主题之珍贵，在20世纪30年代的几起商标侵权诉讼案中可见一斑，家庭工业社和胡蝶都牵连其中。那是一波三折又旷日持久的一桩纠纷，涉及"华南化学工业社"。该案始于20世纪30年代早期，家庭工业社发现华南的系列化妆品标志里有"蝴蝶"字样，于是向商标局呈交了诉状，指控华南制假。商标局同意家庭工业社的意见，反对华南使用该商标。作为回应，华南对商标局的决定提出申诉，要求重审。商标局重审了该案，但维持原判，认定华南违法。华南随后向实业部提出上诉，仍旧无果。1933年11月4日，工业部驳回了华南的上诉，认同商标局判决，支持家庭工业社。[③]华南最后在1936年时来运转，当时家庭工业社状告司法行政部没有对华南继续使用被控侵权的商标提起公诉。在这份判决书中，司法行政部驳回了家庭工业社的控告，提出两条主要依据：第一，判决书认为，判断商标是否相同或近似并足以构成盗用，必须是文字和图案同时重合，而不只是两者之一，

---

① 西泠桥位于著名的杭州西湖，1929年时被赋予了一种文化实在性。它和西泠印社有关，该社在20世纪头十年成为一个以印章篆刻闻名的社团，对它的欣赏包含了杭州当地精英的怀旧情愫。这种文化实在性成了畅销的商品，而"西泠印社"这个名字本身就是一个品牌（Lawrence 2014）。上海西泠印社的创办者、帝国衰落后迁往上海的吴隐（1867—1922），和陈蝶仙一样，展现给社会的形象是超脱世俗商业和政治的学者与隐士（Lawrence 2014, 93—96）。

② "蝶来"开工仪式的广告见《申报》（1934年4月4日和1934年4月5日），上面登了蝴蝶图案。有明星身影的开幕式照片出现在各种城市刊物和电影杂志上。例如，1934年《电影画报》第10期首页。

③ 关于该法律判决，见《实业部诉愿决定书》（1933）。

比如本案。第二, 判决书规定, 主张商标专属权须限于注册时的商标名称和图案; 提交商标以供注册时对标志所做的解释和／或实践中的其他名称, 不能被认定为专用商标。司法行政部裁定, 这两个要求在本案中均未满足。[①]

不过"华南化学工业社"还是很倒霉, 又陷入了和胡蝶的法律纠纷。胡蝶据说是该公司20世纪30年代早期的代言人。值得注意的是: 在这场纠纷中, 华南动用了家庭工业社追究被控的仿冒者时使用的法律武器。据报道者描述, 该诉讼引发了社会轰动, 在中国商标史上惹人注目。诉讼是胡蝶在1934年发起的, 当时她想解除和华南的合约 (姚家玉1934, 25)。1932年, 胡蝶同意将她的名字和华南的化妆品绑定, 并和经理徐公明签订了合约, 允许他使用"胡蝶"这个名字——其谐音就是"蝴蝶"; 还可以把她的肖像用作一系列华南化妆品的商标, 包括雪花膏、香粉、香水、牙粉和牙膏。胡蝶的名字在上海商标局正式注册为华南的商标。作为回报, 合约规定胡蝶可以获得每年销售总额的1%, 最低额度为1500元 (《四年以来未获》1936, 824)。

然而到1934年, 该公司使用她的名字两年以来, 胡蝶没有收到任何报酬。这位明星的律师控诉说, 这是因为公司销量惨淡。在她签署最初的合约后不久, 华南的"胡蝶牙粉"出现在市场上。公司计划推出更多用该明星名字代言的化妆品。就在这时, 公司的利润开始下滑, 还出现了公司即将倒闭的流言。1934年7月6日, 胡蝶的律师声称, 她别无选择, 只好向上海地方法院提起诉讼, 控告华南违约。律师认为, 问题的症结在于华南创办已久, 却只生产了一种牙粉, 故未

223

[①] 关于"华南化学工业社"被控一案, 更多资料见《行政诉讼裁判》(1936) 以及《司法公报》119 (1936): 1—3。还有一些其他案例。同样发生于1933年且涉及"华南化学工业社"的一场商标纠纷案, 见《实业公报》111—112 (1933): 10。

能完成目标——即按合同约定生产一系列化妆品（《四年以来未获》1936, 824）。

然而在华南看来，销量惨淡应归咎于演员缺少吸引力（《四年以来未获》1936, 824）。这里值得我们注意的是，辩护律师也声称：公司销量大幅下跌是因为家庭工业社试图垄断"蝴蝶"品牌名，还曾要求上海商标局撤销对华南使用影星名"胡蝶"作为商标的许可——正如上文所讨论的（姚家玉1934, 25）。尽管华南提出反对，认为公司借以宣传的影星肖像根本不像家庭工业社的商标，但家庭工业社还是在推进此案。所有这些法律纠纷，使得华南面临商业方面的问题：有一篇文章指出，因为华南卷入与家庭工业社的法律冲突已有多年，耽误了更多商品的生产和销售（史乃文1934, 238）。然而，华南宣称：尽管家庭工业社的蛮横做法造成了恶劣的环境，公司还是制造出了"胡蝶牙粉"与之竞争；而根据合约，既然已有一种产品，就不算违约。

最后，法院采纳了华南的辩护意见，驳回电影演员的诉求。法院支持了最初的合约。作为对地方层面败诉的回应，这位明星的代理律师将低级法院的判决上诉到江苏高等法院第三分院，但该院还是驳回了她的诉求。对胡蝶动机的怀疑不仅限于法院。有个记者推测，这位演员起诉华南的真实动机源于其成功出演了电影《姊妹花》（1934）。她的名声和身价大大提升，据说她因此迫切希望终止和华南签订的那份对她构成约束的合约，把自己的名字和肖像卖给出价更高的人（史乃文1934, 238）。家庭工业社诉华南一案与胡蝶试图摆脱华南的时机紧相邻近，这也说明家庭工业社和胡蝶可能是在合作追回"胡蝶"之名。

更笼统地说，该案揭示了商标界定以及对使用汉字的商标主张权利的复杂性。对家庭工业社而言，把蝴蝶主题当作一个商标来主张所有权，是相当宽泛的，不局限于字面上的"蝴蝶"一词。它延伸到了名称的力量, 可以从听觉或其他方面让人想到"蝴蝶"。还有听觉上的双关, 这种双关不仅关联着方言里听起来像"蝴蝶"的"无敌", 还关联着与"蝴蝶"同音的胡蝶的名字。胡蝶诉华南一案, 展现了家庭工业社打压竞争对手的力度, 这些对手都被认为盗用了蝴蝶标志。华南感到来自家庭工业社的压力是如此之大, 以至于在和那位明星打官司的时候, 值得在华南的辩护词中引为论据。从某个特定角度看, 家庭工业社咄咄逼人地追求对蝴蝶主题的完整所有权, 只是一桩精明的生意: 华南生产的是同类商品——化妆品、牙粉等, 使用的又是类似的品牌名。随着全新的商标所有权制度在国内和全球同时兴起, 家庭工业社并不介意动用一系列法律、经济工具来申明商标权利以捍卫公司名誉, 进而确保垄断蝴蝶标志, 在化妆品市场中谋取利润。

　　家庭工业社是最早一批在中国推动商标执法制度化的中国企业。它采取的方法包括: 在印刷媒体上曝光冒牌者, 诉诸法院, 以及根据早期的商标法追踪仿冒者。陈蝶仙一直利用媒体发声, 倡导商标法规, 直到20世纪30年代。1934年, 陈蝶仙用笔名"天虚我生"为他主编的刊物《机联会刊》的"商标问题讨论栏"写了篇文章 (陈蝶仙1934), 主张商标法条需要进一步扩充。[1]公司无比积极地对蝴蝶名称申明权利, 必定会转换成相当可观的利润, 但蝴蝶品牌也是陈蝶仙个人声望和形象的重要延伸。陈蝶仙成长于一种书面文化, 人的名字在这种文化里关联着他的人格, 所以不但他的声望系于一线, 他的人格同样如此。其实很容易想象: 在家庭工业社设法获得这个流行标志专属和延伸的法律、文化所有权时, 陈蝶仙——名中带"蝶"之人——的个人因素发挥了何等重要的作用。

225

---

[1]　1927年, 陈蝶仙和志同道合的国货商人项松茂、沈久成等人, 组建了"机制国货工厂联合会"(《天虚我生纪念刊》1940, 4)。该会创办了《机联会刊》。

走向全球的"蝴蝶"

　　家庭工业社也意识到了广告在推广品牌方面的重要作用，很快在国内外的市场竞争中变得斗志昂扬。19世纪晚期，现代广告业在世界范围内兴起，与之同步的是产品的批量化生产，比如中成药、各种化学药品、个人卫生用品和化妆品。中国的报纸上，19世纪70年代就有化妆品广告出现在上海的日报——《申报》上了。到20世纪20年代和30年代，化妆品、盥洗用品与各类成药竞相争夺城市日报的版面，很多报纸上图片越来越多，变得越发光彩夺目。[①]西方和日本的企业以及海内外中国商人，出售并推广了一系列盥洗用品和化妆品，包括肥皂、雪花膏、牙膏以及牙粉、除臭剂、指甲油和唇膏。正是在这样的背景下，家庭工业社积极争取市场利基，取得了巨大的成功。

　　公司营销的成功，关键在于理解当时广告管理的基本规则，亦即必须掌握如何建立消费者对产品的情感纽带或忠诚度的营销技巧。这一基本规则在公司的某些广告中传达得很直接。以1932年10月3日《申报》上的一则"蝶霜"广告（图5.5）为例："优良的蝶霜。**她需要之，**
226　**她深爱之。**"一段独立的广告文字解释道："她渴望底需要一种澈底优良的国货美容品。市上品类虽多，终难使她满意。[唯有]无敌牌嫩面剂——**蝶霜**。"文字边上是一幅画，画着一张迷人的现代女性侧脸，她伸出手好像要去拿"蝶霜"二字，即产品的名字。该广告向消费者保证，这款国货在中国各大百货公司均有销售，很容易买到。它把这种商品描绘成人们"深爱"的东西。产品本身完全没有出现在广告里。相

---

　　① 梅嘉乐（Barbara Mittler 2004）在一本研究《申报》的专著中指出，早期的西式广告常常借鉴传统中文店招的语言和图案风格并翻译成中式。到20世纪30年代，报纸广告已成为大生意，以视觉图像为特色的新式广告所拥有的版面大量增多。生产成药和烟草的公司，对于引入这些图像广告最为积极。

图5.5 "蝶霜"的报纸广告。来源:《申报》1932年10月3日。

反, 和那个女人伸出的手一起跃然纸上的, 是女性对该产品的渴望——这才是最重要的, 不过一般的营销者难以发觉。通过突出主体(广大女性消费者)和客体(批量生产的特定品牌商品)之间的情感联系, 这则广告传达出的观念是: 买家个人的满足感, 要通过购买特定品牌的化妆品来实现。这种手法我们现在已经很熟悉, 但在1932年, 展现女性和商品的情感纽带并不普遍或自然。比如在帝制中国晚期, 早先的广告不会强调潜在买家和商品之间的情感联系。只有在市场充斥着几乎一样的工业产品的时代, 世界各地的广告商才开始把产品描绘成消费者——特别是女性——不仅需要, 而且可以与之形成情感依附、实际上甚至是深爱的东西。[①]

227

　　或许陈蝶仙的公司使其产品生出情感依附最有效的方法之一, 就是从世界范围内兴起的生机勃勃的电影文化中汲取资源。可以肯定的是, 不少系列商品的生产企业和广告商都在利用影迷和明星之间的一种亲密感来售卖商品, 这种亲密感存在于全中国以及欣欣向荣的本地

---

① 《申报》的广告里, 把目标转向女性读者是在20世纪10年代早期明显起来的(Mittler 2004, 264)。

电影文化之中。月份牌招贴画广告常常靠明星宣传各种产品，从香烟到阴丹士林布，[1]不一而足（如Laing 2004, figure 7.20和plate 24）。政府发起的"国货运动"请来明星，宣传该运动所主张的民族主义消费理念（Gerth 2004）。许多化妆品和日用品公司也采取了这一策略。例如英荷化妆品跨国公司联合利华，作为世界领先的化妆品公司之一，便掌握了这种方法并积极、强势地加以运用——无论是在世界何处，只要有其产品销售。在美国，联合利华利用美国的明星体制，请好莱坞明星推销洗衣皂：1933年，珍·哈露（Jean Harlow）建议电影刊物《现代电影》（*Modern Screen*）的读者使用力士肥皂（Lux Soap）清洗丝袜。1934年的一则广告里，梅·韦斯特（Mae West）向有兴趣的顾客推荐力士香皂（Lux Toilet Soap）。在广告里，她和丘比特（Cupid）有一番对话，她风情万种地说："我们有男人，没错。不过再用上几年力士香皂，滑嫩的肌肤会让他们随叫随到。"[2]通过获得电影明星的支持，联合利华试图把影迷对明星的热情引向对自家品牌的忠诚。

228 　　中国便是联合利华发起力士香皂和皂粉营销闪电战的重要地区，市场上铺天盖地的都是主打电影明星的广告。联合利华——更确切地说是联合利华的前身，英国的利华兄弟公司（Lever Brothers）——已成为东亚最早销售肥皂的外国公司之一。[3]为了在竞争日益激烈的中国化妆品市场站稳脚跟，这家跨国企业靠的是已在上海等中国城市

---

[1]　阴丹士林布（Indanthrene color cloth）：民国时期流行的一种布料，常用来做旗袍。阴丹士林，一种蓝色染料。——译注

[2]　梅·韦斯特的这则广告见于*Cosmopolitan* 96, no. 5 (May 1934): 109。

[3]　1910年，英国进口到中国的"家庭香皂"总计8 913吨（Fieldhouse 1978, 341）。到1912年，进口到中国的英国肥皂总计超过10000吨。因此，利华最重要的计划之一就是在中国开展协同作业（Wilson 1954, 140—141），于是1911年在香港创办了"中国肥皂公司"，1923年又在上海开设分公司。1925年，利华在上海推出"日光牌"，第一年就生产了4.2吨。30年代，利华与"荷兰人造奶油公司"（Margarine Unie）合并为"联合利华"，该公司以新品牌"力士"取代了"日光"，在渗透中国城市市场方面甚至比"日光"更成功。

运营的国际广告代理机构。[1]公司甚至还有自己的内部机构——灵
狮（Lintas），即"利华国际广告机构"（Lever International Advertising
Services）的首字母缩略词。1932年，这个内部广告部门在中国各城市
发起了一场评选，号召（女性）读者兼消费者从二十多个电影明星中，
为联合利华最畅销的产品之一——"力士香皂"，选出最美的脸。[2]

　　这场活动进行了三个多月，力士香皂的广告每天至少登在两种主
要的城市日报上——上海《申报》和天津《大公报》。1932年5月到8
月，广告每天换不同的电影明星推销力士香皂。广告篇幅甚巨，占版
面的六分之一到一半，在两种报纸的海量广告中脱颖而出。这些广告
还频繁出现在头版，读者想错过这场活动都很难。联合利华想要主宰
东亚市场，于是调整了全球活动，启用生机勃勃的上海电影界明星，
以适应中国的特定环境。[3]不少中国的大明星纷纷出场，包括阮玲玉
（1910—1935）、黎莉莉（1915—2005）、王人美（1914—1987）和胡蝶。
每则广告都有一位中国女影星的签名照和手写自述，说明这位演员为
什么喜欢用力士香皂。活动的参与者和力士香皂理论上的购买者，要
通过邮寄选票选出与力士香皂最相衬的脸。活动最后，宣布了这场评
选的结果：胡蝶排第一，阮玲玉第二。

　　在20世纪30年代的中国，女影星取代了晚清社会的名妓，成为城
市大众社会的女性名流（M. Chang 1999）。名妓，曾是世纪之交都市

---

① 这些广告代理机构包括查尔斯·威廉·米林顿（Charles William Millington）经营的"中国商业广
　告代理公司"（China Commercial Advertising Agency Co.）。另一家位于上海的著名美国广告商是卡
　尔·克劳（Carl Crow）。

② 当利华兄弟公司与荷兰的人造奶油公司合并，并发展为产品丰富的英荷大公司——联合利华，
　"灵狮"的规模也在大幅扩大，成为一家独立机构，开始自行开展广告业务。"灵狮"常常和中国本地
　美术家一起制作广告，以迎合本地人的口味。关于这段历史，见"Lintas: Worldwide"（n.d.）。

③ 在广告活动中利用电影明星，不仅是联合利华在中国的策略，也延伸到了拉丁美洲（Jones 2010，
　125—134）。

文人精英倾慕的对象；而民国时代出现的女艺人，是大众社会以及中国与更广泛的全球电影文化相关联的产物和符号。①30年代的女影星因而经受了更多城市读者渴望的目光。她们植根于全新的城市大众文化——此种文化由新的主体性构成，包括影迷、评论家和"业内人士"；同时，她们又身处一系列新兴的城市实践之中，比如看电影、阅读影迷杂志、写崇拜信、传阅和收藏明星亲笔签名的照片、撰写影评，以及在评选中给明星排序（M. Chang 1999, 132）。力士的活动跻身于中国丰富的影迷文化。平时看报可能会跳过广告的影迷和读者，现在会查阅日报上的广告，看看出现了哪个明星。营销商们希望这些影迷同时成为品牌的固定买家。

　　被视作养颜专家的明星们，最适合指导人们抵御物质侵蚀和自然衰老，这正是销售化妆品和盥洗用品的明确目标。电影及摄像技术的引进，其实也需要明星参与到广阔的卫生保健领域，而肥皂据称是必不可少的，因其具有祛污、清洁和美化肌肤的功能。和摄像类似，电影技术以特写镜头展现人脸。但和摄像不同的是，电影画面是放大的，尤其是在投向幕布的时候。电影演员比起在现场演出时更是如此，她们的脸（和身体）在这样一种以技术为中介的凝视下，经受着巨细靡遗的审视。她们不仅体现了现代形式的美，她们的生计也仰仗拥有完美的肌肤。

　　此外，这些广告还把女影星当作和化妆品一样的商品。她们的光鲜亮丽正是可以通过消费来获得的。"批量化"的电影演员，是每个人不但可以向往而且可以变成的那个人。一旦变成电影明星的渴望被明确表达出来，通过购买力士香皂以期获得和影星同样精致的肌肤就可

---

① 关于名妓和晚清上海文人的更多资料，见Hershatter（1997）和C. Yeh（2006）。民国时期，文人文化式微，名妓形象及其本人——文人文化的产物和符号——越发给人一种颓废感。关于中国影星和上海电影文化与全球电影文化的密切联系，见Z. Zhang（2005）。

以想见了。作为新兴大众社会的经典娱乐形象,女影星的作用就是把面霜或肥皂界定为经典的大众消费品。[1]明星,既代表大众又高高在上,是强有力的代言人,可以引导潜在的消费者去思考自己购买的商品,既把它们当作日用盥洗用品,又当作给她们带来无与伦比之美而超越日常的特殊物品。这些广告,因此经常以类似的方式展示两种商品的影像——明星和化妆品(图5.6)。其中包括力士香皂的手绘图片,以及与之尺寸相当或相仿的女影星照片。电影明星被商品化的美,仿佛真的可以连同一块肥皂一起买到。

230

激发对物品的依恋,关键是在批量化生产的时代始终保持对真实性可望而不可即的追求。联合利华的活动旨在缩小这种追求的差距。在这场活动里,头像照、手写自述和签名是尤为强效的机制,它们培养出对电影明星和批量化产品的由衷依恋,即便这种依恋最终只是连接真实性的中介形式。作为面部特写,头像照表明它们可以展现明星的真实自我,演员以此为媒介立即被描绘成区别于其他明星、具有辨识度

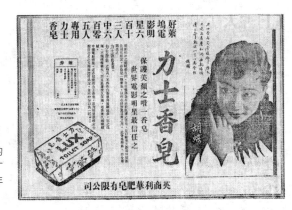

图5.6 影星蝴蝶代言的力士香皂在报纸上的广告。来源:《申报》1932年5月6日。

---

[1] 关于明星被商品化已有大量论述,而我们在这里看到的恰恰相反,即:崇拜一个人(电影明星)的过程被用来培养对一件物品的感情。换言之,与其说是人在商品崇拜的过程中变得商品化,不如说是物品被拟人化,成为主体的依恋对象。

的商品，并以此种方式显得貌似真实（Gunning 1995）。但通用的头像
照是在与好莱坞全球电影文化相关的身份认证制度中出现的，由此成
为可再生的东西，以至于影迷们为使其独一无二，要通过获取亲笔签名
来寻求与明星的"亲密接触"。[1]不过签名貌似"亲密接触"，当然也是
批量生产的。在力士香皂的活动中，几乎全都一样的头像照和所谓的
"本人"签名，都是通过印刷生产供大众消费的。[2]简单的女性手迹证
明了明星照片（而不是明星本人）的真实性，签名和照片随后借助广
告再次传播——这些广告通过印刷制作，随报纸分发。这使得图像成
倍增加，反馈给无数读者。通过上述中间层，寂寂无名的读者兼消费者
捕捉到了一丝亲密感，尽管总是延迟的。不过恰恰是这种延时性，引导
出了消费的渴望以期获得真正的亲密感。

　　在联合利华的力士香皂活动中，这种（延迟的）亲密感在号称是
影星关于产品定位的亲笔自述中进一步孕育。自述，同样是为了让观
看者觉得可以从演员身上得到点什么，同时又营造出明星仿佛在发出
个人声音的感觉。这些广告打出了貌似来自明星的大胆宣言。1932年
5月6日的一则广告中，胡蝶写道："力士香皂，芬芳馥郁，历久不退。且
着肤和润，无干燥损肤之弊。敢进一言，以为介绍。"她的签名意在证
明上述观点的真实性以及美颜永驻的承诺。不过这段自述虽然貌似表

---

[1]　在中国，这种确保真实性的方法——亲笔签名，是非常新的。在往日的帝国，印章一直具有证明
真实性的社会政治效力。帝国印章的背后是皇帝独一无二的笔迹，传达并证实帝国的权力，在帝制
中国的官僚文化中重现了成千上万次，为帝国交流得以成立的文书工作赋予权威。通过科举考试的
成功获得社会地位，因而象征性地受到皇帝"恩宠"（即指派）的文人，也具有赋予真实性和见证标识
的威望和身份，比如在一幅画上加盖个人印章。现代使用的签名和笔迹，标志着文人地位所仰赖的
帝国经济权力转向了盛行批量化生产的新型消费社会。

[2]　使用大头照和签名源自好莱坞的全球体系，意在给影迷一种亲密感。这些书法相当平庸的签名，
很可能透露出这些女性没怎么接受过教育或传统训练。这未必对她们不利。实际上，电影明星的魅
力在于有点自相矛盾的组合：她们的明星身份高不可攀，但同时作为一种批量化产品，似乎又平易近
人、普普通通，对于所有影迷都"唾手可得"（M. Chang 1999）。

达了演员的个人看法，但读起来却和边上类似的广告所表达的主题差相仿佛。电影明星阮玲玉写道："力士香皂，以上等的质料，售中等的价钱，是值得赞许和介绍的。"（《申报》1932年6月29日第1版）梁赛珍的自述则是："力士香皂，香气袭人，洁白□除垢润肤。……可谓罕有之妙品。"（《大公报》1932年6月13日第9版）黎莉莉称："力士香皂，洁白可爱，又能使肌肤柔腻。我很爱用它。"（《申报》1932年7月2日第1版）

这场活动对明星的利用，展现了新媒体技术及其物质性如何影响20世纪早期商业竞技场上为产品质量做担保的新方式。某些广告明确意识到了媒体技术对于担保产品质量的影响。以1935年《联华画报》第5卷几乎每期都登的力士香皂系列广告为例（图5.7）：该系列的每则广告推出一位各不相同但可以互换的电影明星，呼应了联合利华早先在1932年的定位。图5.7中的人像即是黎莉莉。即使明星换了，观众心里的想象，在每则广告中仍是一样的。广告里，一个女人朝她的男伴问道："怎么明星们的肌肤总是这般娇嫩？"男人回答："因为她们天天必用力士香皂洗濯，所以如此。"某些广告底部还会有两张带编号的小插图：第一张图，画的是那个

图5.7　1935年间《联华画报》定期推出的力士香皂广告。来源：加州大学伯克利分校图书馆，方保罗藏品（Paul Fonoroff Collection）。

女影迷在一家店里买力士香皂; 第二张图里, 她站在洗脸盆前, 双手举
起, 得意洋洋地宣告:"力士香皂使我的皮肤很滋润。我真开心!"消费
行为——包括买肥皂和用肥皂——是用文字叙述的。消费力士的情感
冲击也同样如此。为了强化这种信息, 广告会找不同的明星分享自己
手写的自述——《申报》和《大公报》等日报上那场大型活动的广告里
也能看到——在电影的透射光下重叠到一起。不论男性还是女性, 个
人满足和获得快乐的可能性都可以通过对力士香皂的爱**和**消费行为来
实现。这种情感信息意在巩固读者对品牌的忠诚。

此外, 这则广告的迷人之处还在于它玩起了多种形式的媒体技
术, 并直接处理了如下问题: 在以媒体为视角的新时代, 什么才是真
实的? 广告里没有直接画出明星的脸, 因为人像投射到了剧院的幕布
上。也就是说, 银幕上覆盖了明星的脸部照片——她的大头照。多层
次的媒体就这样彼此叠加: 黎莉莉 (抑或陈燕燕 [1916—1999]、阮玲
玉) 的照片被用来代替明星的画像, 出现在剧院银幕上; 于是, 银幕和
照片既传给了图片里的观看者 (亦即观众凝视着明星无瑕的、放大的
皮肤), 也通过平版印刷和机械化复制的方式印在报纸上, 传给了广告
的消费者。对不同媒体形式的叠加展示和有意并置, 让观看者立刻注
意到了不同形式的大众媒体的物质性和技术问题。这则广告明确展现
了上述形式的大众媒体与验证策略的关联, 因其所处的时代是批量化
再生产的时代, 而多层次的媒体正是用来营造真实感的。

联合利华的活动启用中国本地影星推销力士香皂, 成为类似广告
234 活动的标准配置。中国企业很快开始运用这套模式销售自己的产品。
广告里出售的商品常常就像力士活动里的明星一样, 是可以替换的。
比如"中国化学工业社"发布的一则广告, 推销"白玉牙膏"和"三星
蚊香", 请的是中国电影巨星徐琴芳 (1907—1985) (图5.8)。广告里
就有她的大头照、手写自述和签名。得到徐琴芳的代言, 意味着"中

图5.8　中国化学工业社推销"白玉牙膏"和"三星蚊香"的广告，刊于《全国手工艺品展览会概览》（1937）封面内页。来源：《全国手工艺品展览会概览》（1937），马萨诸塞州剑桥"哈佛—燕京学社"中国藏品。

国化学工业社"可以利用影迷对她的支持，转化成对其品牌产品的支持——无论是肥皂、头油还是蚊香。

　　在这场营销大潮中，家庭工业社自然不甘落后。公司也利用电影明星推销货物，但不限于国内市场，还延伸到了国际市场。20世纪30年代早期，公司重新振作，试图将蝴蝶牌推向全球。比如，1933年10月10日，一系列耸动的文章出现在英文报纸 *China Press* 上。这些文章强调家庭工业社的现代性和蝴蝶牌产品的化学纯度。有一篇文章的标题是 "Association for Domestic Industry Startles Shanghai with Modernity"（《"家庭工业社"现代化程度轰动上海》），另一篇叫 "Butterfly Cream Perfect Aid for Keeping Skin Fresh"（《蝶霜永葆肌肤青春》），还有一篇题为 "Care of Teeth Is Important Daily Routine: Butterfly Is Called 'Nature's

Greatest Gift to Dental Hygiene.'"（《爱护牙齿乃日常必需："无敌牌"获称"口腔卫生天赐佳品"》）。最后，版面中还有一部分是公司和产品的图片，在标题"Butterfly Products and Their Home Are Creating Sensation"（《蝴蝶牌产品及其生产基地声名大噪》）下方（*China Press* [Shanghai]，October 10, 1933, B57）。

　　家庭工业社的目的，不仅是要在中国说英语的人群中提升知名度，还要扬名海外。蝴蝶牌产品早在1923年就已销往新加坡和马来西亚（叶明东1923, 43）。但公司在1934年发起了一场针对东南亚市场的长期活动，靠的就是电影明星做宣传。货物销往海外的过程中，家庭工业社采取了特许经营模式，把产品的制造和营销外包给海外代理商，同时对整体策略进行监督。[1] 在新加坡推出家庭工业社产品的当地企业是"侨兴公司"（Overseas Prosperity Company）——名字就清楚表明其服务于海外华人（即华侨）群体。[2] 通过这家代理商，家庭工业社雄心勃勃地把蝴蝶牌定位成国货，出售给新加坡的爱国华侨。除了标榜蝴蝶牌产品的功效和卫生现代性，新加坡报纸上的广告还声称蝴蝶牌比进口货（"敌货"）质量更好。家庭工业社决意在东南亚保持强烈的民族主义定位，说明"国货运动"已跨越国界，在华裔人士构成的移民网络中发生共鸣。

　　蝴蝶牌产品比较持久的一场活动，出现在1934年新加坡的《总汇新报》上。这场独特的活动借鉴了联合利华的战术，主要采用的就是后者在1932年为力士香皂所做的营销活动。新加坡的这场活动包含一系列广告，出现了不少中国最受欢迎的明星，从1934年3月持续到4月。起初登在1906年发行的《总汇报》（*Union Times*）上，1929年更名

---

[1]　关于家庭工业社以特许经营的方式管理外省分公司，更多资料见Huameicunren（1922, 42）。

[2]　《总汇新报》1934年的所有活动广告都提到了这家公司，本章随后将会讨论。如《总汇新报》（新加坡）1934年3月21日第2张第4版、1934年3月24日第4张第2版、1934年4月2日第2张第4版。

为《总汇新报》(*New Union Times*), 该报是新加坡流传最广的刊物, 发 236
行量在20世纪30年代达到每天15000份 (Kenley 2014, 587)。[1] 在新
加坡多种族、多语言的出版市场中, 作为一份中文日报, 其流行程度在
新加坡的中文日报里仅次于《新国民日报》(*New People's Daily*)。和
附属于中国国民党的《新国民日报》不同,《总汇新报》以政治独立闻
名。在20世纪30年代, 这是一份欣欣向荣的商业报纸。外国 (即西方
和日本) 产品的广告每每与中国产品的广告同列其中, 新加坡的海外
华人读者对后者应该很熟悉, 这反映了新加坡的普世主义商业文化。

至于1934年的活动, 广告推销的要么是无敌牙粉, 要么是牙膏, 要
么是面霜, 几乎天天轮换。每则广告都有一位电影明星的照片。黎莉
莉宣传 "无敌牙膏" 和 "蝶霜"; 王人美也推广这两种产品; 徐来在不
同的广告上用不同的照片代言 "无敌牙粉" 或 "蝶霜"。她们对这些
产品做出了大胆的承诺: 黎莉莉主打的广告, 宣称 "无敌牙膏" 和 "蝶
霜" 都体现了现代美容术并运用了科学卫生法;[2] 徐来的广告则称, "无
敌牙粉" 可以祛除雀斑、清洁黄牙, 并保证其功效超过最好的舶来品。[3]
明星照片往往放在显著位置, 紧挨着要推销的蝴蝶牌产品, 意在暗示这
位影星做了如此一番宣言, 当然也就是为该产品代言 (见图5.9)。

在新加坡, 让中国影星代言某一款产品是很有效的方法, 因为东
南亚——也称 "南太平洋" (即 "南洋")——是当时中国以外最大的
中国电影市场 (Z. Zhang 2005, 116, 212)。中国主要的电影制片厂以
上海为中心, 同时往内陆和南方拓展, 一直到东南亚。这些电影厂和
东南亚当地的制片商展开竞争, 其中包括同样制作国语电影的邵氏兄
弟。正是在这样一个生机勃勃的市场里, 新加坡的华裔群体如饥似渴

---

[1] 该报的名字于1939年又改回了《总汇报》, 最后一期发行于1946年 (Kenley 2014, 587 n. 11)。

[2] 如《总汇新报》1934年3月24日第4张第2版和1934年4月7日第5张第1版。

[3] 如《总汇新报》1934年3月28日第4张第1版和1934年4月3日第2张第1版。

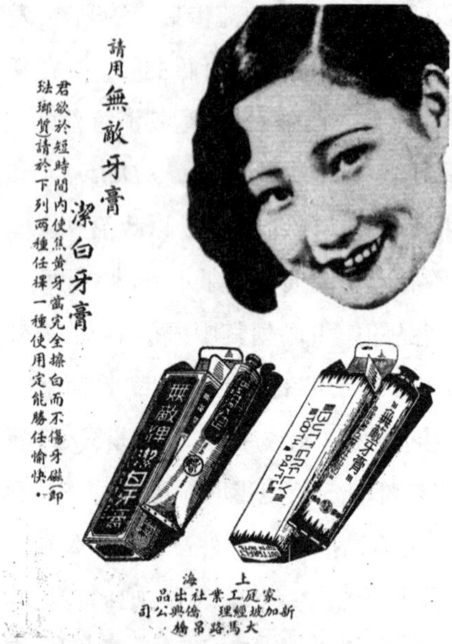

237

图5.9　电影明星徐来在新加坡《总汇新报》上推销"无敌牙膏"。来源：《总汇新报》1934年4月18日，新加坡国立大学图书馆。

238

地沉迷于华语电影，并通过活跃的影迷文化开始了解中国电影明星。当时的新加坡是一个多种族、多语言、国际化的殖民地港口城市，英语是通用语，有相当数量不会说中文的新加坡人——印度人、马来人和英国人。这些人中，大部分不会成为上述电影的消费者。而所谓"土生华人"（Straits Chinese），祖籍中国，但习惯上更倾向英语和以英语为母语的文化，与中国的政治文化联系殊为薄弱，他们从20世纪30年代开始越来越趋向双语（往往为经商才学习中文，有时也出于文化上的兴趣），或许是潜在观众。[①]这些电影的主要观众应该还是海外华人群体——他们是新加坡的主流族群，占总人口四分之三。他们往往是有影响的杰出商人、中产阶级，受过良好的教育。他们被民族主义体制深深吸引——这种体制与中华民族相关联，其正统性源自基于血统论的中华民族主义原则。

电影业以外的华人企业，同样早就注意到东南亚海外华人的消费潜力。抱有跨国意愿、中等规模的华人企业，早在19世纪80年代就开始把公司扩张到东南亚并出口货物了。[②]其中一些来自中国，还有的是

---

① 关于"土生华人"以及作为多种族港口的新加坡，更多资料见Chua（2012）。
② 比如Cochran（2006）对中药商的特别关注。

海外华裔, 比如"虎标万金油"(Tiger Balm) 的制造商——胡文虎 (Aw-Boon-haw, 1882—1954), 他深入到往来中国的跨国网络, 从东南亚着手缔造自己的商业帝国。这些商人一直被归为中间商, 他们发挥的作用就是从西方"挪用"大量商业实践, 运用于"本地"(从上海到最小的村庄, 从中国国内市场到东南亚的海外华人市场) 的每个环节。依靠中国和东南亚政府的战略联盟, 以及本土化的营销策略和占得地利的东南亚印刷媒体, 他们每每能够击败西方和日本的竞争者 (参见Cochran [2006] 关于中药商人的探讨)。当然, 关于华人商业实践的上述观点, 令"本土"(local) 这个概念变得复杂, 其中展现了这些跨国网络的本土网点如何从中国乡村跨越到东南亚的国际转运港。然而问题依然存在: 提倡此类诠释性的方法, 是否基于一种多因素造成的、分析性的二元论——针对本土 (中国以及东南亚的海外华人) 和暗含了"全世界"的西方? [1] 还有一个与之相关的问题: 这种方法从根本上倾向于认为东南亚市场不过是大中华地区的一部分。而晚近的全球史研究已开始把东南亚和其他地方的离散华人, 不仅仅当作中华民族的延伸, 而认为他们是超越国界的 (McKeown 2001)。按照这种较新的方法, 把中国和大中华区 (Greater China) 记作"本土", 而把西方想当然地记作"全世界", 便越发站不住脚了。有一种全球化的方法也坚持把"海外"华人看成东南亚企业界的组成部分, 不过是以他们自己的方式, 只是保持着和中国的跨国联系。这种方法避免了东南亚学者愈发不满的一点, 即用民族框架把东南亚当作大中华区的一部分来对待。[2]

239

---

[1] 比如, 高家龙 (Sherman Cochran 2006) 的著作就认为, 陈蝶仙之类的中间商只是把外国范式移植到了东南亚境内——纵然不是中国境内。

[2] 当然, 在探讨胡文虎这位制造了"虎标万金油"的海外华人企业家时, 高家龙小心翼翼地展示了胡文虎多么擅长把他的商品当作"跨文化"产物加以推广, 以应对其消费群体的性质问题。他使用的策略包括: 聘请跨国界、跨文化的艺术家 (比如在香港的关蕙农), 用中文和当地方言进行营销, 以及让多元文化的消费者为产品赋予本土内涵 (Cochran 2006, chap. 5)。

此处采用的方法, 启发便来自这种更具有全局观的、理解东南亚海外华人群体的方法转向。具体来说, 对于家庭工业社进军南洋化妆品市场, 我们不仅仅视之为中华民族历史的延伸, 哪怕公司在战略上将其产品标榜为国货; 我们也不将其看成"本土"市场与全球化之西方的对立。家庭工业社所采用的商业实践, 是跨越国界的离散潮流的一部分。而公司在推销国货的活动中对爱国主义的利用, 其内涵迥异于中国本土出现的民族主义。实际上, 这一时期的海外华人之所以极其爱国, 恰恰是因为他们远离家乡——这是离散群体的典型共识, 因此他们需要在一个多民族政体中辨识出属于自己的归属感。正是在这样的背景下, 富庶的海外华人发起了诸如1937年的南洋华侨救国运动, 抵制日货并为抗战筹款。同时, 他们也是国货的踊跃消费者。

《总汇新报》上的广告活动, 说明蝴蝶品牌沿着爱国华人的离散网络深入到东南亚市场, 并彰显了家庭工业社的全球化野心, 尽管其展现的只是公司 (或者说是附属的广告公司) 对活动进行本土化改造以适应当下市场的能力。虽然两个月长的推销并不是一场竞选, 不是为了挑出代表蝴蝶品牌的明星, 就制作水准而言也很难说像力士活动那样光鲜和高端, 但这仍是一场旷日持久的活动, 仰赖四个著名的中国明星轮番上阵——胡蝶、徐来、王人美和黎莉莉。王人美、徐来和黎莉莉是新加坡华人观众非常熟悉的, 因为她们早先参加过"明月歌舞团"。除了北京、天津和东北的中国城市, 该团在20世纪20年代晚期出访过东南亚城市, 包括新加坡、曼谷、马六甲、吉隆坡和雅加达。1931年, 随着有声电影的出现, "明月歌舞团"被联华影业公司收购, 后者需要团里歌手的特长以适应电影时代, 而明星们也成功转型为电影演员 (M. Chang 1999, 146)。

20世纪30年代, 当王人美、徐来和黎莉莉开始拍电影时, 她们利用的是歌舞团时期树立起来的朝气蓬勃的形象。1932年开始成功出演大量影片后, 黎莉莉主演了《体育皇后》(1934)。[1]《体育皇后》由孙瑜执导, 讲的是一个来自农村的女性体育健将最终没有被上海的资本主义生活所侵蚀。这个角色巩固了黎莉莉积极健康的形象, 又迎合了"国货运动"用健康纯净的本土商品取代外国商品的主张。[2]家庭工业社在新加坡举办活动期间, 其他明星也达到了事业的巅峰。王人美最出名的电影叫《渔光曲》(1934), 导演是蔡楚生(1906—1968)。[3]1927年曾帮助陈蝶仙开"蝶来"饭店的徐来, 也是1930年早期毋庸置疑的行业翘楚。

家庭工业社依靠本地附属公司, 效仿国际化的营销推广策略, 通过爱国的离散群体网络把蝴蝶品牌打入新加坡市场, 这是个明智的决定。如前所述, 离散群体的爱国方式成功推动了公司在当地的营销, 但不能和中国国内的民族主义等而视之。要理解它, 必须结合海外华人身处多民族、多人种殖民地港口的经验——这里的爱国精神和中国国内的爱国精神具有不同内涵。本土化的活动, 使公司推销本土主义产品时, 得以在新加坡的海外华人中有效应对特定内涵的爱国精神。这样的方式与联合利华在中国(以及其他地方)的全球营销方式如出一辙, 都是雇用迎合本地观众口味的影星, 并在此基础上灵活调整套路, 启用中国明星。这样一来, 1934年随着广告的推出, 以新加坡人为主的蝴蝶牌产品经销商便围绕着一众面向全球的演员, 他们意识到要为中国影星

241

[1]　黎莉莉在1932年主演了《火山情血》, 导演孙瑜。这部电影在新加坡和东南亚应该很受欢迎。故事的背景就在南洋, 以黎莉莉的舞蹈为特色, 充分发挥了她的长处。孙瑜还接着执导了黎莉莉1934年主演的《体育皇后》和1935年主演的《大路》——又一部专门为黎莉莉创作的影片, 两部电影皆风靡一时。

[2]　到1935年, 黎莉莉或许比其他电影明星更能体现一种健康的美, 各种杂志和消费文化都将其推崇为理想的美, 而且显然很符合"新生活运动"强调的运动文化。1934年她凭借电影《体育皇后》成功塑造了上述形象, 毕克伟(Paul Pickowicz)形容她在影片中的魅力源自导演对其自然、强健的性特征的刻画:"他的女主角积极健康, 又活泼, 散发出一种浑然天成的性感。"(1991, 51)

[3]　关于王人美的生平, 见Meyer(2013)。

发掘跨国界的影迷文化, 以塑造品牌依恋, 进而主导新加坡市场。通过
这种方式, 蝴蝶牌——一个国货品牌——走向了世界。

结论: 正品

正如本章所清楚展示的, 陈蝶仙的营销技巧表现出一种悟性极高
的创业精神。从不那么厚道甚至有些刻薄的角度看, 他可能会引起比
较负面的观感, 认为他是一个虚张声势、诡计多端又爱出风头的家伙。
比如在背景完全不同的19世纪美国, 这些特质常常会让人想到"强盗
资本家"(robber barons)、"万灵丹贩子"(snake-oil salesmen) 以及其
他高调的骗子。其中风头最盛的大概就是马戏团老板巴纳姆 (P. T.
Barnum), 他的演出场面非同凡响、震撼人心, 他的事业和他本人都自
成一格; 而事实上正如一位学者所指出的, 在全新的大众文化时代, 他
始终干着"精巧的骗人把戏"(Cook 2001)。[①] 虽然陈蝶仙实施的推销
方案, 不像巴纳姆的某些著名骗局或丑闻奇事那样狡诈, 但做一番简略
的比较, 仍有助于揭示陈蝶仙的策略确实包含了有意为之的"精巧的
骗人把戏"以谋取利润。

陈蝶仙"精巧的骗人把戏"的核心, 就是"人"和"物"互相成全的
标榜, 其关键在于能同时为"人"和他想推广的"物"营造出真实感。
当然, 对中国制造商来说, 利用创业者的生平推销货物或产品是司空见
惯的事。[②] 然而, 蝴蝶牌即便不是绝对唯一的, 也是极其突出的例子。
通过连载小说的创作, 陈蝶仙掌握了商品化的流程, 他将类似策略应用

---

① 有一部专著研究巴纳姆的骗术和19世纪美国坑蒙拐骗的障眼法, 见Cook (2001)。还有一部专
著研究巴纳姆最出名的骗局——乔伊斯·希斯 (Joice Heth)(号称是乔治·华盛顿161岁的"保姆")
展览——及其和种族的关系, 见Reiss (2010)。
② 比如葛凯就探讨过生平事迹常常被拿来包装国货, 他举了吴蕴初 (1891—1953) 的例子。吴蕴
初其人和他的生平都集合于产品, 出现在他用味精 (MSG) 制作的调味粉标签上 (Karl Gerth 2004,
352—354)。

于医药商品, 也希望用于品牌化妆品——作为一名作家, 他已经做得很
好了。从家庭作坊到家庭工业社, 陈蝶仙利用其作为一个真实的多情 242
男子的文学品牌和声望, 来推动公司的工商业活动。为了给公司批量
生产的化妆品正名, 陈蝶仙及其营销团队操弄起了他的书斋名, 以及他
作为言情小说家在"鸳鸯蝴蝶派"的类型化文学修辞中游刃有余的名
声。真实的多情男子的文学形象, 帮他勾起了消费者对蝴蝶牌产品的
欲望和品牌忠诚, 同时也对产品的可信度和纯正性作了保证, 又达到了
营利的目的。

商标和人之间的密切关联, 以及这种关联所产生的巨额利润, 意味
着家庭工业社要不遗余力地对这个标志宣示法律和文化上的所有权。
为了尽可能拥有"蝴蝶"这个名称的专属权, 公司同时在舆论场和法庭
上动用了多重策略: 追踪仿冒者, 推动商标侵权法, 以及传播打击冒牌
货的工业知识。公司不仅向着全球新兴的商标侵权管理制度迈进, 还
推动了国内初生的知识产权保护机制。在政府极度疲弱、无所作为的
时代, 家庭工业社气势汹汹地动用起了法律手段、市场策略和报纸的舆
论影响力。

但公司即便是在激烈争夺"蝴蝶"名称的专属权, 推动更普遍的商
标侵权管理时, 也毫不犹豫地"复制"着其他公司的营销技巧——只要
这么做符合其利益。新加坡《总汇新报》上的广告活动就是证明: 为
了实现走向全球的理想, 家庭工业社联合新加坡的附属公司, 把海外华
人群体影迷的忠诚度引向蝴蝶品牌。在售卖蝴蝶牌产品的过程中, 其
附属公司——侨兴公司——对联合利华早先在华文日报上为力士香皂
搞的活动做了改造, 显然是要公开借助全球营销策略, 为批量化生产商
品的销售商缔造他们梦寐以求的消费者依恋。就像在制作家庭工业社
商标的过程中, 创作小说的陈蝶仙作为一个真实的深情男子的个人形
象赋予了蝴蝶牌特定形式的真实性, 这场海外广告活动请来多位最受 243

欢迎的中国影星以期产生一种虚幻的真实感，进而在离散群体中激发对品牌的忠诚。这种做法促进了消费主体——现代消费者，和消费对象——商品之间的关系，而这层关系基于一种真实的依恋，哪怕这种依恋最终还是大众媒体和批量化生产的技术传递出的幻象——一种永远延宕的真实性。蝴蝶牌必须让自己成为"正品"，这恰恰因为它是全世界众多化妆品牌之一。家庭工业社依样画瓢的活动，尚处于从所谓原创者那里"挪移"的水平，其利用替联合利华促销的电影明星营造出逼真的氛围，诱导包括中国**以外**的华裔消费者在内的读者群，向他们做出似是而非的承诺：购买该公司的国货即可获得真正的"中华性"（Chineseness）。

虽然陈蝶仙和巴纳姆在时空上毫无关联，但两者之间还是可以归纳出共同点：他们的成功，都发生在大众文化以及全新的公共宣传和商业活动异军突起的时代。19世纪的美国和20世纪早期的中国，都见证了出版和媒体领域新技术的崛起，随后被文化企业用来进行更廉价的出版和宣传活动，并且对受众的覆盖比以往任何时候都要广泛。陈蝶仙和巴纳姆都是精明的企业家和富有创新精神的改造家，也都成了营销大师。或者——更不厚道地说，两者都是欺诈者和骗术师。他们有意识地经营个人形象和品牌，以将其转化成令人惊叹的利润。他们在新机遇层出不穷的时代，涉足一系列职业、工种和领域。最后，他们都成功把或许可以视作欺骗的行为，变成道德高尚或受人尊敬的品质：巴纳姆在有生之年，把他作为马戏团老板的名声和牟取暴利的行径，转化成了政治声望和慈善事业；陈蝶仙则把他挪用外国营销技巧和生产技术的行为描绘成爱国之举，故而是模仿式的高尚事业。

第六章　编纂现代工业知识（1930—1941）

家用技术文集《家庭常识汇编》在序言里开列了编纂原则，其中一条道：

> 譬如硼酸可以漱口，若一误为硫酸、硝酸，则漱者唇舌且烂，立可致死，其危险有如何！尝有滑稽投稿家，以庄谐之稿杂列而进，谓止绞肠腹痛当服礜石。其实，礜石乃砒石也，是直以人命为儿戏矣！然"礜"字颇类于"礬"，吾国旧法，尝有以礬石（即明矾）末，吞治沙气腹痛者。假使有"治痧气腹痛"一条，谓用礬石研末和水吞服即愈，乃误排"礬"字为"礜"，而校对者不察，则其弊害为何如！故此书不得不禁止翻印，以免误人。如欲附印，则随时均可函订。（陈蝶仙1935—1941，1：2）

陈蝶仙是这套书的编纂者，他在这条原则中警告说：要小心写错和印错的字、不合格的药物、有问题的化学知识，还有盗版书。所有这些危险都可能致人死命。他在这里的主要用意并不是怀疑工业科学和现代医药——实际上，陈蝶仙毕生致力于在现实和象征两个层面倡导工业现代性及其伴生物和相关知识体系。不过他在这段文字里坦言自己对新式的知识和材料感到不安，即便不算是主动引起这种不安情绪，仿佛要为自己出版的丛书正名。一个印刷错误就会把复合词"礜石"变成"礬石"，从而把补药变成毒药。即如陈蝶仙所指出的："盖恐一字之差别，利害适以相反。"（陈蝶仙 1935—1941, 1:2）因此，生死之间仰赖的不仅是化学品的恰当使用或生物药的正确应用，还取决于对科学和医药知识的权威、可靠的编辑汇纂——这正是陈蝶仙取信于读者的地方。

　　这段话代表了20世纪30年代陈蝶仙在家庭科学、医药和工业技术三部丛书中采取的文本策略。这三部丛书都是为了给特定的工业产品赋予合理性，有助于缓解错误知识和假货引发的焦虑。《家庭常识汇编》的出版，既针对普通读者，也针对实业家。这套关于家用知识的小册子，是陈蝶仙在1935年到1941年间用笔名"天虚我生"出版的，其实就是第三章讨论的《申报》文学副刊《自由谈》"家庭常识"栏目的八卷本合集。[1]1934年家庭工业社内部印刷出版的《梅氏验方新编》（1937年再版）是第二部丛书。这套七卷重刻本同样以笔名"天虚我生"印行，以1878年版为基础。作者梅启照时任浙江巡抚，原书本就是他自1846年来所辑《验方新编》的重编本。[2]陈蝶仙20世纪30年代的第三部丛书是《实业致富丛书》（1933）。[3]针对实业家和制造商的《实业致富丛书》，是农商部早先主办的刊物《实业浅说》（1915—1925）的

246

------

① 在国内发行量高达十数万册（陈定山 [1955] 1967, 182）。要知道，这些出版物可能分享到家家户户，共相阅读，所以实际读者群更为庞大。

② 关于该书的重印史，见《重刊梅氏验方新编·再版弁言》（陈蝶仙 [1934] 1937）。梅启照系1852年进士，1877年至1879年任浙江巡抚。关于梅启照的生平资料，见钱实甫（1980, 2: 1718—1720）、朱保烱和谢沛霖（1980, 3: 2809）。

③ 《实业致富丛书》可能卖了几千套。我们知道初版本发行后又印了一千多套。见陈蝶仙（1933b, 1）。

多卷本合集，由上海新华书局印行。

以上三部丛书的出版，背后有一个关键性的动机，和陈蝶仙早先的实用技术专栏以及常识类简报互相重合，即：都希望有助于推销他的工业产品，并为他本人正名——尽管在这些后来进行的汇编中他已经树立了爱国实业家的形象。不过，这些丛书发挥的作用还不止于此。20世纪30年代相较于他刚刚开始发表"小工艺"文章的10年代，文字、文本和物品的批量化生产更为普遍，也更容易被复制，被仿冒，被盗版，其程度越来越令人担忧。在这样的背景下，人们开始关心：相比假货和仿冒品，名副其实的真货有哪些构成要素？是什么使一件产品成为真正的、彻底的"国货"，则是另一个持续的困扰，尽管1928年起草并颁布了旨在定义真"国货"的《中国国货暂定标准》（Gerth 2004, 192—200）。这样一来，如果说对于标准化和真国货构成要素的困惑，早在10年代陈蝶仙开始撰写实用技术专栏时就已存在，那么到了30年代，对于中国的错误知识和冒牌货的矛盾心理就进一步加深了。在这个高度焦虑的时代，以上几套丛书强调真实可信的编辑、权威的科学技术知识的生产和优质正宗的大批量商品及工业品生产之间的关系。

这些出版物也供销售。因此，陈蝶仙必须取得读者的信任，让他们相信自己的书能为他们提供必要的知识，以驾驭令人忧心忡忡的、充斥着工业物质主义的时代。史蒂文·夏平（Steven Shapin 1994）曾写过，17世纪英国的社会生活中有一种靠兄弟情义维系的绅士派科学，与皇家学会（Royal Society）息息相关。他发现，这些声名在外的绅士号称无视功利又貌似缺乏商业动机，好像是很可靠的真理探索者；而他们最重要的能力就是促进彼此之间的信赖，用以证实和担保自己的科学主张。不过，这些主张的可信度乃是基于绅士们"摆脱"了商业考量，有能力自由发挥道德经济的作用——其实掩盖了实实在在的物质利益。20世纪早期的中国有着完全不同的背景，而陈蝶仙同样试图为自己在科学和工业上的主张确立可信度, 但他的经济动机是至关重要的, 因为他的知识显然是用来实现商业和工业目的的。不过其知识生产的可信度, 也是靠掩饰他在其他出版物中公开的某些商业目的, 以及利用特定的文字策略塑造道德权威。还要注意的是: 夏平笔下的绅士们是面对面合作, 而陈蝶仙要确立的可信度必须以大众媒体为中介来确立。于是他依靠各种文本策略和编纂手段, 来保证自己出售的工艺与现代科学信息是值得信赖的、真实不虚的和本土主义的。

　　因此, 陈蝶仙汇总和编辑此类信息的能力将是最后的保证。他本人在审查和编辑此类信息时投入的关注, 便至关重要。对信息和知识进行汇总与改编的文本策略由来已久, 他又强调亲自动手实验, 并将其与工商业目的相结合。陈蝶仙凭借处理文本的能力获取道德权威, 为他的现代科学企业、工业产品和深入日常生活的生产实践正名。他传递出一种话语, 把对外国技术知识的有效复制和创新改造, 当作国货的基础。他主张, 特定形式的商业行为是爱国的, 技术和工业是光荣的, 而本土化的生产和产品是高尚的——他希望把这些属性联系到自己的蝴蝶牌系列产品上去。总的来看, 这三部丛书可以视作民间工业主义原则相关文本的集大成者——这种民间工业主义是他多年提炼所得, 而在20世纪30年代又再次被发现其紧迫性。

20世纪30年代工业现代性的承诺与危机

　　20世纪的第三个十年里, 鉴别正品的需求在一种明显不安的气氛中产生了。中国的轻工业已变得相对稳健并具有竞争力, 城市中心相较世纪之交凸显出精密得多的商业文化特征。工业产品以潜移默化却深入根本的方式, 影响了普通中国人的生活。然而, 正是这种新近发现又广泛传播的物质性引发了焦虑。泛滥的现代商品和神出鬼没的劣质工业品大量涌现。地下经济 (shadow economy) 兴起了, 不讲信誉的商品、不合规范的医药器具以及盗版的外国货广泛传播。批量化生产的品牌产品除了商标，难以分辨。仿制品和冒牌货的市场随之出现。国内品牌和国际产品均被大规模仿造。有些人可以接受"双层"经济：便宜的仿制品针对不那么高端的市场（主要由中国市场构成）——这甚至得到某些西方公司的容忍，部分原因是它们觉得粗制滥造的廉价仿制品在品牌商品面前不可能以假乱真（Dikötter 2007, 44—47）。不过这种仿制文化一直威胁着中国的商业和文化市场，越来越被视作需要解决的问题。[①]跨国公司对中国迅速蔓延的盗版和仿制活动忧心忡忡，商标侵权和仿冒案件引起了法律纠纷，甚至外交冲突（如Lean 2018）。正如我们在第五章看到的，国内对仿制行为的担忧在增长，陈蝶仙自己的公司——家庭工业社便试图打压仿冒者。最后，中国市场融入全球资本市场所引发的不安，也刺激和加剧了高度政治化的"买国货，造国货"运动。

伴随批量化生产的货物日益丰沛所引发的矛盾心理，又有一种针对现代科学的、更普遍的怀疑主义产生了。第一次世界大战余波未平，另一场世界大战又在欧洲拉开序幕，中国知识分子对西方科学技术的矛盾情绪加深了。[②]随着科学更加广泛的传播，老百姓发现这种知识的新奇与艰深正是不安的来源。科学与工业的新领域、新产品，和土生土长、历史悠久的技术与知识共存，每每令人疑惑不解。中药、土方和其他"民间知识"正受到现代生物医学和工业的挑战，但仍坚持并壮大着。[③]如同其他国家的现代广告活动引发了成药的突然兴起和流行，

249

---

① 一种活跃的仿制文化和帝国晚期仿造洋货的实践，影响了民国时代的仿制实践，此时的目的是壮大中国的制造行业，进而用本土仿制品取代洋货（见Dikötter 2007, 30—48）。

② 知识分子矛盾情绪的一个例子就是1924年的"科玄论战"，可以说是知识分子开始明确批判现代科学普世性的转折点。

③ 比如雷祥麟（Lei 2014）就探讨了中国的医疗实践如何重组为统一的中医学领域，与现代生物医学并驾齐驱。

中国城市市场上成药的爆发式增长同样引发了对庸医骗术和劣质药品的深度恐惧。[1]区分好坏科学以及鉴别虚假承诺和错误信息的能力，变得越来越重要。

除此以外，20世纪30年代还出现了文本和印刷材料的机械化再生产，这同样引发了不安。新的词语和文本的传播造成了非法的文本散布，虚假信息和不实知识的传播所引起的担忧越来越严重。随着版权和知识产权的影响不断扩大、适用更广，思想与文字的所有权观念在20世纪早期逐渐流行。情况相同的还有与之相关的观念：作者（而不是物质生产工具或实际印版的拥有者，通常就是书商行会）直接拥有他或她的原创作品。这就意味着复制文本而不注明来源——这种在中国一度相当常见的做法，变得越来越成问题。[2]当陈蝶仙的同伴、"鸳鸯派"作家张恨水（1895—1967）等知名作者的文字都被肆意复制，文本盗印便引发了社会和文化的忧虑。[3]

作为对文字过剩（包括伪作和盗版）的回应，大规模的出版计划开始进行，为新的术语、观念和语言提供连贯性。百科全书项目以及丛书、汇编和书系的出版如火如荼。有一部上海俚语词典汇编，试图厘清复杂的上海土话。[4]民族主义体制下的公共图书馆运动，促成了"百科小丛书"在上海的出版。教科书的出版也是一桩大生意，因为中国的公共教育系统发现：特定形式的知识可以通过教科书进行系统性地

---

① 关于20世纪早期消费文化中成药的盛行，见Lean（1995）。

② 版权意识在20世纪早期中国的适应过程并不顺利，相关讨论见M. Sun（2019，134—169）。孙梦雨（Myra Sun）指出，以作者为中心的所有权观念出现后，并没有完全替代根据谁拥有印版来界定所有权的做法——这种情况持续了相当一段时间。

③ 见戴沙迪（Des Forges 2009, 46, 48—49）关于张恨水、朱瘦菊（1892—1966）和周瘦鹃（1894—1968）等著名作家小说被盗印的探讨。周瘦鹃是陈蝶仙的好友，1940年陈蝶仙过世时他写了一篇悼文（《天虚我生纪念刊》1940, 24—25），还和陈蝶仙的女儿合撰回忆录，出版于1982年（陈小翠，范烟桥，周瘦鹃1982）。陈蝶仙肯定知道周瘦鹃的小说被盗印。

④ 感谢雷勤风（Christopher Rea，私下交流，2009年3月21日）告诉我有这部词典。

传播, 以形成中国的新市民阶层 (Culp 2007)。有好几个类似的商业出版计划, 试图更具体地让科学在面向识字的广大城市受众时变得易读易解。例如, 20世纪30年代商务印书馆的编辑王云五, 便受命带领一批知识分子投身于编纂和出版包括科学在内的特定领域的知识丛书 (Culp 2019, 59)。

250

在这样的背景下, 作为一名成功的企业家兼编辑, 陈蝶仙具备极其有利的条件, 去感知和缓解针对知识和商业领域内虚假的"物"与"词"的社会焦虑。以工业巨头的身份, 他目睹了自己的品牌商品被小商家窃取仿冒; 作为一名编辑和商业作家, 他注意到文学作品遭遇普遍的剽窃, 谬种流传。为了应对欺骗性的物与词以及两者的虚假所有权引发的焦虑, 陈蝶仙回到他治学的根本, 出版了一系列汇编。在市场危机重重、知识可以造假、科学令人生疑的时代, 陈蝶仙的系列汇编强调经验和文献的验证, 以提供一种安全感和生存策略。

《家庭常识汇编》: 验证的政治学

陈蝶仙相信, 编辑策略的运用可以为工业知识赋予秩序, 这一点在他编纂的《家庭常识汇编》中格外明显。该书汇总了他早些年给《申报》同题专栏所写的内容, 第三章已作讨论。然而, 十年之后出版这套汇编, 已不仅是从前的目的, 更是为了缓解与不真实的 (工业化生产的)"物"与"词"有关的焦虑。为了梳理这次重印的政治内涵, 我们不妨把注意力投向序言和更改过的内容。该书的出版旨在宣传现代工业品和实用科学知识, 还在一定程度上展示了早先那个栏目中并未表现出的对工业现代性的忧虑。为了应对这种忧虑, 这套丛书向读者保证所有材料都经过仔细检查和实践经验的测试, 以此确保相关信息的可信度。该汇编承诺, 只要备有此书, 读者就能远离虚假信息、冒牌货、假货和仿制品的可疑世界。

　　谁会去读这套汇编呢？实际的读者群难以确定。我们从陈蝶仙的
序言中可以了解到：该书的目标受众读者多年以来密切关注他给报刊
撰写技术、医药知识的文章，而且曾把个人的观察和反馈回复给编辑
（陈蝶仙1935—1941, 1: 1）。因此，这套汇编有一部分读者和早先的
报纸专栏一样。至于新读者，他们也没什么不同，出身背景差相仿佛。
文本内部的证据进一步表明：读者群体本质上并非庸碌之辈或市井细
民；相反，似乎有一个由志趣相投的商人、文人、技术知识的消费者以
及新兴实业家组成的紧密团体。

　　陈蝶仙在序言开头就介绍了出版《家庭常识汇编》的目的，他指出
自己选来发表的都是"切于家庭实用之件，以供社会"（陈蝶仙1935—
1941, 1: 1）。其中包括对早先专栏选文的重新编目和新加的材料。新
加的材料包括关于中西餐品烹调方法的新食谱栏目，以及涵盖工业上
应用的各种制造方法的"工业须知"。还有一个集思广益的新栏目，刊
登学术研究，并附问答板块。最后一个栏目叫"集益录"，是关于医药
处方的。这个栏目号称"专刊曾经实验有效之各种治疗方药，半载以
来，颇受阅者欢迎，金谓所载方法颇多奇验"（I: 1）。

　　先前栏目的折衷主义特征继续影响了这套汇编。比如里面有各式
各样关于治疗和康复的知识。在中国得以付诸实践的种种治疗方法，
组成令人眼花缭乱的医疗市场，在这套书中经过了重新生产。"瘰疬"
是一种皮肤病，会导致烂疮，甚至上半身和头颈处长满脓疱。针对瘰疬
造成的病痛，书中提供了各种治疗方法（陈蝶仙1935—1941, 2: 74），[①]
从中草药方剂到各种土办法，比如猫肉炖汤，还有用小颗粒的白老鼠屎

---

① 　根据张志斌、文树德（Paul Unschuld）的《本草纲目辞典》（*Dictionary of the Ben Cao Gang Mu*）第
1卷《中国历代疾病术语》（*Chinese Historical Illness Terminology*），"瘰疬"的英文翻译是"扩散性淋
巴结核病"（scrofula pervasion illness）（2015, 329）。这是一种病理状态，脖子或腋窝处出现李子大小
的肿块，一旦破裂就可能溃烂，要很长时间才能痊愈。

做的糊糊, 可以涂在疮上。还有些词条受现代医药影响更大, 常常包含
化学信息。本章开头讨论的用明矾石粉末治疗胃痛的引文, 就属此类。
关于牙齿和口腔的词条, 尤其注意运用化学品治疗龋齿 (如7: 55)。　　252

　　这套汇编虽然在认识论取向上兼容并蓄, 但还是显示出了先前报
纸专栏所没有的、一定程度的连贯性。通过把长时期发表在专栏里的
零散文章汇总成一套独立的丛书, 陈蝶仙为这些信息赋予了新秩序。
一套收集知识并以系列形式加以保存的汇编, 远比一个报纸栏目更为
长久, 后者优先考虑的是持续生产新知识以供每日或每月的消费 (也
可能被视而不见)。不同于报纸专栏的还有: 出版丛书会附带一篇统
摄性的前言。编者的介入在内容排序上表现得很明显。虽然读者不一
定会读完所有词条——或是一次性读完, 但他或她会在需要时参考其
中的信息, 从而通过目录和前言接触到陈蝶仙的编排逻辑。词条是按
照主题搜集整理成册的, 整理的逻辑显而易见。例如, 关于人体的词条
本来随机分散在早先发行的报纸专栏上, 为了汇编成册, 被手工搜集到
一起, 列于目录同一版块。再根据身体的特定部位, 对这些词条做进一
步细分: 头面相关疾病的治疗方法编到一起, 与咽喉有关的又形成另
一个二级分组。此外, 陈蝶仙还明确表示: 为这些信息分门别类是进
行汇编和作出必要修订的主要动机。他收到过来信, 抱怨最初的《申
报》专栏不便翻阅, 鼓励他把这些信息编订为单行本, "以供家庭日用
之需" (陈蝶仙1935—1941, 1: 1)。

　　主题方面, 编纂过程中的特定关注点比早先的专栏更加明显。工
业知识——尤其是伴生的货品, 被赫然放大。最初的报纸专栏已将
"工艺"认定为基本的分类范畴, 词条内容包括水的工业用途以及怎样
自制肥皂、人造象牙、草纸、各种香油以及硝酸钾。在后来的汇编中, 序
言指出再版的理由之一就是要专门核实工艺版块里的信息。与早先的
《申报》专栏一样, 汇编把"工艺"理解成接近"工业化的民间手艺"的　　253

东西, 强调自制工业品的方法。陈蝶仙长期致力于向国人传播科学和
现代生产技术知识, 这仍是一种真诚的动机。如前所述, 汇编里加了一
个名为"工业须知"的新栏目, 暗示从中获取的知识可以让读者分辨真
假好坏以及仿制品和正品——在动荡不安又充斥物质主义的时代, 这
是一种至关重要的技能。最后, 这样的知识会让消费者意识到陈蝶仙
品牌的更多优点。这套书似乎要推销家庭工业社的商品, 将其视作预
制好的日用品来售卖, 而书中明显收录了相关的制作信息。

　　该书突出工业知识, 说明很大一部分受众是由工业家构成的, 或许
比报纸专栏还要多。汇编必须为自己设定一个可能的读者群, 当作独立
自足的商品来出售, 而不能设想对象都是《申报》专栏所面对的漫不经
心的读者。因此, 这套汇编更明确地将自身定位成适合志同道合的制造
商、未来的实业家以及技术资讯的消费者。"工艺"部的导言就明确指
出, 工业家构成了预期的受众, 这个读者群被称作"工业界中之良好师
友也。愿同志者, 共助其成！"(陈蝶仙1935—41, 1: 121)另一方面, 陈
蝶仙敦促工业界不要涉猎太广、浅尝辄止, 而要专攻某一类产品的生产,
并深入钻研:"工业界之通病, 每喜务多, 而不专一业。……但制一品, 果
能行销广远, 即足享其无穷之利。若夫见异思迁、朝三暮四, 则吾敢预告
其必无成也。"(1: 122)他以经验之谈交织其中, 用来吸引目标受众。

　　很显然, 陈蝶仙试图动员目标读者参与审核书中汇编的知识。他
采用的方法就是把"实验"的观念倡导为一种适合这个新兴工业时代
的品质。在现代中国, "实验"意味着科学实验; 但在20世纪到来之
际, 这个词具有多重内涵。《妇女时报》的包天笑等民国早期编辑, 以
全球性的兴趣为鉴, 提倡把经验主义和亲身实验当作知识的基础, 于是
出版了关于"实验谈"的手册, 描述或讨论科学与实践层面的日常生活
(Judge 2015, 79—114)。这些编辑是受到了日本期刊的启发, 后者从
19世纪90年代开始刊登"经验谈"的相关内容(Judge 2015, 90)。与

此同时,"实验"一词的使用, 连同一系列实验也开始出现。作为现代科学的拥护者,"新文化"知识分子的作品也越来越多地以上述方式使用该词。据《汉语大词典》记载, 梁启超、胡适和郭沫若等知识分子都用这个词指称形成假说后付诸实践以审查或检验该假说的过程。"实验"词条下列举了专门用到该词的例子, 比如"做实验""化学实验"(罗竹风1995, 3: 1622)。鲁迅则用这个词表示以现实或实践为基础来推翻先前假说的做法。①

在陈蝶仙的文章里,"实验"这个词的意思类似于通过现实或实践来验证或确认某事, 但又有细微差别。陈蝶仙在序言中对志同道合的工业家喊话时, 尽心竭力、巨细靡遗地检视了这套汇编的原则, 以证明其中的信息编排得当, 因而全书一目了然、权威可靠。②在这些原则中, 他强调"实验"观念保证了汇编所展示的材料的真实性。陈蝶仙特地指出, 这套书里的知识已经按照是否通过实验进行了审核, 就此而言是值得汇编成册的。他还专门挑出"工艺"部分:"是编所载'工艺'一部, 尤经多数读者之实验, 接受成绩报告甚多。"(陈蝶仙1935—1941, 1: 2) 这里的"实验"概念是一种理论, 在本土实践和特定背景的调适下, 用来测试或验证一般的药方、发表的配方以及一些普遍原则。此外, 陈蝶仙还明确指出, 除了他本人亲自验证, 书里的内容还经过许多

255

---

① 同样重要的是, 与之相关的同音词"试验"也在那段时间的文献里出现了, 其含义接近"testing"(测试)或"examining"(检查)。

② 在中国文学史上,《家庭常识汇编》(陈蝶仙1935—1941)的序言类似热拉尔·热奈特(Gérard Genette 1997)所说的"副文本"(paratext)。在热奈特看来, 副文本——或者说一部已经出版的作品中主体文本所附带的内容, 比如前言性质的材料, 提供了一个空间或区域, 让编辑或作者能够发出创作者的强烈声音, 意在干预和塑造阅读过程。陈蝶仙在这些汇编中对待序言的态度就很像热奈特所说的"副文本"。不过, 虽然《家庭常识汇编》序言中的大部分内容符合热奈特的定义, 但有些特定层面似乎是中国文学传统所独有的, 包括用汇编的凡例来证实作品的内容。中国式的序言还有一个更加与众不同的中国传统特点, 那就是其中包含的材料不仅出自作者或编者, 也可以出自作者或编者的朋友以及知名的同侪网络, 以为该文本背书。

读者的仔细检查——他们将知识付诸实践，于是这些词条凭借他们确凿的实验结果和令人满意的报告得以印证。因此，他的读者有权进行实验，通过实践检验信息，并由此协助他证实这套汇编里的信息。

序言里的第三条原则，对"实验"这个概念作出了生动而不同寻常的说明。文中用烹饪打比方，确认那些与陈蝶仙及其读者不属于同一个社会阶层的人也掌握着有效的技能，包括靠直觉临场发挥、随机应变的能力：

> 惟其中制造手续及药物成分，不无各有变通、因时制宜之处。……则其事正同于食谱之烹调。譬如煎鱼炒肉，若必开示公式，谓需用油盐若干，酱醋几两，自谓已得精确之分配；及至如法而庖，甚且不如灶婢之惯法。此无他，盖火候及其手术，但可随机应变，而不能胶柱鼓瑟也。犹诸乐谱，只能记其工尺，注以板眼，以示学者；及其成功，则工尺必加花指，板眼必改灵活，于是乃有优劣之分。初非谓熟读老八板者，即能奏乐以动人听，是盖全在乎聪明运化耳！（陈蝶仙1935—1941，1：2）

面对持续发生的一系列政治、民族的挫败，有一种话语在20世纪早期流行起来，即批判衰朽无能甚至腐败的文人拖累了中国的进步。其中最尖锐的部分就是批评传统文人文化目光短浅，仅仅注重书面道德知识，而其对经典的尊奉只能被动接受知识，无法带来并运用新的、切实的、先进的知识。在这样的背景下，陈蝶仙的说法便可以理解成在挑战精英读者习以为常的"学术态度"，号召他们运用适合新兴工业时代的策略与综合技能，哪怕这么做意味着要从一个迥然不同的阶层那里获得启发。具体来说，他作了个类比，认为汇编里的知识必须灵活运用，就像做菜一样——烹饪技能一直属于下层社会，文中提到的"灶

婢"可见一斑。至于能够"运化"音乐而不仅是机械地按部就班, 则重
申了在实际应用中因时制宜、随机应变的观念是切中现代社会的品质,
也是"实验"实践的关键所在。他这套汇编就得以大胆、随性的方式来
利用, 使用者要将知识灵活运用于新环境。

　　通过证明随机应变的必要性, 陈蝶仙把自己描绘成真正懂得生产
流程本质的人。在中国制造史上, 白纸黑字的配方向来是生产流程中
无关紧要的部分, 最多就像商标之类的东西; 而凭借作坊学徒的身份、
通过亲近关系传承的具体知识, 则重要得多。艾约博 (Jacob Eyferth
2009) 在对20世纪四川夹江的造纸工人所作的考察中指出: 虽然纸浆
生产以及其他技术的配方确实存在, 但此类知识往往是作坊主的独有
财产, 按个人意愿公开或保密, 而这些配方在实际生产过程中通常也并
不需要。造纸知识是——而且始终是在制造实践中形成的, 要能够凭
直觉应对生产过程中发生的偏差和异常, 犹如持续不断地实验和改造
(Eyferth 2009, 47)。类似的, 在草药生产史上, 配方往往是珍贵之物,
只在家族谱系中秘密传承。但同样存在没有固定配方的知识, 通过师
徒关系代代相传: 测试用量, 创新草药配伍, 以及训练针对特定情况进
行"解读"并作出反应的能力——这时会根据每个病人的不同情况灵
活用药。为了敦促读者不要过于机械地应用配方, 哪怕提供的配方或
制造公式已经写明, 陈蝶仙提供了很多生产制造流程的实际情况, 即配
方的适用性是有限的, 还要靠具体知识和随机应变。

　　不过, 虽然陈蝶仙推崇读者的亲手实验以及应变和检验的能力, 但
最终的保证人还是他自己——这套书的编纂者。陈蝶仙作为编辑兼工
业家的专业技能, 远超读者兼实践者。他是唯一一个能同时从事技术
知识的感性实践, 并亲自将读者的经验编纂为书面知识以供所有人阅
读的人。这样一来, 即便陈蝶仙试图表明他能理解制造工艺的本质和
精妙之处, 又有能力凭自己的感觉核实知识, 他还是把自己塑造成了唯

一可以搜集和汇编这些知识以付刊印的专家。关于烹饪和音乐的这段话, 有助于为城市读者把日常实践及其感性特质挪用到生产制造的实践中去, 哪怕编者和读者通过高雅的编辑和技术知识的书面汇编对自身作了区分。此外, 陈蝶仙所主张的真正的生产流程和随机应变的感官技能到头来还是很讽刺, 因为他编纂的很多词条其实译自西方或日本的制造类文章。他和制造流程的关系因而经过了一重文本干预的中介; 而对于读者, 陈蝶仙所做的编辑又加上了另一重。

　　不过, 对陈蝶仙和他的读者来说, 其中并没有什么矛盾或讽刺之处。实际上, 这篇序言似乎在暗示: 编纂过程本身就是检验核查的一种手段——换言之, 是一种文本"实验"。在汇编的第二条原则里, 陈蝶仙明确把"实验"观念视作实践或基于现实的技术知识, 而非渊博的书本知识。但他随即又指出了编纂过程对于验证此类知识并使其在出版市场上独树一帜的重要性。他写道:"是编所载各条, 类皆实验有效。……搜集故书而来。编者则以学识所到, 加以鉴别, 定其取舍。自信与市上所有同类之书, 不可同日而语。"(陈蝶仙1935—1941, 1: 1)

258　为了给自己的产品做担保, 陈蝶仙相当详细地描述了他所进行的编辑实践。他在一条原则里指出:"原有各条, 均注投稿人名于尾。……有舛误者, 则更正之。……有于校对时发见重复者, 则即以己所知, 而取其相类者补入。"(1: 1)通过保留词条原作者或投稿人的名字或笔名(列在词条结尾处), 他强调这套汇编是共同合作的结果, 把功劳归于每一个投稿人, 但最终还是要维护他作为总编和统稿人的权威。这让他一方面可以修正投稿人可能的错误, 另一方面又可以鼓吹自己对每个词条一丝不苟的审查和校对, 以确保信息的可信度。

《梅氏验方新编》: 公开祖传秘方

　　陈蝶仙编选的《梅氏验方新编》初版于1934年, 再版于1937年, 其作用同样是指导读者处理形形色色的知识, 而此例中即为医学知识。[①]
与《家庭常识汇编》类似, 这套丛书展示并利用了某种不安情绪——这
种不安来自知识的商品化性质, 以及与药物相关的那些华而不实、真假
莫辨的描述。为了应对这种不安, 该书主张公开透明, 并引用了广泛传
播且亲自验证的权威知识, 借此给人一种真实可信的感觉。

　　该书主要搜集汇编了医药学知识, 按人体部位分成若干部: 眼、
面、齿、口舌、须发、耳、腮嘴、咽喉、头面、鼻、颈项。本章要讨论的三则
提要中,《梅氏验方新编》序言的白话程度不如另外两则, 更有古典的
感觉——部分原因是其底本编定于19世纪, 而非晚近(《家庭常识汇
编》的内容即形成于20世纪10年代)。如前所述, 这套在20世纪30
年代印了两次的丛书是浙江巡抚梅启照1878年重编的另一部更早的
文献——《鲍氏验方新编》。《鲍氏验方新编》于1846年由湖南官员和
专门汇编医学知识的鲍相璈(生于1806年至1816年间)出版, 是一部
家庭常备的工具书, 再版过十余次之多, 其中就包括梅启照重编的版
本——他对书中的材料进行增补、编辑, 并彻底重新编排。[②]陈蝶仙的
版本因此是一系列再版本之一。

　　和《家庭常识汇编》一样,《梅氏验方新编》陈蝶仙重印本的序言,
试图以编者个人投入这套丛书的精力来证明其内容的可信度。根据序
言, 陈蝶仙花了三个月校勘文本, 每天一起床就开始工作, 从早上六点
到九点, 写三千余字。但由于俗务缠身, 要到晚上才能继续。那时他会
在灯光下工作, "老眼看花, 尚如隔雾"(陈蝶仙 [1934] 1937, 弁言第2

（259 in margin）

---

① 　陈蝶仙在《重刊梅氏验方新编·再版弁言》里指出, 连同附印本在内, 该书他已经印了3000部, 三
友实业社还印了1000部, 20世纪30年代中期总共有4000部在市场上流传(陈蝶仙 [1934] 1937, 再版
弁言第1页)。

② 　关于《鲍氏验方新编》的讨论, 见 Y. Wu (2010, 71—72)。

页)。[1]该书于1934年首次印行后,陈蝶仙发现还是有很多错误,所以他决定再做一遍。详细叙述材料编校造成的疲劳、编纂过程的复杂性、对本文坚持一丝不苟的标准,以及广泛传布的承诺,都是为了给这部书赋予权威性和正统性,并在更普遍的意义上宣传其编纂工作的专业性。

陈蝶仙还在书中付出了个人经验,他把丛书辑录的某些药方直接联系到自己的家庭,为其功效提供亲眼所见的证明。在解释自己为什么不厌其烦地修订和出版梅氏整理的《鲍氏验方新编》时,他写道:

> 吾家所存一部,则为先君之遗。先君擅医,在洪杨时活人甚多。予以七岁失怙,同胞四人,胥由先慈一手抚育。予在儿时,尝见先慈每年必以芙蓉花浸盐卤中。明年夏日,小儿有患疮疖者,敷之立愈。又以初生之鼠渍菜油中,有患汤火伤者,得此立止其痛。……予皆亲身所曾实验者也。……尽作宝藏。因而大家庭中,认之为小药库。……及既读我楹书,乃知悉本《梅氏验方》。(陈蝶仙[1934]1937,弁言第1页)

在这段话里,陈蝶仙提供了家里的祖传秘方,他亲眼见证这些方子的功效,而且亲自测试,以此作为该书的质量保证。他详细介绍自己如何从先父那里继承了一套书——他父亲是位士医,太平天国起义期间救过许多人。他提到父亲以前高尚的行医事迹,为自己传承医学知识赋予权威性。他接着复述父母曾经用过的各种祖传秘方,还列出哪些是自己试过的。就像在《家庭常识汇编》的序言里提倡"实验"(即实践)观念一

---

① 这样的描述很符合陈蝶仙想要塑造的职业作家的全新社会形象,也和戴沙迪所说的在1909年的小说中最先出现的虚构人物若合符节(Alexander Des Forges 2009, 49)——即上海城市中多产的职业作家角色,他们常被描绘成在写字台前弯腰驼背、勤奋工作的样子。正如戴沙迪指出的,这一形象呼应了职业(为了赚钱的)作家人数增加引发的焦虑。

样, 这里他提到自己亲眼见过母亲在盐卤中浸泡芙蓉花来治疗疮疖, 还亲身尝试过这些方子——这就证明了亲自应用处方至关重要这一假设。

即便陈蝶仙把祖传秘方奉为知识可信度的保障, 他还是强调自己通过现代传媒让这些秘方公开透明是为了国家的强大。陈蝶仙在序言里写道: 以前士绅阶层的大夫往往只把知识传给自己的儿子, 连女儿都不传; 而他却决定将这些知识公之于世, 编成一部《家庭药库》, 供大众阅读 (陈蝶仙 [1934] 1937, 弁言第2页)。这种讽刺性的话术他多年前就用过, 当时他宣称自己正在发表和普及家庭实用知识。例如, 在1914年12月"制造库"栏目的生发油词条里 (第二章有详细引文), 他说自己公开配方的目的就是要破除把制造生发油当成"秘术"的谬见 (陈蝶仙1914, 第1期 [12月], 6)

在帝国时代, 中国很早就开始用宗族法条、行会以及保密的方式, 保护家庭生产流程 (Alford 1995, 16—17); 而依靠宗族身份继承知识, 检验生产、成品或实用医学技术的实践, 在中国的文献记载中也由来已久。晚明时期, 品德高尚的医生经常公开自己的祖传秘方。随着17世纪商业出版的迅速繁荣, 医学方面的书籍极受欢迎, 而且有利可图 (Furth 1999, 156—57)。医案合集、整合文化知识和民间乡土知识的通俗白话作品、医学知识手稿、古老的药学文献、方便查阅的印刷版家用手册, 以及通俗历书上的医药板块, 都令人沉迷不已。成功的本地郎中和儒医——其中很多来自世代行医的家庭——会出版一直"保密"的祖传知识以博得令名。类似的功能一直延续到19世纪的医学文献。19世纪杭州的出版市场上, 鲍相璈的《验方新编》——即梅启照和陈蝶仙相继重印的原始底本——就是一部很流行的书。[1]鲍氏将该书定

261

---

[1] 鲍相璈的《验方新编》初版于1846年, 1878年梅启照作了增补和编辑。现代注本见鲍相璈 ([1846] 1990)。

名为"验方", 即认为应当公开世代传承的有效治疗手段。这种讽刺的姿态, 激励了晚清的一位饱学之士, 他有意出版医学知识, 并以业余大夫的身份挑战执业医师的权威——后者为了挣钱而工作, 被认为唯利是图又贪得无厌(Y. Wu 2010, 71—72)。

和晚明以及清代的前辈类似, 陈蝶仙很可能受到这样一种欲望的驱使: 博取清名令誉, 同时传播他所承诺推广的、基于《验方新编》的"真实"家学。不过我们应该严肃看待: 为家学传承塑造权威性的同时又自诩乐意推广这种技术知识的策略, 如何在机械化印刷技术开始起步的19世纪晚期获得新的意义。比如19世纪70年代的美术界, 一度作为美术家商业机密的写生集以平面印刷的方式进行再生产并公开出售, 这一变化标志着一种更大的转变: 美术家的文本或名誉所代表的权威, 不再以排他性和私密性的机制为前提, 而开始变得公开透明(Hay 1998)。类似的趋势也发生在19世纪晚期的文学创作领域, 作家们要出名不再靠独一无二的小说手稿, 而是"频繁吸引广大读者注意力的结果"(Des Forges 2009, 41)。

到20世纪30年代, 作为大众媒体人的陈蝶仙, 试图动用现代报刊和商业出版市场的力量, 使那些一直被独享的生产知识普及化。不过与此同时, 他也充分意识到大众媒体的力量与其生成错谬的误导性知识的能力之间日益加剧的矛盾。作为"鸳蝴派"的著名职业作家, 他知道印刷文本的机械化再生产会导致泛滥, 也知道文学作品在版权法刚刚出现的年代很容易被盗版。在这样的背景下, 陈蝶仙袒露自己的真诚确实是管用的。在当时的出版界, 可以史无前例地欺世盗名, 而他保证自己这套丛书的内容来自值得信赖的家学传承, 而且亲自进行验证并完全公开——这种方法就确保了他所传播的知识是**可靠**的。

引申开来, 陈蝶仙在序言里的讽刺性叙述所获得的意义, 与社会对知识商品化的质疑形成了对比。在资本主义猖獗的时代, 对谋利的焦

虑和对假货的焦虑都很普遍, 而这篇序言显然拒绝了这些冷冰冰的算
计背后的动机。当然,《梅氏验方新编》作为家庭工业社的出版物, 也
可以说是营利性的商品。而且其中刊出了很多家庭工业社生产出售的
治疗用品、药品和盥洗用品, 因此激发了消费者购买该公司产品的欲 263
望。不过, 陈蝶仙还是觉得必须花时间强调一下出版《梅氏验方新编》
背后真诚的道德用意, 而不理会冷冰冰的利益动机:

> [这些处方]并非含有广告性质。……区区诚意, 谨为叙
> 述于此。后之览者, 庶不致以小人之心, 度君子之腹也。予印
> 此书, 本由个人捐资千元, 拟印二千部。嗣以附印诸君, 请改
> 六开本为五开, 所需纸印之费因而加巨, 定价不得不高。……
> 凡有盈余, 仍以印送此书, 使得永久流传, ……而予之所愿,
> 则愿以此功德, 普度一切苦厄, 嘉惠贫病, 救济失业, 或可于此
> 一举而两得之是。(陈蝶仙[1934]1937, 弁言第2页)

就好像预感到会有人批评一样, 陈蝶仙警告读者不要抱着“小人”
的心态, 而要去理解他这位道德君子的动机。“小人”一语直接指向孔
子的名言“君子喻于义, 小人喻于利”, 强调陈蝶仙所声称的自己的行
为不是为了赚钱, 而是出于真诚、正直的目的。随后, 他转向一种更具
有防御性的姿态, 说如果出版之后赚了钱, 还会用于重印, 以便让这部
重要的操作指南流传更广。为了表达上述姿态, 这段话是以“[这些处
方]并非含有广告性质”开头的, 并指出:“区区诚意, 谨为叙述于此。”
在陈蝶仙看来, 为了营利而传播医学知识基本上被排除在最高尚的道
德行为之外。文本和知识在市场上激增的时代里, 尽可能让这套书趋
向非商品化对他来说是很重要的: 这样一来, 他就可以借此表明书里
的内容比当时市场上现售的那些商品化的——似乎也因此缺乏可信度 264

的医学知识更加权威。

在那个时代, 大量知识被认为是商品化的、冷漠的, 而且可能是骗人的。而陈蝶仙为他继承的家学赋予权威性, 让他得以保证自己的重印本及其内容是值得信赖的。分享祖传知识的辞令所包含的张力——翻出"祖传秘方"和宣称公开此类知识, 在现代时期获得了新的意义。随着印刷技术的机械化和大众媒体的勃兴, 知识的传播大为便利, 可能发挥更大的影响力。不过与此同时, 这些出版知识的工具也有危险, 会引发剽窃和信息误传。社会对媒体力量的焦虑很严重, 承诺家族传承的实用技术为"真实"的知识, 也就越发令人信服。因此, 就像《家庭常识汇编》一样, 对假冒伪劣的关切和对真知的渴望, 深刻地影响了陈蝶仙处理《梅氏验方新编》的方式。

《实业致富丛书》: 本土化生产与民族本真性

到20世纪30年代, 陈蝶仙已经牢固树立了引领"国货运动"的工业家和设计师的形象。[1]他试图以这种身份发起大范围的爱国消费行动, 促进国内自给自足的生产, 以抵制弄虚作假的敌货和帝国主义商家。不过, 到底什么是真正的"国货", 仍然是个问题。"国货运动"从一开始就在竭尽全力定义纯国货, 因为制造商对于产品每每呈现出的驳杂状态忧心忡忡, 比如日本布做的面料, 棉花却是中国产的。1928年, 这场运动推出了一套标准作为基础, 用来定义什么是中国产品, 什么配享"国货"标签。工商部长孔祥熙签发的证书便是基于上述标准, 用来为产品的真伪性背书。在产品制造过程中, 有四个基本要素被认为是决定其"纯度"的关键: 资本、管理、原材料和劳动力。产品按照这四个要素的"中国性"程度划分等级 (Gerth 2004, 187—200)。

265

---

[1]   比如, 陈蝶仙以这样的身份从1930年开始出版《上海机制国货工厂联合会会刊》。

在这样的背景下，陈蝶仙编纂了《实业致富丛书》并于1933年出版。这套书主要由中国工业发展相关的建议和诀窍组成。全书分成若干部分，每部分都冠以"［×］业致富门"之名，包括农业、林业、工业、商业、矿业、牧业、渔业、蚕业。词条则有农业门的"改良种茶制茶的方法"，林业门的"个人经营森林之利益"，以及商业部分的"商人不要假冒字号"等。工业门中，不少词条是关于制造盥洗用品的，比如"牙粉及化妆品之厚利""制造胭脂之方法"和"碱水可做好肥皂"。

这套书的前言，明确把高尚的工商业开发活动与改良社会、壮大民族联系起来，直言不讳地指出书中汇编的信息全为爱国之用。陈蝶仙称，该书纲要的议题设置和书中大部分内容其实来自工商部1915年到1925年刊印的文章。他随后详细说明了改编原始材料，形成现在这套书的过程：

> 其原书出至一百十八册而止。……辙另编为分类目录，……爰念此种书籍，正如广训福音，宜使家喻户晓，以资引起兴味。庶企业家知所取择，……但使人人各就一业，以图进取，则生之者众，为之者疾。抵塞沪卮，[①]胥在众擎，何致受外货之侵略，日趋向于危亡哉！……近两年来，社会经济状况益形局促，失业恐慌普遍全国，……实则生财之道，正复四通八达，……只在有心人耳。（陈蝶仙1933b,1—2）

266

这段话声称，让这套丛书成为所有工业家的"广训福音"十分重要。编书，成为陈蝶仙核验书中信息，并让这些知识为中国制造商和工业家所用的方式。他随即号召工业家们利用这些信息为大众提供工

① "沪"（滬）疑应作"漏"。——译注

作——鉴于中国日趋恶劣的经济环境，这是相当必要的。为了强调紧迫性，他用战争作比方来形容经济竞争和外国商品的威胁，进而在"国货运动"造成的紧张气氛中渲染国家灭亡、经济崩溃之恐怖。最后，陈蝶仙说明了对此类信息的需求，并呼唤媒体应援："居恒每接各地来函顾问，视同老马。顾不能举万有之事物，一一指告，而求备于一身。爰复怂恿新华书局，重印此书千部，以供企业家之浏览。"（陈蝶仙1933b，2）①可以说，著作者这种虚张声势的言论在那个时代的文学文化中司空见惯。不过，上述声明还是凸显出他如何尝试现代编辑出版，而这对于依靠工业拯救民族的事业至关重要。

　　不少词条明确提到了"国货运动"。在商业一门中，"商标外兼可表明国货谈"提倡在使用商标的同时加上国货标志（陈蝶仙1933b，1：32）。"提倡国货须从改良入手说"是工业门里的词条，陈蝶仙不仅试图利用制造国货这一民族主义议题调和商业利益与资本主义利益，还含蓄地指出了中国工业化过程中的阶级矛盾，希望消除它（3：47）。20年代，资本主义、工业化和帝国主义在中国引发的焦虑日益孳长，一种非常强有力的政治应对方式就是动员工人。中国共产党和国民党都积极投身于动员劳工，以对抗资本家和帝国主义者（Tsin 1999）。但到了20世纪30年代，国民党右派和蒋介石登上执政舞台，群众和工人运动大幅减少。因此，这个简短的词条里没有提到工业现代化的社会成本，以及中国城市中社会割裂、政治紧张或阶级冲突政治化的出现，或许就并非偶然了。人之个体与其生产国货的劳动之间的疏离问题——中国左派中常有尖锐批评——显然只能在文本中悄无声息。该词条其实不可避免地预设了劳动和人力的统一，把阶级矛盾纳入国货生产的

①　陈蝶仙在《实业致富丛书》的序言里提到，由于需求旺盛，还将加印1 000套（陈蝶仙1933b，1）。我们可以假定读者的实际数量很可能超过印数，因为文本会被传阅，文本中的知识通过口头和实践的方式传播。也就是说，编辑经常宣称他们出版的书非常畅销，以至于大量读者要求加印。

议题中。鉴于《实业致富丛书》是出版给工业家和资本家的, 略去阶级政治的内容也不奇怪。

编纂这套丛书的另一个基本动因, 是希望展示一种社会团结和民族本真性的叙述, 但这种叙述显然不取决于对中国本土化生产方式的应用, 而真正依赖的是模仿海外尖端技术的能力。例如, 基于仿制而非本土创新的生产理念, 就可以在工业门"仿造小洋刀法"词条中看到(陈蝶仙1933b, 1: 7—8)。这个词条的撰稿人叫张瑛绪, 他指出国产小刀形状粗糙, 因此吸引不到顾客,[①]消费者争相购买西方生产的小刀。为了让源源不断的利润还给自己的同胞, 张氏允诺提供一种"不用请工师、立工厂"的法子。这个法子"省事, 又容易办到", "不出十天"就会有"本国自做的、新式小洋刀, 在街上出卖了"。这种方法必须立足于既有的工业, 由旧翻新。这是一种调整和改良的方法, 张氏举出有很多刀剪铺子的北京街坊来说明他的观点。他指出, 现有的刀刃作坊可以仿制西式刀刃, 做传统刀把的铺子可以生产新式小刀的刀把, 铜匠可以做铜钉和弹簧, 电镀厂则负责镀镍。他强调要有耐心, 呼吁读者要有爱国热情: "这就在乎爱国的诸君子, ⋯⋯作的人, 万不可因为得利不易, 中途灰了心; 买的人, 也万不可因为价钱稍贵就不愿意买。总得一边存个改良工业的心, 一边存个提倡国货的意。"(陈蝶仙1933b, 1: 9)耐心、决心和熟练的仿制, 必不可少。

268

有些撰稿人执着于倡导技术难度较高的仿制活动。在一段关于仿造西洋墨水壶和小刀的讨论中, 一位使用笔名"世俗庸人"的投稿者反对盲从西洋制造商。确切地说, 他提倡有技术含量的仿制, 要潜心研究工艺, 同时掌握技术知识和相关工具。中国制造商必须做到

---

① 《实业致富丛书》里的词条是陈蝶仙从许许多多不同撰稿人那里搜集起来的, 他所充当的角色主要是每个词条的编辑, 而不是作者, 或者说是汇总者。

这一点，哪怕需要研究洋货的制造方法。在他的词条里，描述完小刀和墨水壶的生产，后面还有手写的技术说明，以及详细的洋货示意图——这正是他期待读者去仿制的。"世俗庸人"表示，他自己什么也不会造，只能贡献这点"小技术"，而这点贡献还是纸面上的，他呼吁"大工艺制造家"仔细研究文本并参照行事（陈蝶仙1933b，3：19—22）。他写道："就是孔子所说的'工欲善其事，必先利其器'的道理。……若要工艺竞争，不必必得仿照外洋，只要能肯用心研究利器，……"（3：22）作者敦促中国制造商仿制外国技术或物品，他对这种行为表现得毫不犹豫而且觉得毫无问题。他认为有问题的是国内在制造工业品方面的无力和无能。精湛的技艺、深入的研究，进而完美地模仿高级技术，哪怕来自外国——这就是中国工业疲软的解决之道。

　　陈蝶仙所推崇的对外国技术进行创造性、本土化的调适，在中国现代史上可以找到先例。孟悦有一篇文章研究19世纪晚期的江南机器制造总局，她指出了"仿制"这个概念在武器生产过程中的重要性，其聚焦于技术学习和训练，最终达到技术创新的目的（Meng 1999, 20—23）。当然，孟悦的研究路径是修正论的，正如早先许多学者关于江南机器制造总局的文章所指出的，这家军工厂的试验屡屡失败——比如众所周知的炸弹哑火事件。[1]不过孟悦的贡献在于恰如其分地规避了用成功和失败的对立来评价江南制造总局。这样一来，她就可以考察到底发生了什么，包括关于"仿制"的话语和实践是如何产生的。她展示了江南机器制造总局技术生产的创新性严重依赖对西方知识和技术的模仿。仿制过程非常复杂，包含了研究、样品制造（武器部件）和

---

[1]　亦可参见Elman（2005，355—395）重新评价早先关于"败绩"的叙述，他认为虽然江南制造总局在当时极富革新精神，但1894年到1895年的中日战争鲜明地"折射"出该军工厂——乃至一般意义上"洋务运动"中的斑斑败绩。

效果测试。此类实践构建了创新的空间, 使发明创造成为可能, 还促进了对产品和模型的再造, 而"改造"实践被认为是这种进步的关键所在。

《实业致富丛书》证明, 江南机器制造总局之后的半个世纪, 为了创造性的民族主义工业活动而模仿西方技术知识的观念, 仍旧适宜, 甚至更紧迫。民国时期, 中国仿制文化的特征就是大量仿造西方产品, 满足了一大批从来买不起昂贵进口货的人(Dikötter 2007, 38—42)。在这样的背景下, 仿造常常不被认为有什么问题, 或当即被视作法律上的侵权行为。此外, 仿制洋货对"国货运动"至关重要。因此, 在"国货运动"的领袖陈蝶仙关于技术的论述里, 熟练地进行仿制甚至积极地加以鼓励全都不成问题, 也就不足为怪了。作为一名制药业巨头, 他所获得的成功就是依靠公司在未经申报的情况下生产某种形式的进口替代品——"洋货"的替代品, 比如国产版的肥皂和牙粉。

正如陈蝶仙的工业成就把"洋货"重新归入标准的国货行列, 他对这些家用手册和工业论述所作的编辑活动, 在模仿外国技术知识以作为真正的本土主义生产之基础时, 同样表现得驾轻就熟。相应的,《实业致富丛书》对假冒的非本土工业品表达了强烈的关注, 并许诺其中汇编的知识会让读者能够精准分辨优质国货和政治上充满危险的、可疑的"敌货"。不过, 虽然这套书在"敌货"和"国货"之间划清了界限, 但它又是战斗的号角, 呼吁工业家们从事某种高尚的、有技术性的仿制活动, 以壮大民族工业。"仿造"话语的出现, 展示了此种以建设民族工业为目的的进口替代议题。试验、调适和改良, 是精密仿制行为的核心。真正的生产活动因此被定义为生产国货, 即便要借助对外国制造方法的本土化模仿和技巧性效法。这种假设符合1928年"国货运动"出台的《中国国货暂定标准》, 其中规定产品生产的技术来源绝不会纳入该产品"中国性"(Chinese-ness)的评定。

结论: 编书的政治学

　　利用编纂策略为丰富的材料和文本赋予秩序, 在20世纪显然不算新鲜。17世纪的中国文化精英已在汇总清单、编修目录, 试图理解铺天盖地的商业主义和物质主义, 恢复社会的道德结构, 重新确立他们与新兴的、强势的商人相对立的文人身份 (参见Clunas 2004, 2007)。单靠获取奢侈品的能力还无法界定身份。确切地说, 通过书面知识探索万物和——引申来说——自然界, 才是彰显品位的关键因素。[①]这类"格物致知"的实践还引发了一种持久的兴趣, 即借助日用百科全书之类的文献管理日常生活, 以及通过理解《本草纲目》之类的综合性文献探索药材世界 (见Elman 2005相关论述)。

　　随着19世纪下半叶"洋务运动"的开展, 翻译行为开始和汇编行为结合起来, 作为生成新知识所必需的脑力劳动, 于是"编译"一词流
271 行起来。编译对于出版现代科技方面的文集十分关键, 是"洋务运动"的组成部分, 旨在为丰富的新式知识 (以及新的外国事物) 建构秩序 (Elman 2005)。中国当时的中央政府疲弱不堪, 不再像18世纪那样能够资助全国性的百科全书编纂计划,[②]由地方领袖运作的翻译局和军工厂之类的新机构, 牵头出版关于新知识的文选和汇编。清朝衰落后, 新兴的商业报刊接手了知识编译工作。20世纪到来之际, 上海商务印书馆的编辑和作者, 在编译实践中为各式各样的知识分门别类, 其实就包括现代科学和工业。商业和文化的参与者, 比如江南的文献学家, 漂泊的改革派学者、工业家、企业家和匠人, 全都逃离太平天国起义, 迁居

---

① 柯律格 (Craig Clunas) 别出心裁地把明代搜集药典信息的那种包罗万象、分门别类的兴趣, 与药柜及其复式抽屉的流行联系起来, 后者从物理上把药材世界的各种元素切分成块 (2007, 112—113)。
② 18世纪的政府项目包括清政府的《四库全书》计划。关于政府对此类项目的资助及其在江南社会的影响, 见Elman (1984)。

上海以寻觅新机遇, 试图"在面对普世现代性时, 尽可能多地保存符号和文本的多样性", 而达到这一目的方式就是编译——"一种组合并重构文字与文本的特殊文化程序"(Meng 2006, 33)。他们编纂中文字典和百科全书, 借此传达译自日本和西方的新术语和新概念, 而这种方式既呼应了同时又颠覆或违背了现代(西方)的认识论霸权。他们的行为基于对编纂活动的影响力和政治性的信仰——换言之, 有效的编辑和汇总可以为全新的、不可或缺的知识带来合理性、真实性和适应性, 从而为中国的现代化服务。

编译具有对新知识进行合理化和本土化的力量, 陈蝶仙继承了前辈们的这种信仰。20世纪10年代, 陈蝶仙和其他作家及编辑已经掌握了这种能力, 他们借助印刷呈现工业生产和科学生产方面的知识, 以此作为新式知识的合理性基础。中华民国建立之后, 中国现代工业开始发展, 当时的读者和编者在生产和消费实用技术类文章时, 受到了相当程度的乐观主义和火热激情的鼓舞。未来的工业家信心满满地准备大干一番, 初生的企业家把这些文章当作诀窍来读。自我塑造的都市人欣赏这些文章的普世主义特质。相比之下, 30年代的技术类文选和家用手册, 营造了更具警示意味的气氛。这些后来出版的书, 继续把工业科学和家庭科学推举为中国商业实力乃至政治实力的基础。然而, 他们也流露出对工业科学和花哨名词的些许忧虑, 即便他们仍在宣传制成品和商业知识。对这种冲突的利用是很聪明的。随着30年代各种花言巧语、虚假知识和问题商品新引发的焦虑, 处理"物"与"词"的权威性以及可靠性或真实性愈发迫在眉睫。这些汇编引起了对工业现代性和(其他)机械化再生产的语词的不安, 从而使其自身显得不可或缺——因为它们保证可以充当值得信赖的文字向导, 解决工业化导致的不满。《家庭常识汇编》成了信息和舒适感的来源, 它承诺通过确保透明性以及汇编过程中精深的编辑工夫来安抚焦虑, 但反过来又要靠读者亲身参与实验。类似的,《梅氏验方新编》自证其真实性的方式是保证词条在质量上不同于商业广告, 而是名副其实的——因为这些词条已接受过检验, 而且世代相传。在一个对真假莫辨的知识感到焦虑的时代, 上述声明戳中了痛点。

在《实业致富丛书》里, 陈蝶仙赋予的权威性和可信度源自其界定真实国货的能力, 以区别于冒牌货、洋货以及不够"本土"的混杂商品。在20世纪30年代, 这种差别激活了本国的生产线, 但并非基于原始的制造知识或任何本土发明。实际上, 在陈蝶仙之类的民间工业家看来, 熟练掌握外国技术对于制造真正的国货才是至关重要的。《实业致富丛书》本质上就是这样一部关于工业创新和精工仿制的论著, 为陈蝶仙在实践中的做法提供了依据。该书试图定义正宗的或真实的实用生产知识, 但并不将其定义为探索原创的或本土的技术知识本身, 而是亲自实践和熟练掌握知识, 哪怕这些知识来自中国以外。工业创新和精巧的技术模仿与改造几乎不相抵牾。相反, 通过精心模仿外国技术和巧妙运用本土知识来工业创新进而使国家强大, 被视作高尚的本土主义制造形式。最后, 以改造 (外国) 技术作为创新和国力的基础, 是陈蝶仙的著作、"国货运动"以及更广义的民国时期民间工业主义的特色, 对此类策略的支持一致存续到陈蝶仙过世之后。实际上, 其中有些策略似乎延续到了1949年以后, 当时的革命政府支持自给自足的本土工业实践——比如在"大跃进"等造成严重后果的革命运动中。当代也一样, "草莽制造业"(rogue manufacturing) 的实践, 激活了策略性的模仿和精巧的改造, 对在21世纪当下的全球经济中助力中国经济直线攀升, 发挥了至关重要的作用。

结　论

运化工创新业轻风舞蝶久播齿芬滇蜀赋远游垂暮犹怀四方志
旧道德新文章豪气元龙更教心折人天无遗憾但悲不见九州同

严独鹤敬挽

江蝶舞沉庄子梦　蜀鹤声断梨花天

愚侄江光福敬挽

　　陈蝶仙逝世于1940年3月24日，享年61岁。题记是《天虚我生纪念专刊》所收缅怀其生平的挽联。[①]第一条指明了他的化工事业和文学成就，还追忆了他毕生的爱国情怀。第二条则点出他庄子式的声名以及与他同名的蝴蝶牌产品，以为纪念。专刊里较长的悼文详细说明了他在文学和工业领域的成就。其中一篇写道：

276

　　［他］发明了擦面牙粉，又创家庭工业社，打倒舶来牙粉，替国家挽回不少的利权。此后又制造其他各种化妆品，造酒，造药，造纸，造汽水果汁，造药沫灭火机，都有相当的成绩。……至于文学方面，他能文，能诗，能填词，能制曲，能写小说。……他的学识是太丰富了！上自天文地理，下至三教九流，几于无所不知。他并没有读过英文，学过化学，然而和你讲起化学来，滔滔如泻瓶水，比了化学家还要渊博。……有将一切疑难问题

[①]　发表悼文和悼词的还有周瘦鹃（1940）和王沧萍（1940）等。"元龙"是三国时期（220—280）陈登（163—201）的字。他因献计擒获猛将吕布，进封"伏波将军"。同代人纷纷称颂他的英雄气概和无与伦比的文韬武略。

> 去请教他的,他知无不言,言无不尽。像他那样的启迪后进,不
> 惮烦琐,真能使人感动!(《天虚我生纪念刊》1940,24—25)[①]

这段话赞扬了陈蝶仙广博而精深的知识,强调他作为一个通才所掌握
的知识比专家还要多,以及他如何广泛传播这些知识以激励下一代。
这些回忆称颂了他的一生,为他描绘了一幅引人注目的肖像。

根据大家的记述,陈蝶仙始终积极工作直到过世。例如,他晚年还
在继续发表"小工艺"方面的知识。1939年他还在一份名字就叫《小
工艺》的刊物上发表了《精制实验法》(陈蝶仙1939,2)。这份期刊呼
应了陈蝶仙早年发表"小工艺"知识的原则,明确表示其目标是把科学
知识当作"常识"来传播,能让顶尖大学的教授和普通读者都沉浸其
中,同时又鼓励他们写信给编辑,与期刊互动。陈蝶仙也一直掌控着家
庭工业社,直到辞世。公司在20世纪30年代早期和中期遇到过一些财
务上的困难,但不出十年还是重新振作了起来。1937年抗战全面爆发,
日本轰炸了陈蝶仙在上海的工厂,迫使他首次把公司迁往汉口,然后是
四川和云南。[②]1938年,60岁的陈蝶仙回到上海。整座城市在战争期间
仍被日本人占领着,但他还是决定回来和生病的妻子在一起(《天虚我
生纪念刊》1940,25—26)。两年后的1940年,他因病去世。

悼文和挽联毫不含糊地赞颂了他的一生,但言外之意中还是有不
足和失望的蛛丝马迹。一篇题为《哭天虚我生先生》的悼文,记述了他
的工厂在抗日战争之初被摧毁的经过。文中指出,直到淞沪会战爆发,

---

① 节选自周瘦鹃的悼文《悼念天虚我生陈栩园先生》(1940)。

② 关于30年代公司面临的问题,详见(陈小翠,范烟桥,周瘦鹃1982,224—225)和上海市统计局
(1957,135)。关于日本人对陈蝶仙工厂的轰炸,见郑逸梅(1992,11)。郑逸梅指出——兴许有几分
杜撰色彩——日本故意轰炸陈蝶仙的工厂是因为他的牙粉在市场上压倒了日本的"狮牌"。关于战
争期间家庭工业社的迁址和分公司的发展,详见上海市统计局(1957,135—136)和陈定山([1955]
1967,194—202)。

他才把晚年的精力投注于创办浙江的"无敌牌蚊香厂"、无锡的"利用造纸厂",并与项松茂（1880—1932）等志同道合的工业家创办"机制国货工厂联合会"（《天虚我生纪念刊》1940, 4）。他在上海的牙粉厂首先遭到轰炸,其余不久也濒临覆灭。悼文作者为这些工厂的损失深感悲痛,因为它们曾长期陷入困境,才刚刚开始兴旺。这样的叙述暗示了即使在战前,陈蝶仙的生意也并非一帆风顺。悼文随后饱含感情地描述了陈蝶仙如何拒绝放弃,哪怕是撤退到内陆:"[在汉口]凭其丰富之经验,采取当地物产,制造日用品。……时汉口又告吃紧,……先生至重庆,……即传习当地工人,使其能自力更生。"（《天虚我生纪念刊》1940, 25—26）虽然这段话把陈蝶仙的努力展现为战争时期的爱国主义行为,但我们可以想象:陈蝶仙其实别无选择,早年在上海创办的工厂被毁之后,他只能举步维艰地开设新厂,利用当地的劳动力。他的年谱登在纪念刊开头,由他的孩子整理而成,进一步流露出失望。1939年那一条写道:当他的大儿子听到,年迈的陈蝶仙不无遗憾地提起自己为造纸付出的辛劳一直没有获得成功,便带头筹集资金开设造纸厂（《天虚我生纪念刊》1940, 6）。最后一条接着写他终身嗜酒,而正是酗酒导致了他晚年的病痛（7）。

　　陈蝶仙在1940年溘然长逝,但家庭工业社从战争中挺了过来。它重新迁回上海,在1949年后焕发新生。公司的注意力重新转向"无敌牙粉"和"蝶霜"的生产,两款产品都增加了产量,尤其是在1951年后。家庭工业社不仅恢复了生产,还扩大了销路,产品远销华北和东北。然而,因为牙膏的发明和传播,牙粉的总体销量一直低于1949年前的最高纪录（上海市统计局1957, 136）。而且和其他民营企业一样,家庭工业社没能活过20世纪50年代。1956年,它成了和政府合办的公私合营企业,并迁入"中国化学工业社"的旧厂房。从那一刻起,家庭工业社便不复存在了（陈小翠,范烟桥,周瘦鹃1982, 225—226）。

关于陈蝶仙及其公司的考察即将画上句号，我们有必要重新回顾一下陈蝶仙推动民间工业主义的深远意义。当然，陈蝶仙所示范的民间工业主义形式，并没有随着他的离世和家庭工业社的倒闭而告终。此种形式也不能代表民国时期工业、科学活动的全貌。实际上，更多广为人知的事迹一直属于大批行动派——从地方精英到政府以及成长中的职业工程师、科学家和其他相关专家团队——所开发和从事的正规形式的工业与科学。1927年，随着国民政府的崛起，政府对工业建设的投资变得愈发谨小慎微，而中华人民共和国在第一个"五年计划"中只注重自上而下的工业建设投入，特别是重工业。20世纪50年代，中国人越来越倾向于从事重机器工业，而不是轻工业；越来越倾向于从事机械生产，而不是手工生产。与此同时，中国人的思维也一直在接受化学、物理和其他现代科学领域的正规学科训练。

因此，陈蝶仙那种所谓离经叛道的实践，恰恰更值得我们关注，特别是因为这些实践迫使我们重新检视将它们视为不规范的现行分析范畴。事实上，在20世纪早期，陈蝶仙的实践是相当常见和普遍的。制造活动获取资源面临巨大障碍，而化学和物理之类的正规知识领域尚未形成体系。陈蝶仙等个人频繁从事的民间工业实践，每每超出政府辖域或正规场所。在这些实践中，有一些会涉及正规工业和科学，尽管有时是以意想不到的方式。玩创活动和商业化的知识工作不见得就是自外于正规工业、科学工作的次要、无用的活动，它们其实可以和高效的工业探索互相兼容。在政府鲜予资助的情况下，陈蝶仙等民间工业主义者掌握并创作出作为"常识"的制造知识，同时模仿国内外的技术和配方，并通过改变现有传统药物的用途，使其适应当地条件。他们仿造外国机器从而实现机械化，在中国轻工业领域（其技术门槛显然相对较低）慢慢站稳脚跟。一旦获得成功，这些工业家往往就会扩大规模。对陈蝶仙来说，这就意味着从试验海边的盐卤到机械化生产碳酸镁并完成产品,最终诞生出一家成功的中国企业,足以参与全球医药市场的竞争。把这些民间实践和正规工业活动掺和起来,陈蝶仙并非孤例。对外国机器进行逆向分析,从而生产出更适合本地的机械化织布机,这便是民国时期上海机械化纺织厂的一贯做法(Yi即出)。

不过,虽然陈蝶仙的某些知识工作和玩创活动确实促进了正规工业的发展,但这些活动同时也承担了其他社会、文化功能,比如塑造人们的品位和划分社会阶层,或是推动本土主义政治讯息的传播。"小工艺"出版物中探讨的化学知识并不总是专门为了实践现代科学或改良制造方案,也会用于中国历史悠久的道教炼丹术。这些知识在闺阁实验中得到运用,彰显出个人的高雅品位,与新兴的量产市场形成对比。通过展示陈蝶仙及其同侪所追求的改造活动和知识生产的多面性,"民间工业主义"这一观念让我们免于以任何形式的目的论将此类实践仅仅解读为"前工业化"。

民间工业的概念还有很多其他用处。它让我们拓展了对可能涉及工业制造的工种的定义。陈蝶仙多方面的成就为我们提供了一个完美的机会,去理解涉及民间工业主义的一**系列**劳动,无论是物质的还是智力的、法律的还是商业的、药理的还是制药的。作为一名新知识和新潮流的积极记录者、汇总者和编辑者,陈蝶仙阐明了知识工作是中国工商业发展的关键所在。机械复制的语词对于把包括品牌配方在内的生产知识转化为"常识"至关重要。反过来,在工业建设缺少资源、条件又相对恶劣的时候,掌握这种技术知识又为轻型制造业提供了大量低端却重要的切入口。它还把翻译和改造外国技术以迎合本地需求以及本土主义制造业转化成为一种优点,借此让陈蝶仙之类的本土行动派得以挑战全球新兴的所有权和工业产权制度。

另一个相关的角度就是:民间工业主义催生了一种关于工业现代性的更广阔的视野,它所聚焦的不仅是生产,还包括消费和所有权制度。作为牙粉和化妆品等日用品的制造商，陈蝶仙提供了一个极有说服力的个案，供我们探索制造、消费和获取物品的新方式如何同时影响正规的工业发展和日常社会。现代制造业产出了大量差相仿佛的工业品，其消费群体比以往任何时候都要庞大，都要寂寂无名。与此同时，或许是作为一种回应，机械化生产的兴起在急于为自己和大众消费者之间划清界限的精英阶层中，引发了倾心于手工自制化妆品和盥洗用品的热潮。陈蝶仙借助他的技术指南栏目，鼓励并利用了这批DIY制造者的冲动。所有权方面，新式工业家既促进又颠覆了新兴的工业规范制度。陈蝶仙推动了现代品牌和商标的法律制度化，这对于形成量产日用品的品牌忠诚度十分关键。与此同时，他又利用并称扬对外国技术的复制实践和优质模仿，以达到壮大民族制造业的目的。

281

　　最后，陈蝶仙的民间工业主义提供了一个卓有趣味的、20世纪早期中国的研究个案，借此我们得以理解工业的兴起、全球商业的冲击以及现代科学的调适，如何以复杂的方式形塑现代中国。当帝国主义暴行迫使中国迅速整合成一个国际资本主义经济体，并向其展示理解自然世界的全新科学方式，陈蝶仙欣然接受了翻译过来的技术，带着开放的好奇心态和适度的乐观主义开始从事工业活动，尽管打出的是爱国主义旗号。不过，对于科学和工业进步的美好愿景，不单陈蝶仙个人，越来越多的中国人——特别是在"一战"之后——开始产生矛盾心理和怀疑情绪。陈蝶仙这位曾经的销售商，注意到了这种不断发酵的状况，于是他行动起来应对焦虑，并试图从中谋利。作为一个本土工业家，他能建成自己的企业王国，靠的是吸收外国技术和工业建设的方法，不过是以明确的反帝名义做这些事的：他试图把中国品牌的盥洗用品展现为"正品"，与之形成对比的是弄虚作假的敌货。

　　或许有人会质疑，陈蝶仙民间工业主义的各个层面——比如DIY观

念、亲自动手试验以及策略性的模仿, 在很多环境里都可以发现。诚然,
这些活动在大部分前工业化的手工艺时代都可以见到。它们刻画了业
余发明家如何寻求突破, 技术人员如何利用日常材料或组装不同仪器来
为自己的实验室增添设备, 以及 DIY 爱好者如何在当今的后工业化世界
里塑造反消费主义的身份。其共同特点就是重整既有元素, 形成新的组
合——通常伴有新的目的或功能。创造力、技巧性和运气, 往往是必需
的部分——在匮乏的年代里, 这些特质可以弥补资源的稀缺。此外, 上
述实践还有可能成为对资本主义的批判。例如, 用回收的废料生产新物
品, 可以破坏资本主义的利益链。不过, 尽管这些实践貌似无所不在, 但
在现代中国这个特定背景下考察民间工业主义的出现, 具有重大意义。
因为这些实践已经明确和现当代世界的**中国**制造业形成了紧密关联。

为了说明这些实践和现代中国的明确关联, 结尾部分我将就民间
工业主义对于我们理解毛泽东时代以及当下的中国可能具有的意义,
提出一些思考。虽然把陈蝶仙在民国时代的工作仅仅当作过渡阶段的
表征是个很有吸引力的做法, 但民间工业主义的意识形态重要性和物
质实践并没有随着时间的流逝而衰退。以"大跃进"运动为例, 最终结
果固然是破坏性的, 但这仍是一场高度乌托邦式的实验。它由毛泽东
发动, 热情高涨的各地干部积极推进, 为的是深入革命, 以指数级的速
度提升中国工农业生产力。这场运动以激进的方式开展, 试图动员农
村人口从事大规模的基础建设和工业项目, 比如灌溉和修筑堤坝。这
场工业实验意在继续"不断革命", 防止中国再度出现 50 年代"第一
个五年计划"中显露出的官僚资本主义倾向, 并把中国推向共产主义。
"大跃进"中打着"又红又专"的旗帜, 强调以大众化的科学技术为手
段, 使中国一跃成为工业界领头羊, 特别是钢生产方面。为了大炼钢
铁, 地方上发起运动, 号召中国老百姓自己建炉, 搜集并熔化铁器, 目的
是赶超英国的钢产量。该运动被誉为大众科学和地方本土主义活动的

优秀典范。最后，"大跃进"在经济、工业和社会各层面的努力，带来了严重的损失：土高炉根本无法炼出高质量的钢。迫于政治压力，为了证明对"大跃进"的革命奉献，避免被贴上"右派"或"失败主义"的标签，中国各地的农村干部纷纷夸大粮食产量。而这种夸大反过来也加剧了农业生产的严重困难。与此同时，工业生产几乎裹足不前，人们只感到筋疲力尽。

虽然一般认为"大跃进"的工业实践在严重损失中结束了，但还是很值得严肃看待这些实践的意识形态意义，并视其为联通着民国时代的民间工业主义。当然，其中还有相当大的不同点：后一时期的活动是政府发起的社会主义运动，关注重工业而非个体商户从事的轻工业。意识形态取向也大相径庭。在社会主义时期，追逐利益——这在陈蝶仙的事业中处于核心地位，虽然时而犹抱琵琶半遮面——已被认定为贪图享乐的资本主义、物质主义的核心标志，受到彻底批判。很多西方科学还被更加直露地斥为"资产阶级"，这同样是社会主义时期的现象。因此，乍看之下，中国共产党号召的大炼钢铁和陈蝶仙出于兴趣的乌贼实验似乎没有什么共同点。

不过，尽管有所不同，"大跃进"所宣扬的很多品德还是和民国时代无不关系，包括自给自足、扎根本土、改造调适以及坚持试验，哪怕它们获得了新的含义。比如，本土化改造和自给自足的相关内容即见于《群众的力量是无穷的》——那是一篇描述"大跃进"时期湖南中部炼钢情况的报告：

隆回县委副书记谢国同志，在石门搞试验炉，连续二十二次不出铁，但他不灰心，坚持勤学苦练，最后使五座土炉，炉炉流出了铁水。……参加搞试验炉的，有社干部，也有社员，有青年，也有老年，有男的，也有女的，有工人、农民，也有机关干

部和部队战士。……在开始搞钢铁生产的时候,许多同志只   284
想搞"大"的、"洋"的,对"小"的、"土"的兴趣不大,有"坐
等高炉设备"的思想。这实际上是一种少慢差费,冷冷清清
的办工业的路线。(Yin [1958] 2013, 416—417)[①]

土炉运动中,自力更生、坚持改造和试验被鼓吹为美德。在"冷战"时
期的地缘政治背景下,这些自给自足的工业主义愿景,和不断试验终
获成功的象征性叙述一样,最终形成一股强大的力量,引发了像"大
跃进"这样激进的运动。革命性的工业活动被贴上本土主义取向的标
签,超出精英化或专业化讨论范围的群众性土炉试验被歌颂为群众路
线的一部分。[②]

可以说,更具有启示性的是对比陈蝶仙的民间工业主义与近年来
帮助中国突飞猛进成为全球经济强国、每每和"山寨"观念联系起来
的工业实践。"山寨"一词通常翻译成"knockoff"(廉价仿制品),甚
至"local imitation"(本地仿冒品),但它本来是一个文学词语,浪漫化
地指称山间要塞,里面住着目无王法、替天行道的草莽英雄。这个词
的浪漫想象,其实已被用于形容地下工厂的制造文化——它们位于一
些制造业中心,像草莽英雄一样输出品牌产品的仿冒品。这些产品并
不被视作剽窃或假货,而是廉价版的名牌货,具有多样性或可替代性
的特点。[③]21世纪来临之际,中国已经成为一股全球经济力量——既是

---

① 引文原文见《红旗(半月刊)》,1958年第9期,第29—30页。——译注
② 带有这些特性的活动不单单是"大跃进"。比如最近有一项研究,考察60年代和70年代中华人民共和
国对阿尔及利亚农村的医疗援助行动。其中展示了中国医生因地制宜、改造调适以及依靠当地资源的实
践——这些方法是在资源稀缺、不敷应用的情况下出现的,这被鼓吹为"中国社会主义医药"的重要特征,
值得海外推广(Zou 2019)。亦见于研究1949年以后无线电爱好者及其试验活动的著作(Y. Yang即出)。
③ 有的研究把深圳当作一个有益的"山寨"产品基地,因为那里的技术生产壁垒相对较低,技术、知
识和物料流动相对自由。见Stevens(2018,90—95)。

世界工厂又是广阔的市场,不断加深的市场经济释放出巨大能量以及
对此类仿制品的企业化生产。相对小型的中国制造商尝试改造更贵的
品牌商品,为的是给品牌仿制品增加功能,而不用遵守代价巨大的法
规或支付增值税(Gerth 2010, 154)。手机、MP3播放器和电脑都是典
285 型的"山寨"对象,食品、时尚饰品、飞机零件乃至游乐场,也都差不多
(Lin 2011, 3)。出现在深圳电子市场的"山寨"产品,更是超出单纯的
工业,进入到美学领域:有新式的艺术品,并显示出该领域的创造性,
包括大规模生产"现成的"、手绘的名画仿制品,并开始定制化的仿制
(Wong 2014)。

　　当然,有些造假行为确实引发了一些问题,特别是在药品和食品
领域。然而,我们或许应当注意——就像冯客(Frank Dikötter)早先
提出的,成熟的假货市场出现时,同样成熟而精明的大批顾客也应运
而生,他们在市场中游刃有余。由于工厂的工人开始具备更高水平的
消费能力,他们对"山寨"货的需求越来越旺——其中很多就是他们
自己生产的,而比起更加昂贵的国际知名品牌,有大批消费者更钟情
于此(Lin 2011, 18—20)。此外,有一些底层基础支持仿冒市场,这
是相当系统化和全球化的,而这一基础深深植根于当地网络和购物文
化(Lin 2011, 35—56)。从纽约的坚尼街(Canal Street)一直到吉隆
坡的茨厂街(Petaling Street),[①]消费者们对假货市场熟门熟路。他
们知道哪些购物中心、商场、街巷和百货公司出售假货,知道哪里可
以买到质量更好的假货或质量较差的商品。2005年,我去过一家专
卖"仿制"眼镜架的大型购物中心,看到层层叠叠的镜架被分成"一
等品""二等品"和"三等品"。这种划分显然出于价格和质量的考
量,也关系到镜架模仿"正品"普拉达(Prada)或古驰(Gucci)眼镜

---

① 坚尼街(也义译作"运河街")和茨厂街都是当地著名的唐人街。——译注

"外观"的逼真程度。正如冯客所指出的，在20世纪早期，廉价的假货让那些因为无力负担而根本不买名牌商品的人，对名牌产生了"渴望"，甚至为"正宗"的名牌向更广大的潜在消费群体打了广告。

还可以从生产的角度看：无论是在国内还是国际，围绕"山寨"出现了一种另类话语，给"山寨"打上了一层越来越积极乃至美好的光彩。例如，有新闻记者盛赞"山寨"制造文化，把所在的城市比作硅谷（Silicon Valley），还把当地鼓吹为技术"天堂"（Whitwell 2014; Rivers 2018）。"山寨"实践和对新式创客运动的歌颂越来越紧密联系。英特尔（Intel）等国际企业就为中国南方的创客项目直接提供支持。[1]这些发展和助力的灵感，来自一种更为庞大的关于创客文化的话语，它常常被渲染成一幅浪漫的画面，里面有车库发明家[2]、时尚孵化器，以及随着硅谷之类的技术生态系统的兴起而初创的公司。

学者们也开始对"山寨"提出积极评价，尽管还是从批判的角度切入。有些学者采用"科学兼技术"的视角，把"山寨"描述成结合了DIY精神、带有模仿和协作实践的设计制造活动。他们展示了一些公司如何利用所在城市的"山寨"生态和自由流动的资源，把自身建设成创造性的、混杂的、具有全球竞争力的企业（参见Stevens 2018）。有一位学者认为，仿冒团体——尤其是"山寨"生产者——有可能导致全球新自由主义的更替。还有人注意到，创客群体通过自由获取资源和知识，开展技术性的生产实验和创新设计（参见Lindtner, Greenspan, and Li 2014）。他们指出：作为此类创客运动的成员，开放硬件资源的拥护者声称正在创造新的空间，而其中的创造性仰赖资源的重复利用和聪明才智。他们把自己的工作视为"制造未来"

---

[1] 关于中国政府对国内创客文化的投资，以及英特尔向华南地区投入数百万美元来资助"众创空间"项目，见Lindtner, Bardzell, and Bardzell（2016, 1396）。

[2] 车库发明家（garage inventor），指在简陋的环境（比如车库）中从事发明创造的人。——译注

288　（future of making），有可能动摇关于工业生产和技术创新的全球（即西方）叙述（Lindtner 2015, 856—858）。有些学者（比如Lindtner, Bardzell, and Bardzell 2016）甚至认为，创客文化——包括但不限于"山寨"实践，可以成为一种"预期性设计"（anticipatory design）方法的基础，旨在探索新技术对于引导社会公平可能发挥的民主作用。这一方法的倡导者似乎想从方方面面再现乌托邦式的"技术解决主义"（technosolutionism），①他们认为该思想植根于"山寨"实践，并与创客运动相关联，作为一种路径可以通向更加公正、更加持续的制造技术实践。

　　这些"科学兼技术"及人类学的研究是很有裨益的，尤其因为其中探究了认识论（在这个全新的世界如何理解技术）和道德准则（在全球化程度越来越高的市场中如何表现）是怎样的密不可分。这些实践因而连起了条条通路，让手头的资源或资本不尽如人意或付阙如的创客们也能在全球经济中占得一席之地，甚至动摇固有的资本链。然而，最近出现了一种忧虑，认为有必要对于过度支持创客文化保持警惕，而更乐观的描述，或许也忽略了工业区和偏向中产阶层的孵化中心里，持续存在着性别差异和城乡差异方面的不平等。②

　　对陈蝶仙的民间工业主义和当代"山寨"制造业加以比较之所以有意义，正是因为这种当代现象的影响同时在学术界和新闻界继续接

289　受评估。把两者联系起来，并**不是**要在20世纪初陈蝶仙的民间工业主义和21世纪的"山寨"之间划一条连续或笔直的因果线。确切地说，

①　技术解决主义（technosolutionism），一种理解世界的方式，认为技术是解决人类问题的最优选择。
②　关于性别以及流动性的获得可以怎样限制或激活一位"创客"，黄韵然（Wong 2014, 125—132）有一番敏锐的叙述。她关注的是大芬国家为远在世界各地的顾客定制经典画作的复制品。（"大芬"即大芬村，位于深圳市龙岗区，是中国最大的商品油画生产、交易基地，也是全球重要的油画交易集散地。——译注）

将二者放到一起考量可以提醒当代观察者：策略性的模仿、手工试验、技术知识的"开源"（open-source）、拼接和渐进式的改良以再造技术等"山寨"实践，并非总是绑定当代资本的利益以及转型社会理想本身。这样一种历史观或许有助于缓和针对当代"山寨"意义的某些过激评价——无论是听起来极度可怕的警告，将"山寨"视同阻碍所有创新活动的仿冒，还是天真地歌颂创客运动的解放性本质。

此外，考虑到这两个时期连在一起，我们可以看到自己动手试验、仿制、改良和重新组装等实践活动，以怎样的方式又出于怎样的原因，逐渐与现代中国如此密不可分，以及这些活动为什么在全球话语中逐渐被视作"绿林好汉行为"——无论是以贬损还是浪漫的方式。民国时代的民间工业主义和当代的"山寨"制造业互有重叠，因为它们分别出现在中国两度进入全球资本主义的时刻。不过，位于20世纪两端的这两个时刻存在本质差异，反映出的是某些变化多端的政治意涵，这些政治意涵不仅存在于制造文化背后，也存在于中国和全球资本主义的分歧背后，**以及两个时代资本主义的不同之处背后**。在前一个时段，初生的中华民国还在对抗帝国主义无休止的政治经济压力，却因内战和政治分裂而离析分崩。虽然处在这种不合宜的环境中，陈蝶仙等民间工业家仍能适应随着化学和物理在全球发展而兴起的新式工业制造活动，并引发了爱国、反帝的"国货运动"，其"绿林好汉"实践抱着必须取代进口商品的目的。民国时期的民间工业主义与本土主义运动相结合，洋溢着强烈的反帝情绪，而当时的中央政府无所作为。与此同时，这些爱国主义行为也不总是单纯的爱国，就像我们在陈蝶仙身上看到的，还带有明确的市场目的，因而可以为巨大的影响力和 *290* 财富奠定基础。

当代则为我们展现了另一种样态的中国及其与全球资本主义的关系。如今正值一个大国急于重返全球市场，而且已经相当成功地做到了这一点。有时候，通过产品打入的市场遍及全球，使得它可以改变国内经济与全球新自由主义体系的联结。而其他时候，政府会按照自己的计划支持创客活动。不过，这些实践无论在历史上还是在当下都可以生发出很多思考。20世纪早期的中国民间工业主义和今天的"山寨"，促使我们重新思考那些习以为常的叙述和标准的理解方式——关于所有权、创新以及到底是什么构成了工业活动和工业发展。这样一来，我们就可以始终保持批判性的视角，借以理解过去和现代的世界。

参考文献

1. 档案

杭州图书馆古籍部

上海市档案馆

Wellcome Institute Archives, London

2. 出版物及其他引用资料

Alford, William P. 1995. *To Steal a Book Is an Elegant Offense: Intellectual Property Law in Chinese Civilization*. Stanford, CA: Stanford University Press.

Anderson, Warwick. 2011. "Looking for Newton? From Hydraulic Societies to the Hydraulics of Globalization." In *Force, Movement, Intensity: The Newtonian Imagination and the Humanities and Social Sciences*, ed. Ghassan Hage and Emma Kowal, 128—135. Melbourne: Melbourne University Press.

——. 2018. "Remembering the Spread of Western Science." *Historical Records of Australian Science* 29: 73—81. http://www.publish.csiro.au/hr/HR17027.

《安徽公报》，1919。

Arapostathis, Stathis, and Graeme Gooday. 2013. *Patently Contestable: Electrical Technologies and Inventor Identities on Trial in Britain*. Cambridge, MA: Harvard University Press.

Armitage, David, and Jo Guldi. 2014. *The History Manifesto*. https://www.cambridge. org/core/services/aop-file-manager/file/57594fd0fab864a459dc7785.

Arnold, David. 2013. *Everyday Technology: Machines and the Making of India's Modernity*. Chicago: University of Chicago Press.

Asen, Daniel. 2016. *Death in Beijing: Murder and Forensic Science in Republican China*. Cambridge: Cambridge University Press.

Bankoff, Greg, Uwe Lübken, and Jordan Sand. 2012. Introduction to *Flammable Cities: Urban Conflagration and the Making of the Modern World*, ed. Greg Bankoff, Uwe Lübken, and Jordan Sand, 3—20. Madison: University of Wisconsin Press.

Bao, Weihong. 2005. "A Panoramic Worldview: Probing the Visuality of *Dianshizhai huabao.*" *Journal of Modern Chinese Literature* 32 (March): 405—459.

——. 2016. *Fiery Cinema: The Emergence of an Affective Medium in China, 1915—1945.* Minneapolis: University of Minnesota Press.

鲍相璈《验方新编》[1846], 北京: 人民卫生出版社, 1990。

Basalla, George. 1967. "The Spread of Western Science." *Science* 156: 611—622.

——. 1988. *The Evolution of Technology.* Cambridge: Cambridge University Press.

Benedict, Carol. 2011. *Golden-Silk Smoke: A History of Tobacco in China, 1550—2010.* Berkeley: University of California Press.

毕苑《建造常识: 教科书与近代中国文化转型》, 福州: 福建教育出版社, 2010。

Bian, He. 2017. "An Ever-Expanding Pharmacy: Zhao Xuemin and the Conditions for New Knowledge in Eighteenth-Century China." *Harvard Journal of Asiatic Studies* 77 (2): 287—319.

Bickers, Robert, and Rosemary Seton, eds. 1996. *Missionary Encounters: Sources and Issues.* Richmond, U.K.: Curzon Press.

Biggerstaff, Knight. 1956. "Shanghai Polytechnic Institution and Reading Room: An Attempt to Introduce Western Science and Technology to the Chinese." *Pacific Historical Review* 25 (2) (May): 127—149.

Bray, Francesca. 1997. *Technology and Gender: Fabrics of Power in Late Imperial China.* Berkeley: University of California Press.

Brennert, H. S., and V. V. Hagelsrom. 1911. *Present Day Political Organization of China.* New York: Paragon Press.

Brooks, Barbara. 2000. *Japan's Imperial Diplomacy: Consuls, Treaty Ports, and War in China, 1895—1938.* Honolulu: Hawai'i University Press.

Buck, Peter. 1980. *American Science and Modern China, 1876—1936.* Cambridge: Cambridge University Press.

Burke, Mary. 2009. *"Tinkers": Synge and the Cultural History of the Irish Traveller.* Oxford: Oxford University Press.

Cai, Danni. Forthcoming. "Epistolary Knowledge for Mass Consumption: Letter Manuals in Late Qing and Republican China (ca. 1831—1949)" PhD diss.,

McGill University.

Cao Xueqin. 1977. *The Story of the Stone*. Trans. David Hawkes. New York: Penguin Books.

Cassel, Par. 2011. *Grounds of Judgment: Extraterritoriality and Imperial Power in Nineteenth-Century China and Japan.* Oxford: Oxford University Press.

张哲嘉《〈妇女杂志〉中的"医事卫生顾问"》,《近代中国妇女史研究》, 12（12月）: 145—168, 2004。

Chang, Michael G. 1999. "The Good, the Bad, and the Beautiful: Movie Actresses and Public Discourse in Shanghai, 1920s—1930s." In *Cinema and Urban Culture in Shanghai, 1922—1943*, ed. Yinjing Zhang, 128—159. Stanford, CA: Stanford University Press.

Chemist and Druggist (London). 1897.

陈蝶仙（陈栩）《拱宸桥竹枝词》（第二卷）, 杭州: 大观报馆, 1900。

——（天虚我生）《化妆品制造库》（专栏文章）, 陈蝶仙主编《女子世界》, 1—5（1—5月）, 1915。

——（天虚我生）编纂《工商业尺牍偶存》, 上海: 家庭工业社, 1928。

——（天虚我生）翻译《薄荷工业》, 上海: 家庭工业社, 1933a。

——（天虚我生）编《实业致富丛书》（第五卷）, 上海: 上海新华书局, 1933b。

——（天虚我生）《商标法有补充之必要》,《机联会刊》, 97: 2—5, 1934。

——（天虚我生）编《家庭常识汇编》（第八卷）, 上海: 家庭工业社, 1935—1941。

——（天虚我生）编《梅氏验方新编》[1934], 上海: 家庭工业社, 1937。

——（天虚我生）《精制实验法》,《小工艺》, 1（7）（3月）: 2, 1939。

——（天虚我生）《黄金祟》, 台北: 广文书局, 1981。

——. 1999. *The Money Demon: An Autobiographical Romance*. Trans. Patrick Hanan. Honolulu: University of Hawai'i Press.

——（天虚我生）《栩园丛稿》, 周之盛编, 上海: 家庭工业社。

陈定山《春申旧闻》, 台北: 晨光月刊社, 1964。

——《我的父亲天虚我生——国货之隐者》[1955],《春申旧闻》, 180—204, 台北: 世界文物出版社, 1967。

陈独秀《本志罪案之答辩书》,《新青年》, 6（1）: 10—11, 1919。

Chen, Janet. 2012. *Guilty of Indigence: The Urban Poor in China, 1900—1953*. Princeton, NJ: Princeton University Press.

陈平原《中国小说叙事模式的转变》, 北京: 北京大学出版社, 2010。

陈小翠, 范烟桥, 周瘦鹃《天虚我生与无敌牌牙粉》, 中国人民政治协商会议全国委员会文史资料研究委员会编《文史资料选辑》, 80: 209—226, 北京: 中国文史出版社, 1982。

池秀云《历代名人室名别号辞典》, 太原: 山西古籍出版社, 1998。

Chiang, Yung-chen. 2006. "Womanhood, Motherhood, and Biology: The Early Phases of the *Ladies' Journal*, 1915—25." *Gender & History* 18 (3) (November): 519—545.

China Educational Supply Association, ed. 1928. *Catalogue of Education Supplies*. Shanghai: China Educational Supply Association Press.

China Industrial Handbooks Kiangsu. 1933. Shanghai: Bureau of Foreign Trade, Ministry of Industry. *China Press* (Shanghai). 1933.

周叙琪《阅读与生活——恽代英的家庭生活与〈妇女杂志〉之关系》,《思与言: 人文与社会科学杂志》, 43（3）（9月）: 107—190, 2005。

Chow, Kai-wing. 2004. *Publishing, Culture, and Power in Early Modern China Publishing*. Stanford, CA: Stanford University Press.

Chua, Ai Lin. 2012. "Nation, Race, and Language: Discussing Transnational Identities in Colonial Singapore, Circa 1930." *Modern Asian Studies* 46 (2) (March): 283—302.

Claypool, Lisa. 2005. "Zhang Jian and China's First Museum." *Journal of Asian Studies* 64 (3): 567—604.

Clunas, Craig. 1997. *Pictures and Visuality in Early Modern China*. Princeton, NJ: Princeton University Press, 1997.

——. 2004. *Superfluous Things: Material Culture and Social Status in Early Modern China*. Honolulu: University of Hawai'i Press.

——. 2007. *Empire of Great Brightness: Visual and Material Cultures of Ming China, 1368—1644*. Honolulu: University of Hawai'i Press.

Cochran, Sherman. 2006. *Chinese Medicine Men: Consumer Cultures in China and Southeast Asia*. Cambridge, MA: Harvard University Press.

Cochran, Sherman, and Andrew Hsieh. 2013. *The Lius of Shanghai*. Cambridge, MA: Harvard University Press.

Cohen, Deborah, and Peter Mandler. 2015. "Exchange: On *The History Manifesto*." American Historical Review 120 (2): 530—542.

Cook, James. 2001. *The Arts of Deception: Playing with Fraud in the Age of Barnum*. Cambridge, MA: Harvard University Press.

Cosmopolitan. 1934.

Culp, Robert. 2007. *Articulating Citizenship: Civic Education and Student Politics in Southeastern China, 1912—1940*. Cambridge, MA: Harvard University Asia Center.

———. 2016. "Mass Production of Knowledge and the Industrialization of Mental Labor: The Rise of the Petty Intellectual." In *Knowledge Acts in Modern China: Ideas, Institutions, and Identities*, ed. Robert Culp, Eddie U, and Wen-hsin Yeh, 207—241. Berkeley: Institute of East Asian Studies, University of California Press.

———. 2019. *The Power of Print in Modern China: Intellectuals and Industrial Publishing from the End of Empire to Maoist State Socialism*. New York: Columbia University Press.

Culp, Robert, Eddie U, and Wen-hsin Yeh, eds. 2016. *Knowledge Acts in Modern China: Ideas, Institutions, and Identities*. Berkeley: Institute of East Asian Studies, University of California Press.

《大公报》（天津）, 1932。

Darmon, Reed. 2004. *Made in China*. San Francisco: Chronicle Books. Des Forges, Alexander. 2009. "Professional Anxiety, Brand Names, and Wild Chickens: From 1909." In *Rethinking Chinese Popular Culture*, ed. Carlos Rojas and Eileen Chow, 40—53. New York: Routledge.

Descriptions of the Commercial Press Exhibit. n.d. Shanghai: Commercial Press.

《电影画报》, 1934。

Dikötter, Frank. 2007. *Exotic Commodities: Modern Objects and Everyday Life in China*. New York: Columbia University Press.

丁守和编《辛亥革命时期期刊介绍》（五卷本）, 北京: 人民出版社, 1982—1987。

Dong, Madeleine. 2003. *Republican Beiping: The City and Its History*. Berkeley: University of California Press.

杜石然, 林庆元, 郭金彬《洋务运动与中国近代科技》, 沈阳: 辽宁教育出版社, 1991。

Edgerton, David. 2007. *The Shock of the Old: Technology and Global History Since 1900*. Oxford: Oxford University Press.

Elman, Benjamin. 1984. *From Philosophy to Philology: Intellectual and Social Aspects of Change in Late Imperial China*. Cambridge, MA: Harvard University Asia Center.

——. 2005. *On Their Own Terms: Science in China, 1550—1900*. Cambridge, MA: Harvard University Press.

Eyferth, Jacob. 2009. *Eating Rice from Bamboo Roots: The Social History of a Community of Handicraft Papermakers in Rural Sichuan, 1920s—2000*. Cambridge, MA: Harvard University Asia Center.

法常《劝国人设立化学研究所》,《化学工艺》, 1 (5) (5月): 5—11, 1922。

Fan, Fa-ti. 2004. *British Naturalists in Qing China: Science, Empire, and Cultural Encounter*. Cambridge, MA: Harvard University Press.

——. 2012. "The Global Turn in the History of Science." *East Asian Science, Technology, and Society Journal* 6: 249—258.

方朝珩《祥茂牌肥皂填实料之调查》,《化学工艺》, 1 (2) (10月): 44—46, 1922。

Fernsebner, Susan. 2003. "A People's Plaything: Toys, Childhood, and Chinese Identity, 1909—1933." *Postcolonial Studies* 6 (3) (November): 269—293.

Feuerwerker, Albert. 1958. *China's Early Industrialization: Sheng Hsuan-huai (1844—1916) and Mandarin Enterprise*. Cambridge, MA: Harvard University Press.

Fieldhouse, D. K. 1978. *Unilever Overseas: The Anatomy of a Multinational 1895—1965*. Stanford, CA: Hoover Institution Press. Cambridge: Cambridge University Press.

Fong, Grace. 2015. "Between the Literatus and the New Woman: Lü Bicheng as Cultural Entrepreneur." In *The Business of Culture: Cultural Entrepreneurs in China and Southeast Asia, 1900—65*, ed. Christopher Rea and Nicolai

Volland, 35—61. Vancouver: University of British Columbia Press.

《常用中药：海螵蛸》，"医砭"，http://yibian.hopto.org/yao/?yno=499。

Frierson, Cathy A. 2012. "Imperial Russia's Urban Fire Regimes, 1700—1905." In *Flammable Cities: Urban Conflagration and the Making of the Modern World*, ed. Greg Bankoff, Uwe Lübken, and Jordan Sand, 102—124. Madison: University of Wisconsin Press.

Fromm, Martin. 2019. *Borderland Memories: Searching for Historical Identity in Post-Mao China*. Cambridge: Cambridge University Press.

《妇女杂志》（上海），1915。

Furth, Charlotte. 1999. *A Flourishing Yin: Gender in China's Medical History, 960—1665*. Berkeley: University of California Press.

Gabriel, Joseph M. 2014. *Medical Monopoly: Intellectual Property Rights and the Origins of the Modern Pharmaceutical Industry*. Chicago: University of Chicago Press.

General Medical Council, United Kingdom. 1898. *British Pharmacopoeia*. London: Spottiswoode.

Genette, Gérard. 1997. *Paratext: Thresholds of Interpretation*. Cambridge: Cambridge University Press.

Gernet, Jacques. 1962. *Daily Life in China on the Eve of the Mongol Invasion, 1250—1276*. Stanford, CA: Stanford University Press.

Gerth, Karl. 2004. *China Made: Consumer Culture and the Creation of the Nation*. Cambridge, MA: Harvard University Asia Center.

——. 2010. *As China Goes, so Goes the World: How Chinese Consumers Are Transforming Everything*. New York: Hill and Wang.

《格致汇编》（上海），1876—1877。

Glosser, Susan. 2003. *Chinese Visions of Family and State, 1915—1953*. Berkeley: University of California Press.

Gmelch, Sharon, and Pat Langan. 1975. *Tinkers and Travellers*. Dublin: O'Brien Press.

《工商公报》（南京），1930。

Gordin, Michael. 2015. *Scientific Babel: How Science Was Done Before and*

After Global English. Chicago: University of Chicago Press.

Greenbaum, Jamie. 2007. *Chen Jiru (1558—1639)*. Leiden: Brill Academic.

Gu, Yi. 2013. "What's in a Name? Photography and the Reinvention of Visual Truth in China." *Art Bulletin* 95 (1) (March): 120—138.

顾颖编《寻找陈蝶仙》,"新华网", 2009年12月19日。http://big5.xinhuanet.com/gate/big5/www.zj.xinhuanet.com/website/2009 - 12/19/content_18467086.htm.

Gunning, Thomas. 1995. "Tracing the Individual Body AKA Photography, Detectives, Early Cinema, and the Body of Modernity." In *Cinema and the Invention of Modern Life*, ed. Vanessa R. Schwartz and Leo Charney, 15—45. Berkeley: University of California Press.

郭保章《中国现代化学史略》, 南宁: 广西教育出版社, 1995。

郭上宝《中英药房所售之冬青油, 是天然品, 抑是人造品?》,《化学工艺》, 1 (2) (10月): 46—47, 1922。

Guo, Ting-yi, and Kwang-Ching Liu. 1978. "Self-Strengthening: The Pursuit of Western Technology." In *The Cambridge History of China*, vol. 10: *Late Ch'ing, 1800—1911, Part 1*, ed. John K. Fairbank, 491—542. Cambridge: Cambridge University Press.

Hanan, Patrick. 1999. Introduction to Chen Diexian, *The Money Demon: An Autobiographical Romance*, ed. and trans. Patrick Hanan, 1—11. Honolulu: University of Hawai'i Press.

——. 2000. "The Autobiographical Romance of Chen Diexian." *Lingnan Journal of Chinese Studies* 2: 261—281.

Handbook of Chinese Manufacturers. 1949. Shanghai: Foreign Trade Association of China.

《杭州白话报》, 1907—1909。

Hansen, Miriam. 2000. "Fallen Women, Rising Stars, New Horizons: Shanghai Silent Film as Vernacular Modernism." *Film Quarterly* 54 (1): 10—22.

Harrison, Henrietta. 2005. *The Man Awakened from Dreams: One Man's Life in a North China Village 1857—1942*. Stanford, CA: Stanford University Press.

Hart, Roger. 1999. "Beyond Science and Civilization: A Post-Needham Critique."

East Asian Science, Technology, and Medicine 16: 88—114.

Hau, Michael. 2003. *A Cult of Health and Beauty in Germany: A Social History, 1890—1930*. Chicago: University of Chicago Press.

Hay, Jonathan. 1998. "Painters and Publishing in Late Nineteenth Century Shanghai." In *Art at the Close of China's Empire*, ed. Chou Ju-hsi, 173—175. Phoebus Occasional Papers in Art History. Tempe: Arizona State University Press.

"Hazeline Snow." n.d. Cosmetics and Skin. http://www.cosmeticsandskin.com/aba/hazeline-snow.php.

"Hazeline Snow, a Toilet Cream." 1907. *National Druggist* 37 (8) (August): 272.

"Hazeline Snow a Trade-Mark, and Name Not Public Property." 1907. *National Druggist* 37 (12) (December): 411.

何王芳《民国杭州社会生活》, 杭州: 杭州出版社, 2011。

《河北实业公报》, 1933。

Hershatter, Gail. 1997. *Dangerous Pleasures: Prostitution and Modernity in Twentieth-Century Shanghai*. Berkeley: University of California Press.

Heuser, Robert. 1975. "The Chinese Trademark Law of 1904: A Preliminary Study in Extraterritoriality, Competition, and Late Ch'ing Law Reform." *Oriens Extremus* 22 (2) (December): 183—210.

Hill, Michael Gibbs. 2013. *Lin Shu, Inc.: Translation and the Making of Modern Chinese Culture*. Oxford: Oxford University Press.

Hinrichs, T. J. (艾缇捷)《亦儒亦医的张杲》, 王元崇译, 《中国社会历史评论》, 4: 65—76, 2013。

Honig, Emily. 1986. *Sisters and Strangers: Women in the Shanghai Cotton Mills, 1919—1949*. Stanford, CA: Stanford University Press.

Hsiung, Ping-Chun. 1996. *Living Rooms as Factories: Class, Gender, and the Satellite Factory System in Taiwan*. Philadelphia: Temple University Press.

Hu, Siao-Chen. 2008. "Construction of Gender and Genre in the 1910s New Media: Evidence from the *Ladies' Journal*." In *Different Worlds of Discourse: Transformations of Gender and Genre in Late Qing and Early Republican China*, ed. Nanxiu Qian, Grace S. Fong, and Richard J. Smith, 349—382. Leiden: Brill Academic.

《沪商陈蝶仙计划改良造纸原料》,《实业部月刊》, 1（3）: 107, 1936。

画槑邨人《家庭工业社概况》,《化学工艺》, 1（2）（10月）: 41—44, 1922。

《化学工艺》（上海）, 1922—1923。

蕙霞《胭脂制造法》,《妇女杂志》, 1（3）（3月）: 15—16, 1915。

Hung, Eva. 1998. "Sherlock Holmes in Early Twentieth Century China (1896—1916): Fiction as Educational Tool." In *Translators' Strategies and Creativity*, ed. Anne Beylard-Ozeroff, Jana Kralova, and Barbara Moser-Mercer, 71—79. Amsterdam: John Benjamins Press.

Hunter, S. A.（洪士提反）编《万国药方》, 上海: 美华书馆, 1915。

Huntington, Rania. 2003. "The Weird in the Newspaper." In *Writing and Materiality in China: Essays in Honor of Patrick Hanan*, ed. Judith T. Zeitlin and Lydia H. Liu, 341—396. Cambridge, MA: Harvard University Asia Center.

Jacob, Margaret C. 2014. *The First Knowledge Economy: Human Capital and the European Economy, 1750—1850*. Cambridge: Cambridge University Press.

Jacob, Margaret C., and Larry Stewart. 2004. *Practical Matter: Newton's Science in the Service of Industry and Empire*. Cambridge, MA: Harvard University Press.

《江苏省公报》（南京）, 1919—1922。

《家庭工业社》,《工商史料》, 1（12）: 113—118, 1935。

《家庭工业社表演灭火机》,《县训周刊》, 5: 46, 1935。

《家庭工业社迁回原址营业》,《西南实业通讯》, 5（1）: 70, 1942。

《机联会刊》（上海）, 1934。

Jones, Geoffry. 2010. *Beauty Imagined: A History of the Global Beauty Industry*. Oxford: Oxford University Press.

Judge, Joan. 2015. *Republican Lens: Gender, Visuality, and Experience in the Early Chinese Periodical Press*. Berkeley: University of California Press.

Kenley, David. 2014. "Advertising Community: *Union Times* and Singapore's Vernacular Public Sphere, 1906—1939." *Journal of World History* 25 (4) (December): 583—609.

Kinkley, Jeffrey. 2000. *Chinese Justice, the Fiction: Law and Literature in Modern China*. Stanford, CA: Stanford University Press.

Köll, Elisabeth. 2003. *From Cotton Mill to Business Empire: The Emergence of Regional Enterprises in Modern China.* Cambridge, MA: Harvard University Asia Center.

匡予《化妆品制造库》,陈蝶仙编《女子世界》, 3—4月, 1915。

Kuretsky, Susan Donahue. 2012. "Jan van der Heyden and the Origins of Modern Firefighting: Art and Technology in Seventeenth-Century Amsterdam." In *Flammable Cities: Urban Conflagration and the Making of the Modern World*, ed. Greg Bankoff, Uwe Lübken, and Jordan Sand, 23—43. Madison: University of Wisconsin Press.

Kwok, D. W. Y. 1971. *Scientism in Chinese Thought, 1900—1950*. New York: Biblo and Tannen.

Kwong, Luke S. K. 2001. "Self and Society in Modern China: Liu E (1857—1909) and *Laocan Youji*." *T'oung Pao* 87: 360—392.

Laing, Ellen Johnston. 2004. *Selling Happiness: Calendar Posters and Visual Culture in Early-Twentieth-Century Shanghai*. Honolulu: University of Hawai'i Press.

Lawrence, Elizabeth. 2014. "The Chinese Seal in the Making, 1904—1937." PhD diss., Columbia University.

Lean, Eugenia. 1995. "The Modern Elixir: Medicine as a Consumer Item in the Early Twentieth-Century Press." *UCLA Historical Journal* 15: 65—92.

———. 2018. "The Making of a Chinese Copycat: Trademarks and Recipes in Early Twentieth-Century Global Science and Capitalism." *Osiris* 33 (1): 271—293.

Lee, Haiyan. 2001. "All the Feelings That Are Fit to Print: The Community of Sentiment and the Literary Public Sphere in China, 1900—1918." *Modern China* 27 (3) (July): 291—327.

———. 2007a. " 'A Dime Store of Words' : *Liberty* Magazine and the Cultural Logic of the Popular Press." *Twentieth-Century China* 33 (1) (November): 53—79.

———. 2007b. *Revolution of the Heart: A Genealogy of Love in China, 1900—1950*. Stanford, CA: Stanford University Press.

Lee, Joyman. 2013. "Where Imperialism Could Not Reach: Chinese Industrial Policy and Japan, 1900—1940." PhD diss., Yale University.

Lee, Jung. 2013. "Invention Without Science: 'Korean Edisons' and the

Changing Understanding of Technology in Colonial Korea." *Technology and Culture* 54 (4) (October): 782—814.

Lee, Seung-Joon. 2011. *Gourmets in the Land of Famine: The Culture and Politics of Rice in Modern China*. Stanford, CA: Stanford University Press.

Lei, Sean Hsiang-lin. 2014. *Neither Donkey nor Horse: Medicine in the Struggle Over China's Modernity*. Chicago: University of Chicago Press.

Leong, Elaine. 2013. "Collecting Knowledge for the Family: Recipes, Gender, and Practical Knowledge in the Early Modern English Household." *Centaurus* 55 (2): 81—103.

Lightman, Bernard. 2007. *Victorian Popularizers of Science: Designing Nature for New Audiences*. Chicago: University of Chicago Press.

Lin, Jessica Yi-Chieh. 2011. *Fake Stuff: China and the Rise of Counterfeit Goods*. New York: Routledge Taylor and Francis Group.

Lindtner, Silvia. 2015. "Hacking with Chinese Characteristics: The Promises of the Maker Movement Against China's Manufacturing Culture." *Science, Technology, and Human Values* 40 (5): 854—879.

———. Forthcoming. *Prototype Nation: China, the Maker Movement, and the Promise of Entrepreneurial Living*. Princeton, NJ: Princeton University Press.

Lindtner, Silvia, Shaowen Bardzell, and Jeffrey Bardzell. 2016. "Reconstituting the Utopian Vision of Making: HCI After Technosolutionism." Unpublished manuscript. https://static1.squarespace.com/static/52842f7de4b0b6141ccb7766/t/573 6af0bd51cd47f818fa04a /1463201551143/p1390-lindtner.pdf.

Lindtner, Silvia, Anna Greenspan, and David Li. 2014. "Shanzhai: China's Collaborative Electronics-Design Ecosystem." *Atlantic*, May 18. https://www.thea tlantic .com/technology/archive/2014/05/chinas-mass-production-system/370898 /.

凌蕊珠《化妆品制造法略说》,《妇女杂志》, 1（1月）: 15—18, 1915。

Link, Perry. 1981. *Mandarin Ducks and Butterflies: Popular Fiction in Early Twentieth-Century Chinese Cities*. Berkeley: University of California Press.

"Lintas: Worldwide." n.d. Company -Histories.com.http://www.company-histories.com/Lintas-Worldwide-Company-History.html.

Liu, Lydia. 1995. *Translingual Practice*. Stanford, CA: Stanford University Press.

Liu, Xun. 2009. *Daoist Modern: Innovation, Lay Practice, and the Community of Inner Alchemy in Republican Shanghai*. Cambridge, MA: Harvard University Asian Center.

卢恒《用化妆品应具之常识》,《化学工艺》, 1 (2) (10月): 18—20, 1922。

Luesink, David. 2015. "State Power, Governmentality, and the (Mis)Remembrance of Chinese Medicine." In *Historical Epistemology and the Making of Chinese Medicine*, ed. Howard Chiang, 160—188. Manchester: Manchester University Press.

罗竹风《汉语大词典》, 上海: 汉语大词典出版社, 1994。

Mann, Susan. 2007. *Talented Women of the Zhang Family*. Berkeley: University of California Press.

McKeown, Adam. 2001. *Chinese Migrant Networks and Cultural Change: Peru, Chicago, and Hawai'i 1900—1936*. Chicago: University of Chicago Press.

Meng, Yue. 1994. "A Playful Discourse, Its Site, and Its Subject: 'Free Chat' on the *Shen Daily*, 1911—1918."

Master's thesis, University of California at Los Angeles.

——. 1999. "Hybrid Science Versus Modernity: The Practice of the Jiangnan Arsenal, 1864—1897." *East Asian Science, Technology, and Medicine* 16: 13—52.

——. 2006. *Shanghai and the Edges of Empires*. Minneapolis: University of Minnesota Press.

Mertha, Andrew. 2005. *The Politics of Piracy: Intellectual Property in Contemporary China*. Ithaca, NY: Cornell University Press.

Meyer, Richard. 2013. *Wang Renmei: The Wildcat of Shanghai*. Hong Kong: Hong Kong University Press.

《灭火器略说》,《格致汇编》, 1 (11): 1—11, 1877。

Mittler, Barbara. 2004. *A Newspaper for China? Power, Identity, and Change in Shanghai's News Media, 1872—1912*. Cambridge, MA: Harvard University Asia Center.

Mokyr, Joel. 1990. *The Lever of Riches: Technological Creativity and Economic Progress*. Oxford: Oxford University Press.

——. 2002. *The Gifts of Athena: The Historical Origins of the Knowledge Economy*. Princeton, NJ: Princeton University Press.

——. 2009. *The Enlightened Economy: An Economic History of Britain, 1700—1850*. New Haven, CT: Yale University Press.

——. 2016. *A Culture of Growth: The Origins of the Modern Economy*. Princeton, NJ: Princeton University Press.

Mueggler, Erik. 2011. *The Paper Road: Archive and Experience in the Botanical Exploration of West China and Tibet*. Berkeley: University of California Press.

Mukharji, Projit. 2016. *Doctoring Tradition: Ayurveda, Small Technologies, and Braided Science*. Chicago: University of Chicago Press.

Mullaney, Thomas. 2017. *The Chinese Typewriter: A History*. Cambridge, MA: MIT Press.

Muscolino, Micah. 2009. *Fishing Wars and Environmental Change in Late Imperial and Modern China*. Cambridge, MA: Harvard University Asia Center.

National Druggist (St. Louis, MO). 1907.

Needham, Joseph. 1969. *The Grand Titration: Science and Society in East and West*. London: Allen and Unwin.

Needham, Joseph, et al., eds. 1954—2016. *Science and Civilisation in China*. 7 vols. as of 2016. Cambridge: Cambridge University Press.

Nivard, Jacqueline. 1984. "Women and the Women's Press: The Case of the *Ladies' Journal (Funü zazhi)* 1915—1931." *Republican China* 10 (1b) (November): 37—55.

《女子世界》（上海），1914—1915。

Orliski, Constance. 2003. "The Bourgeois Housewife as Laborer in Late Qing and Early Republican Shanghai." *Nan Nü* 5 (1): 43—68.

Outka, Elizabeth. 2009. *Consuming Traditions: Modernity, Modernism, and the Commodified Authentic*. Oxford: Oxford University Press.

潘建国《〈工商业尺牍偶存〉所载鸳鸯蝴蝶派小说家史料辑考》，《明清小说研究》，3（69）：233—246，2003。

潘吉星《天工开物译注》，上海：上海古籍出版社，1993。

Pharmaceutical Record and Weekly Market Review (New York). 1886.

Pickowicz, Paul. 1991. "The Theme of Spiritual Pollution in Chinese Films of the 1930s." *Modern China* 17 (1) (January): 38—75.

Pickstone, John. 2000. *Ways of Knowing: A New History of Science, Technology, and Medicine*. Chicago: University of Chicago Press.

Pollack, Sheldon. 2000. "Cosmopolitan and Vernacular in History." *Public Culture* 12 (3) (September): 591—625.

Pomeranz, Kenneth. 2000. *The Great Divergence: China, Europe, and the Making of the Modern World Economy*. Princeton, NJ: Princeton University Press.

Pusey, James Reeve. 1983. *China and Charles Darwin*. Cambridge, MA: Harvard University Press.

钱实甫编《清代职官年表》（四卷本），北京：中华书局，1980。

邱澎生《法学专家、苏州商人团体与清代中国的"习惯法"问题》，《北大法律评论》，10（1）：68—88，2009。

全国手工艺品展览会编辑组编《全国手工艺品展览会概览》，北京：全国手工艺品展览会，1937。

Raj, Kapil. 2007. *Relocating Modern Science: Circulation and the Construction of Knowledge in South Asia and Europe, 1650—1900*. Houndmills, U.K.: Palgrave Macmillan.

Rea, Christopher. 2015a. *The Age of Irreverence: A New History of Laughter in China*. Berkeley: University of California Press.

——. 2015b. "Enter the Cultural Entrepreneur." In *The Business of Culture: Cultural Entrepreneurs in China and Southeast Asia, 1900—65*, ed. Christopher Rea and Nicolai Volland, 9—32. Vancouver: University of British Columbia Press.

Rea, Christopher, and Nicolai Volland, eds. 2015. *The Business of Culture: Cultural Entrepreneurs in China and Southeast Asia, 1900—65*. Vancouver: University of British Columbia Press.

Reardon-Anderson, James. 1991. *The Study of Change: Chemistry in China, 1840—1949*. Cambridge: Cambridge University Press.

Reed, Christopher. 2004. *Gutenberg in Shanghai: Chinese Print Capitalism,*

1876—1937. Honolulu: University of Hawai'i Press.

Reiss, Benjamin. 2010. *The Showman and the Slave: Race, Death, and Memory in Barnum's America*. Cambridge, MA: Harvard University Press.

Revells, Tristan. Forthcoming. "From Bad Booze to Biofuel: Alcohol, Global Standards, and China's First Alternative Energy Industry (1890—1946)." PhD diss., Columbia University.

Rhoads, Edward J. M. 2012. "Cycles of Cathay: A History of the Bicycle in China." *Transfers* 2 (2) (June): 95—120.

"Richard Hudnot." n.d. Cosmetics and Skin. http://www.cosmeticsandskin.com/companies/richard-hudnut.php.

Richter, Antje. 2013. *Letters and Epistolary Culture in Early Medieval China*. Seattle: University of Washington Press.

Rieppel, Lukas, Eugenia Lean, and William Deringer. 2018. Introduction to "The Entangled Histories of Science and Capitalism," ed. Lukas Rieppel, William Deringer, and Eugenia Lean. Special issue of *Osiris* 33 (1): 1—24.

Rivers, Matt. 2018. "Inside China's Silicon Valley: From Copycats to Innovation." CNN, November 22. https://www.cnn.com/2018/11/22/tech/china-tech-innovat ion -shenzhen/index.html.

Rogaski, Ruth. 2004. *Hygienic Modernity: Meanings of Health and Disease in Treaty-Port China*. Berkeley: University of California Press.

Ross, Kerry. 2015. *Photography for Everyone: The Cultural Lives of Cameras and Consumers in Early Twentieth-Century Japan*. Stanford, CA: Stanford University Press.

Rowe, William. 1992. *Hankow: Commerce and Society in a Chinese City, 1796—1889*. Stanford, CA: Stanford University Press.

Schäfer, Dagmar. 2011. *The Crafting of the 10,000 Things: Knowledge and Technology in Seventeenth-Century China*. Chicago: University of Chicago Press.

Schafer, Edward. 1985. *The Golden Peaches of Samarkand*. Berkeley: University of California Press.

Schaffer, Simon, Lissa Roberts, Kapil Raj, and James Delbourgo, eds. 2009. *The*

Brokered World: Go-Betweens and Global Intelligence 1770—1820. Sagamore Beach, MA: Watson.

Scheid, Volker. 2007. *Currents of Tradition in Chinese Medicine, 1626—2006*. Seattle: Eastland Press.

Schmalzer, Sigrid. 2015. "Self-Reliant Science: The Impact of the Cold War on Science in Socialist China." In *Science and Technology in the Cold War*, ed. Naomi Oreskes and John Krige, 1—35. Cambridge, MA: MIT Press Scholarship. https://mitpress.universitypressscholarship.com/view/10.7551/mitpress/97802620 27953 .001.0001/upso-9780262027953-chapter-3.

Schneider, Helen. 2011. *Keeping the Nation's House: Domestic Management and the Making of Modern China*. Vancouver: University of British Columbia Press.

Sewell, W. G. 1972. "A Chemist in China." *Chemistry in Britain* 8 (12) (December): 529—533.

Shang, Wei. 2006. "The Making of the Everyday World: *Jin Ping Mei Cihua* and Encyclopedias for Daily Use." In *Dynastic Crisis and Cultural Innovation: From the Late Ming to the Late Qing and Beyond*, ed. David Wang and Wei Shang, 63—92. Cambridge, MA: Harvard University Asia Center.

上海机制国货工厂联合会编《家庭工业社股份有限公司》,《中国国货工厂全貌初编》, 40—45, 上海: 上海机制国货工厂联合会, 1947。

《上海科学仪器馆自制品目录》,《江苏省公报》, 1153: 9, 1917。

上海市统计部《公司合营家庭工业社历史资料》[1957], File B31-2-271, 上海市档案馆。

Shao, Qin. 2003. *Culturing Modernity: The Nantong Model, 1890—1930*. Stanford, CA: Stanford University Press.

Shapin, Steven. 1994. *A Social History of Truth: Civility and Science in Seventeenth-Century England*. Chicago: University of Chicago Press.

Shen, Grace. 2014. *Unearthing the Nation: Modern Geology and Nationalism in Republican China, 1911—1949*. Chicago: University of Chicago Press.

沈瑞清《化妆品制造法》,《妇女杂志》, 1 (5): 18—25, 1915。

《申报》, 1916—1934。

史乃文《商标不允解约：胡蝶提出上诉又失败》,《电声》, 3 (15)：238, 1934。

《实业公报》（南京）, 1933。

《实业浅说》（北京）, 1915—1925。

实业部商标局编《东亚之部商标汇刊》, 上海：中华书局, 1934。

《实业部诉愿决定书》, 诉字第六五号,《实业公报》, 150：1—7, 1933。

《实业部月刊》（南京）, 1936—1937。

《便用水龙说》,《格致汇编》（上海）, 1 (2)：7—8, 1876。

《司法公报》（南京）, 1936。

《四年以来未获一文：胡蝶为商标酬金兴讼》,《电声》, 5 (33)：824, 1936。

Smith, Pamela. 2004. *The Body of the Artisan: Art and Experience in the Scientific Revolution*. Chicago: University of Chicago Press.

Smith, Thomas. 1988. *Native Sources of Japanese Industrialization, 1750— 1920*. Berkeley: University of California Press.

宋应星《天工开物》, 广州：广东人民出版社, 1976。

Stevens, Hallam. 2018. "Starting Up Biology in China: Performances of Life at BGI." *Osiris* 33 (1): 85—106.

Stewart, Mary Lynn. 2000. *For Health and Beauty: Physical Culture for Frenchwomen, 1880s—1930s*. Baltimore: Johns Hopkins University Press.

Sun, Myra. 2019. "Fictions of Authorship: Literary Modernity and the Cultural Politics of the Author in Late Qing and Republican China." PhD diss., Columbia University.

孙忠焕编《杭州运河文献集成》, 杭州：杭州出版社, 2009。

Sung, Ying-hsing. 1966. *Chinese Technology in the Seventeenth Century: T'ien-Kung K'ai-Wu*. Trans. E. tu Zen Sun and Shiou-chuan Sun. University Park: Pennsylvania State University.

Swislocki, Mark. 2008. *Culinary Nostalgia: Regional Food Culture and the Urban Experience in Shanghai*. Stanford, CA: Stanford University Press.

《天虚我生纪念刊》, 上海：自修周刊社印, 1940。

Tilley, Helen. 2011. *Africa as a Living Laboratory: Empire, Development, and the Problem of Scientific Knowledge, 1870—1950*. Chicago: University of Chicago Press.

Ting, H. C. 1974. *Truth and Facts: Recollections of a Hong Kong Industrialist.* Hong Kong: New Island Printing.

Totelin, L. M. V. 2009. *Hippocratic Recipes: Oral and Written Transmission of Pharmacological Knowledge in Fifth-and Fourth-Century Greece.* Leiden: Brill Academic.

Tsai, Hui-yi Caroline. 2014. "Displaying 'Everyday Modernity' —and What Is Beyond? Haircut Hygiene in the 1925 Taipei Police Exhibition." Paper presented at the conference "Beyond Modernity: Understanding Change in China," Columbia University, New York, September 19—20.

Tsin, Michael. 1999. *Nation, Governance, and Modernity in China: Canton, 1900—1927.* Stanford, CA: Stanford University Press.

Vinograd, Richard. 1991. "Private Art and Public Knowledge in Later Chinese Painting." In *Images of Memory: On Remembering and Representation,* ed. Susanne Küchlerand Walter Melion, 176—202. Washington, DC: Smithsonian Institution Press.

万青力《美术家、企业家陈小蝶——民国时期上海画坛研究之一》,《海派绘画研究文集》, 9—29, 上海: 上海书画出版社, 2001。

王沧萍《哭天虚我生先生》,《天虚我生纪念刊》, 25, 上海: 自修周刊社印, 1940。

Wang, Di. 2003. "The Rhythm of the City: Everyday Chengdu in Nineteenth-Century Bamboo-Branch Poetry." *Late Imperial China* 24 (1) (June): 33—78.

Wang, Hui. 2006. "Discursive Community and the Genealogy of Scientific Categories." In *Everyday Modernity in China,* ed. Madeleine Dong and Joshua Goldstein, 80—117. Seattle: University of Washington Press.

汪泰钧《商标问题》,《工商学报》, 2: 16—18, 1924。

《卫生公报》(南京), 1929。

Whitwell, Tom. 2014. "Inside Shenzhen: China's Silicon Valley." *Guardian,* June 13. https://www.theguardian.com/cities/2014/jun/13/inside-shenzen-china-silicon-valley-tech-nirvana-pearl-river.

Widmer, Ellen. 1989. "The Epistolary World of Female Talent in Seventeenth-Century China." *Late Imperial China* 10 (2) (December): 1—43.

——. 1992. "Xiaoqing's Literary Legacy and the Place of the Woman Writer in Late Imperial China." *Late Imperial China* 13 (1) (June): 111—155.

Wilkinson, Karen, and Mike Petrich. 2013. *The Art of Tinkering*. San Francisco: Weldon Owen.

Williams, C. A. S. 1933. *Manual of Chinese Products* (中华物产丛集). Peiping: Kwang Yuen Press.

Wilson, Charles. 1954. *The History of Unilever: A Study in Economic Growth and Social Change*. London: Cassell.

Wong, Winnie. 2014. *Van Gogh on Demand: China and the Readymade*. Chicago: University of Chicago Press.

Wright, David. 1996. "John Fryer and the Shanghai Polytechnic: Making Space for Science in Nineteenth-Century China." *British Journal for the History of Science* 29 (1): 1—16.

——. 2000. *Translating Science: The Transmission of Western Chemistry Into Late Imperial China, 1840—1900*. Leiden: Brill Academic.

吴承洛《从上海化学工艺展览会观察中国化学工业之现状》,《中华化学工业会会志》, 2 (1): 7—56, 1925。

Wu, Jen-shu, and Ling-ling Lien. 2013. "From Viewing to Reading: The Evolution of Visual Advertising in Late Imperial China." In *Visualizing China, 1845—1965: Moving and Still Images in Historical Narratives*, ed. Christian Henriot and Wen-hsin Yeh, 231—266. Leiden: Brill Academic.

Wu, Shellen. 2015. *Empires of Coal: Fueling China's Entry Into the Modern World Order, 1860—1920*. Stanford, CA: Stanford University Press.

Wu, Shengqing. 2008. "Contested *Fengya*: Classical-Style Poetry Clubs in Early Republican China." In *Literary Societies of Republican China*, ed. Kirk Denton and Michel Hockx, 15—46. New York: Lexington Books.

Wu, Yi-li. 2010. *Reproducing Women: Medicine, Metaphor, and Childbirth in Late Imperial China*. Berkeley: University of California Press.

《无敌笔》,《实业杂志》, 207: 20, 1935。

Wythoff, Grant. 2016. Introduction to Hugo Gernsback, *The Perversity of Things: Hugo Gernsback on Media, Tinkering, and Scientifiction*, ed.

Grant Wythoff, 1—49. Minneapolis: University of Minnesota Press.

《小工艺》（上海），1939。

《西湖博览会日刊》（杭州），1929。

《行政诉讼裁判》，《司法公报》，119：51—53，1936。

许瘦蝶《记陈蝶仙》，《永安月刊》，104：43—44，1948。

Xu, Xiaoqun. 2000. *Chinese Professionals and the Republican State: The Rise of Professional Associations in Shanghai, 1912—1937*. Cambridge: Cambridge University Press.

Yang, Fan. 2016. *Faked in China: Nation Branding, Counterfeit Culture, and Globalization*. Bloomington: Indiana University Press.

Yang, Timothy. 2013. "Market, Medicine, and Empire: Hoshi Pharmaceuticals in the Interwar Years." PhD diss., Columbia University.

Yang, Yingchuan. Forthcoming. "Revolution on Air: Radio Technology, Socialist Culture, and China's Global Engagement." PhD diss., Columbia University.

姚家玉《胡蝶商标案败诉，提出废约之动机与内幕》，《电声》，3（2）：25，1934。

叶明东《家庭工业社总观察》，《经济汇报》，2（2）：43—48，1923。

Yeh, Catherine. 2006. *Shanghai Love: Courtesans, Intellectuals, and Entertainment Culture, 1850—1910*. Seattle: University of Washington Press.

Yeh, Wen-hsin. 2007. *Shanghai Splendor: A Cultural History, 1843—1949*. Berkeley: University of California Press.

Yi, Yuan. Forthcoming. "Malfunctioning Machinery: The Global Making of Chinese Cotton Mills." PhD diss., Columbia University.

Yin Ziming. [1958] 2013. "The Strength of the Masses is Limitless." In *The Search for Modern China: A Documentary Collection*, ed. Janet Chen, Pei-kai Cheng, and Michael Lestz, with Jonathan Spence, 415—418. New York: Norton.

《游民习艺月刊》（北京），1927。

俞自明译《化学家应有之常识》，《化学工艺》，1（3）（5月）：57—59，1923。

俞子夷《蔡元培先生和草创时的光复会》，文史资料选集编辑部编《文史资料精选》（第二卷），323—336，北京：中国文史出版社，1990。

Zelin, Madeleine. 2005. *The Merchants of Zigong: Industrial Enterprise in Early*

Modern China. New York: Columbia University Press.

章亦敏《家庭工业社之概况》,《浙江商务》, 1（4）: 55—58, 1936。

Zhang, Ying. 2017. "Household Healing: Rituals, Recipes, and Morals in Late Imperial China." PhD diss., Johns Hopkins University.

张轶欧编《上海家庭工业社无敌牌擦面牙粉商标不得假冒影戤改干未便》,《江苏实业月志》, 29（8月）: 44—45, 1921。

Zhang, Zhen. 2005. *An Amorous History of the Silver Screen: Shanghai Cinema 1896—1937*. Chicago: University of Chicago Press.

Zhang Zhibin, and Paul Unschuld, eds. 2015. *Dictionary of the* Ben Cao Gang Mu. Vol. 1: *Chinese Historical Illness Terminology*. Berkeley: University of California Press.

张之铭《创立科学仪器馆之经过》,《仪文》, 1: 23—24, 1947。

《浙省改良纸料》,《国际贸易情报》, 28（2）: 48, 1937。

《浙江近现代人物录》, 浙江省政协文史资料委员会编《浙江文史资料选辑》（第四十八卷）, 230, 杭州: 浙江人民出版社, 1992。

郑逸梅《艺苑琐闻》, 成都: 四川人民出版社, 1992。

仲向平《杭州运河历史建筑》, 杭州: 杭州出版社, 2013。

中国第一历史档案馆与福建师范大学历史系合编《清季中外使领年表》, 北京: 中华书局, 1970。

《中国国货调查册》, 上海: 上海国货介绍汇报馆, 1934—1947。

《中国国货工厂史略》, 上海: 国货事业出版社, 1935。

《中华民国海关华洋贸易总册》[1915], 台北:"国史馆", 1982。

周尔润编《直隶工艺志初编》, 中国: 直隶工艺总局, 1907。

周瘦鹃《悼念天虚我生陈栩园先生》,《天虚我生纪念刊》, 24—25, 上海: 自修周刊社, 1940。

朱保炯, 谢沛霖编《明清进士题名碑录索引》（两卷本）, 上海: 上海古籍出版社, 1980。

朱家英《清代文人与太常仙蝶故事的演变》,《中国典籍与文化》, 1（2）: 129—133, 2015。

庄禹梅《关于宁波旅沪同乡会》, 中国人民政治协商会议全国委员会文史资料研究委员会编《文史资料精选》（第三十四卷）, 262—263, 北京: 文史资料出版社, 1963。

《总汇新报》(新加坡), 1934。

Zou, Dongxin. 2019. "Socialist Medicine and Maoist Humanitarianism: Chinese Medical Missions to Algeria, 1963—1984." PhD diss., Columbia University.

左旭初编《老商标》, 上海: 上海画报出版社, 1999。

——《中国近代商标简史》, 上海: 学林出版社, 2003。

——《民国化妆品包装艺术设计研究》, 上海: 立信会计出版社, 2016。

守望思想　　逐光启航

LUMINAIRE
光启

美妆帝国蝴蝶牌：一部近代中国民间工业史

[美] 林郁沁 著

陶 磊 译

策划编辑　张婧易

责任编辑　张婧易

营销编辑　池 淼　赵宇迪

装帧设计　赵 瑾

出版：上海光启书局有限公司

地址：上海市闵行区号景路 159 弄 C 座 2 楼 201 室　201101

发行：上海人民出版社发行中心

印刷：上海盛通时代印刷有限公司

制版：南京展望文化发展有限公司

开本：890mm×1240mm　　1/32

印张：10.25　字数：253,000　插页：2

2023 年 6 月第 1 版　　2023 年 6 月第 1 次印刷

定价：89.00 元

ISBN：978-7-5452-1978-4/F·3

图书在版编目 (CIP) 数据

美妆帝国蝴蝶牌：一部近代中国民间工业史 /（美）

林郁沁著；陶磊译 . —上海：光启书局，2023

书名原文：Vernacular Industrialism in China:

Local Innovation and Translated Technologies in

the Making of a Cosmetics Empire, 1900–1940

ISBN 978-7-5452-1978-4

Ⅰ . ①美…　Ⅱ . ①林…　②陶…　Ⅲ . ①工业史－研究

－中国－近代　Ⅳ . ① F429.05

中国国家版本馆 CIP 数据核字（2023）第 075922 号

本书如有印装错误，请致电本社更换 021-53202430